趣·活·实·润

广东省梁婉清名师工作室
小学英语绘本阅读教学研究

梁婉清◎主编

中国出版集团 现代出版社

图书在版编目(CIP)数据

趣·活·实·润：广东省梁婉清名师工作室小学英语绘本阅读教学研究 / 梁婉清主编. — 北京：现代出版社，2021.4

ISBN 978-7-5143-9173-2

Ⅰ. ①趣… Ⅱ. ①梁… Ⅲ. ①英语—阅读教学—教学研究—小学 Ⅳ. ①G623.312

中国版本图书馆CIP数据核字（2021）第066315号

趣·活·实·润：广东省梁婉清名师工作室小学英语绘本阅读教学研究

作　　者　梁婉清
责任编辑　窦艳秋
出版发行　现代出版社
地　　址　北京市安定门外安华里504号
邮政编码　100011
电　　话　010-64267325　64245264
网　　址　www.1980xd.com
电子邮箱　xiandai@cnpitc.com.cn
印　　制　北京政采印刷服务有限公司
开　　本　710mm × 1000mm　1/16
印　　张　10.75
字　　数　172千
版　　次　2022年4月第1版　　2022年4月第1次印刷
书　　号　IISBN 978-7-5143-9173-2
定　　价　45.00元

版权所有，翻印必究；未经许可，不得转载

编 委 会

主　编：梁婉清

副主编：毛燕辉　谭美玲

编　委：张秀芬　范翠丽　刘健敏　林金凤

伍雅茵　刘丝丝　何蔼慈　曾艳玲

蓝曼菊　欧阳慧敏　袁群芳

阮　花　何健玲

目录

CONTENTS

上篇
基于“趣·活·实·润”的研究报告

中篇
基于“趣·活·实·润”的教学成果

下篇
基于“趣·活·实·润”的教学设计

基于“趣·活·实·润”的研究报告

上篇

绘本阅读已经成了全世界儿童阅读的时尚，是适合任何学年段学生阅读的图书，其有助于加大学生的语言输入量、拓宽学生的知识面、拓展学生的词汇量以及激发和保持学生的阅读兴趣，从而提高学生的阅读能力。本课题希望通过网络环境中的一种课程资源——英文绘本，从学生的基本经验出发，结合自己的教学需求，将英文绘本与教材进行重组、整合、拓展，创设轻松自然的学习情境，让学生和英语交朋友、做游戏，在情境教学中让学生感受英语学习的快乐，享受绘本阅读的愉悦。研究策略：一是结合主题故事，利用网络资源辅助教学，通过设置任务活动，利用相关视频、音频、图片和文字资源使学生全面了解学习主题的背景知识；二是利用网站内的各类媒体资源、网络资源解决教学中的重难点问题，通过网络资源帮助学生更好地理解其含义；三是让每个学生通过网络环境下的互动学习都能获得应有的发展，提高学生的英语表达能力和阅读素养。

“基于网络环境下小学英语绘本教学的实践探究”开题报告

一、研究背景

绘本（picture books），又称图画书，在17世纪诞生于欧洲，英语绘本阅读在西方国家已经有一百多年的发展历史。21世纪，绘本阅读已经成了全世界儿童阅读的时尚。对于英语是第二学习语言的中国小学生来说，英语绘本是适合任何学年段学生阅读的图书，其有助于加大学生的语言输入量、拓宽学生的知识面、拓展学生的词汇量以及激发和保持学生的阅读兴趣，从而提高学生的阅读能力。研究实践表明，采用英语绘本教学为小学生提供了更多的阅读和接触英语的机会，丰富了学生的语言积累，对培养学生的多元化、智能化起到了很好的作用。

随着互联网、计算机等多媒体技术的发展，绘本能够以电子童书的方式呈现。多媒体技术的超文本特性与网络特性的结合，可以为绘本教学营造最理想的环境。教师可以在互联网上收集大量的英语绘本素材及相关信息，下载许多绘本阅读资料，有的结合了多媒体，加入了动画、歌曲、音效等素材。在英语教学过程中，教师可充分利用互联网这一世界上最大的知识库和资源库来完善教学，实现枯燥问题趣味化、静止问题动态化，引导学生主动动口、动手、动脑，使外部的学习活动逐渐转化为学生自身内部的智力活动，促进知识与能力的提高，培养学生的创造性思维和发散性思维，极大地提高了课堂教学效率。因此，笔者以此课题研究为契机，大力推动学校英语课程改革，积极打造英语网络绘本教学的校本课程特色。

二、研究现状

一直以来，小学英语课堂以单一的教材、教辅为主，语言的积累远远无法满足学生的实际需求。将绘本融入英语教学，必须有合适的绘本阅读资源。俗话说："巧妇难为无米之炊。"没有合适的绘本就没有有效的绘本教学。通过对1～5年级部分学生的问卷调查发现，他们普遍存在不爱阅读英语读物、不会阅读英语读物的现象，但是非常喜爱观看互联网上的动画、游戏等视频。目前，书店里有大量的英语绘本读物，但是大多包装精美、价格昂贵，这些不一定适合不同经济条件的家庭购买。怎样才能解决这一现状并在教材的基础上多方面、多渠道地拓展学习资源呢？随着科技发展和互联网时代的到来，绘本的呈现形式也在不断进化。互联网上丰富多样的绘本资源解决了这一难题。在教学过程中，教师可以根据学生的实际水平，充分利用互联网这一强大的知识库和资源，借助网络绘本资源进行小学英语绘本教学，是活化小学英语教学形态的一种新的教学模式，将网络绘本融合于英语课堂，开辟了英语教学的新途径，也为教师进行绘本教学，为学生英语综合应用能力的提升提供了捷径，从而提高了小学英语课堂教学的有效性。

三、概念的界定

绘本作为一种独特的儿童文学形式，是儿童文化的呈现。网络环境下的英语绘本教学是指借助网络环境通过PDF、CAJ、EPUB、CEB等形式制作的英文电子书，以及包含更多文本、图像、音频、视频等媒体结合的英文Flash动画等学习资源，根据不同年龄阶段小学生的特点，选择合适的网络教育资源，在教学过程中将网络英语绘本与教材进行重组、整合、拓展，创设轻松自然的学习情境，让学生和英语交朋友、做游戏，在情境教学中让学生感受英语学习的快乐，享受绘本阅读的喜悦。

四、应用价值

《义务教育英语课程标准（2011年版）》（以下简称《英语课程标准》）指出："英语课程要力求合理利用和积极开发课程资源，给学生提供贴近学生实际、贴近生活、贴近时代的内容健康和丰富的课程资源；要积极利用音像、电视、书刊、网络信息等丰富的教学资源，拓展学习和运用英语的渠道；积极鼓励和支持学生主动参与课程资源的开发和利用。"鉴于课程标准的阐述，我们希望通过此课题的研究，切实推进素质教育，构建独具特色的网络英语绘本教学模式，如构建适合学生发展的网络英语绘本课程体系，打造"自主、开放、高效"的英语绘本课堂教学模式等，提高教师在教学过程中的反思能力以及行动研究的能力。相信通过课题的展开及深入，定会增强学生的主体意识，活跃学生的思维，开拓学生的知识面，提升学生的阅读品位，发展学生听、说、读、演以及创编英语绘本的能力。

五、总体目标

1. 教师方面

通过本课题的研究，拓宽教师的信息技术与课程整合的专业知识，提升教师的专业素养，探索出一种新的教学模式。积累基于网络英语绘本教学的经验，并增强学科教学和研究的能力，实现真正的专业成长。

2. 学生方面

通过本课题的开展与实践，拓展各年段学生广阔的学习资源，激发学生学习英语的兴趣，丰富学生的阅读经验，提升学生的阅读品位，发展学生听、说、读、演以及创编英语绘本的能力。

3. 资源方面

通过本课题的研究，将网络英语绘本素材与教材内容有效整合，根据每个主题、每个模块的教学内容去寻找适合的英语绘本，形成校本教材，建立电子绘本资源库，为学生提供线上线下的学习资源平台，为提升学生的语言素养提供各种资源服务。

六、研究内容

（1）研究通过网络平台，研究选择、建立分级英语绘本资源库。

（2）规划英语电子绘本教学计划，建构学校英语绘本教学体系。由于各年段学生的学习特点有差异，我们的绘本教学的目标定位也不同。

低年段：

① 激发和培养学生英语绘本阅读的兴趣。

② 学生能借助网络绘本中的情境听懂、读懂简单的小故事。

③ 学生能对电子绘本中的内容做简单的角色表演。

中年段：

① 激发和培养学生英语绘本阅读的兴趣。

② 学生能掌握电子绘本故事的内容。

③ 学生能借助网络绘本的情境配音或讲述英语绘本故事。

高年段：

① 激发和培养学生英语绘本阅读的兴趣。

② 学生能正确朗读和描述所学的英语绘本故事。

③ 学生能制作电子绘本书。

④ 学生能编写绘本动画故事剧本。

（3）研究各年段网络绘本教学的各种课型模式。

（4）研究绘本教学延伸活动的设计与开展，如角色扮演、重述故事与戏剧表演、写作、涂鸦与电子小书制作等。

（5）研究英语绘本教学的评价方式。各年段所指定的目标不同，评价标准也不同，采用口试、学习单的完成以及参加的延伸活动中的表现三个方面相结合的评价方式，力求通过多方面的评价，让学生感受到成就感，成为各年级“小小绘本王”。

七、拟突破的重点、拟解决的关键问题及主要创新之处

1. 拟突破的重点

（1）通过网络技术收集网络英语绘本素材，建立系统的电子绘本资源库。

（2）根据不同的教学主题以及不同阶段小学生的年龄特点，选择合适的网络英语绘本资源，结合字母教学、语音教学、词句教学、阅读教学、写作教学等多种课型进行尝试，优化网络教育资源，使之与现行的教材内容有机结合并合理应用。

（3）探索网络环境下的绘本教学策略。探讨如何更好地在网络技术支持下开展绘本教学，以提高学生的听、说、读、演以及实际运用的能力。

（4）创新绘本教学模式，拓展学生多元化的英语课外活动。

2. 拟解决的关键问题

（1）解决教师因传统的教学方法滞后而导致教育效果不明显的问题。

（2）建立基于网络环境的绘本教学模式。

（3）解决教师在运用信息技术进行绘本教学过程中出现的困惑及困难。

3. 主要创新之处

（1）通过此课题研究，网络环境下学习英语绘本成为一种新型英语学习形式，是学生学习英语的多元载体和通道。

（2）通过此课题研究，网络英语绘本作为一种课程资源，更贴近学生的基本需求，更能结合教学实际进行合理的开发与有效的运用。

（3）教师利用网络环境，启发学生阅读更多的英语绘本，不仅有利于提升学生的阅读品位，还有利于学生了解真正的英语文化，更有利于学生提升英语文学修养、跨文化交际的能力和写作水平。

八、研究方法、研究手段和研究计划

1. 研究方法

（1）文献研究法：贯穿于整个研究过程，查阅所需资料供研究成员学习。

（2）调查研究法：第一阶段向全体英语教师、学生、家长调查学生阅读量、英语绘本阅读、课外阅读及网络学习内容的情况，形成调查报告。

（3）行动研究法、课例研究法：第二阶段对网络环境下的英语绘本教学模式进行实验。

（4）经验总结法：第三阶段总结实验教师的教学方法和学生获取阅读信息量的情况，总结形成本课题的各项成果。

2. 研究手段

（1）坚持理论研究与实践研究相结合，以实践研究为主的原则。

（2）坚持学习借鉴与发展创新相结合，以发展创新为主的原则。

（3）坚持实施方案与适时调整相结合，以实现与时俱进的原则。

（4）坚持专题研究与整体推进相结合，以实现全面提升的原则。

（5）坚持近期效果与长期效果相结合，以注重循序渐进效果为原则。

3. 研究计划

第一阶段：启动调研阶段（2017年1—7月）

（1）资料收集分析，做好课题策划。

（2）成立课题组，确定课题组成员。

（3）做好调查研究，进行课题论证。

（4）撰写研究方案和开题报告。

第二阶段：实践探究阶段（2017年7月—2019年2月）

（1）召开课题研究小组会议，明确各成员相关研究任务。

（2）各年段认真探究英语绘本教学模式。

（3）完成相关实验数据和实验材料的收集、整理与分析。

（4）聘请专家对课程教学质量进行评估。

第三阶段：总结推广阶段（2019年2—10月）

（1）收集整理实验资料，撰写“基于网络环境下小学英语绘本教学的实践探究”研究报告。

（2）汇总有关的专题论文，形成论文集，公开发表至少一篇专题论文。

（3）汇总音像资料，记载课堂教学、课题研讨等活动的磁带、录像、光盘。

（4）汇总学生开展绘本故事活动的成果展示。

（5）在区域内开展专题推广活动。

九、预期成果

（1）研究报告：“基于网络环境下小学英语绘本教学的实践探究”课题研究报告。

（2）研究论文：汇总有关的专题论文集，公开发表一篇专题论文。

（3）成果汇集：对研究过程中的教案、课题实录进行整理汇编。

（4）音像资料：记载课堂教学、课题研讨等活动的录像、光盘。

（5）学生参加绘本活动展示。

十、完成本课题研究的时间保证，准备资料设备等

1. 实验设备

学校拥有完善的教育网络设备，如互动教室、录播室、电子图书室等，资料丰富，查阅方便，同时学校是“广东省现代化信息技术实验学校”“江门市信息化学校”，无论是在硬件设施上还是软件和研究氛围上，都具有很大的优势。

2. 研究资料

（1）教材的选择：本项目以《英语课程标准》和广东省开心学英语版教科书为依据，活化教材，使网络技术与绘本教学有效整合。

（2）实验对象：为体现实验的代表性、科学性，选择1～5年级学生进行实验研究。

（3）研究方式：

① 采用多种宣传、培训、教研方式调动、保护和激发教师参与实验研究的积极性和热情。

② 整理、修改实验教师案例，推荐投稿，扩大经验宣传。

③ 以专题展板、宣传栏等方式进行已有成果的宣传。

④ 课题组成员要按照阶段研究要求进行阶段性课题总结，形成文本资料。

3. 配套经费

学校领导十分重视教育科研工作，不断加大科研经费的投入。设立专项资金用于购买图书资料、聘请专家讲学和学术指导、培训实验教师等，确保实验顺利进行。

4. 学校条件

由学校主管教学工作的梁婉清副校长为课题研究的主持人，由英语科组负责课题研究工作的落实，各骨干教师均参与课题研究。分工明确、责任到人，组织严密、环环相扣，确保课题顺利实施。学校制定科学、严密的课题管理和课题研究制度，确保每一位教师都有足够的时间用于课题研究工作。

“基于网络环境下小学英语绘本教学的实践探究”中期报告

本课题是广东省教育科学规划课题，课题名称为“基于网络环境下小学英语绘本教学的实践探究”，课题编号为2017YQJK190。课题以研究报告和研究论文等作为成果展现形式。

一、研究工作进展情况

自2017年10月开题以来，课题组根据省教育科学规划办的要求，及时开展课题研究。

1. 组建研究团队，进行开题论证

课题组整合省区市教育行政部门及本校科研力量，汇聚了一批具有较强教育研究能力的专家和骨干教师组建了一支实力较强的研究团队，着手开展课题研究。2017年9月，课题组召开研讨会，对课题进行了深入的论证，进一步调整和完善了研究内容，明确了课题研究的思路与方法，讨论了课题研究提纲。课题论证会统一了课题组全体成员的思想和认识，找准了课题研究的方向。

2. 拟订研究方案，落实研究责任

根据课题论证会议精神，课题组及时拟订了研究方案，明确了研究分工，于2017年10月召开了课题研究会议，并进行了部署。课题组确定了经纬交织、纵横结合的总体研究方案。本课题的目标如下。

第一年：

（1）通过网络平台，研究选择、建立分级英语绘本资源库。

（2）邀请专家对我校英语教学的特点及学生学情进行分析，规划网络英语绘本教学计划，并建构本校英语绘本教学模式。由于各年段学生的学习特点有差异，我们的绘本教学的目标定位也不同。

低年段：

① 激发和培养学生学习英语的兴趣。

② 学生能在绘本图片的提示下听懂、读懂简单的小故事。

③ 学生能对电子绘本中的内容做简单的角色表演。

中年段：

① 激发和培养学生学习英语的兴趣。

② 学生能听懂简单的英语绘本故事。

③ 学生能在教师的帮助下表演或讲述简单的英语绘本故事。

高年段：

① 激发和培养学生学习英语的兴趣。

② 学生能正确朗读和描述所学的绘本故事。

③ 学生能编写制作简单的英语绘本动画故事。

（3）借助网络平台，给学生提供精选的绘本阅读资源，建立学生阅读制度。

第二年：

（1）根据不同的教学目标、不同的绘本资源，在各年段的绘本教学中探索具体的实施环节。

（2）研究绘本教学延伸活动的设计与开展，如角色扮演、重述故事与戏剧表演、写作、涂鸦与电子小书制作等。

（3）制定英语绘本教学的评价方式。

二、加强课题研究，完成阶段研究任务

课题组研究成员按照研究分工，拟定了研究提纲，查阅了大量文献资料，组织开展了相关调研工作，按时完成了阶段研究目标。

1. 开设英语绘本阅读课程：扩大阅读面，为学生提供全方位、多层次的阅读滋养

绘本阅读课程是实验小学和丰泰小学开设的“经典诵读”“持续默读”“悦读探究”“微信听读”四类英语绘本阅读课程。其中，“经典诵读”课程旨在让学生于日积月累中养成良好的习惯，提升阅读素养。每天早上各班英语教师带领学生进行20分钟的晨诵。“持续默读”课程是指学校安排学生下午回校后持续默读15分钟，学生可根据书目选读或自选书籍阅读，并通过持续默读卡、阅读存折等方式记录自己的阅读进展和心得体会。“悦读探究”课程是英语课前3分钟，学生们自由选择绘本，讲绘本故事，设计问题，互动评价，学生在轻松的环境中掌握知识，学会学习、学会创新、学会生活；在自主、合作与探究过程中，无拘无束地塑造并完善个性。通过实践，学生在课堂上真正动起来，对英语学习的兴趣越发浓厚，变得更加自信，课堂高效率自然水到渠成。“微信听读”课程则是基于新媒体的阅读学习实时在线。利用学校的微信公众号，开设“听我悦读”专栏，半月一期，全年无休。在自主申报、班级推荐的基础上每期选出2名学生，每名学生在深度阅读一本绘本书（从学校推荐书目中遴选）后，从这本书中精选出一段优美片段，用童声朗读的方式编辑处理，使师生等受众可以自由反复地听读。课程建设主要通过以下途径开展。

（1）拟定书目。学校从全科视角出发，通过师生、家长推选书目等方式，精选了90多本书作为学生小学六年“悦读探究”课程的一级书

目，以唐金梅老师为主编，编写了《悦读探究》学本。针对一级书目中每本书配有2～3本同类型书籍（二级书目），供学生课后延伸阅读。标准化的“移动书”为班级借阅书提供了便利，实现循环使用，让书籍流动起来。学校还以教师推荐、学生推荐、家长推荐的形式收集并推出三级书目，根据实际情况，每年进行增减和微调。

（2）研制模式。为便于学生在教师的引导下高质量、高效率地开展自主且个性化的学习，课题组研制了学习模块：导读get知识、探读get信息、深读get方法、品读get感悟、广读get道理。通过学习模块，坚持体现学生立场，满足学生对整本绘本书阅读的个性化需求，让学生获取知识，习得路径，发展思维，丰富体验。

（3）多维评价。课题组努力探索评价方式的改革，力求以多元评价促进学生阅读素养的提升。例如，通过各种展示性评价（如阅读卡、读书摘记、读书小报、读后感等），给学生创造展示的机会，实现“内在”语言积累的“外化”。课题组教师还结合“口语100”App的开发，开展学生阅读能力水平测评，从“基于经验”到“数据驱动”，学生的绘本阅读素养评价正向着更加科学、完善的境界迈进。

2. 开展绘本阅读活动：营造阅读场，让学生获得更丰富、更有趣的阅读体验

阅读活动是激发学生阅读兴趣、丰富其阅读体验、检验其阅读成果的有效途径。例如，“亲子阅读”“书籍漂流”“阅读评比”等绘本阅读活动。“亲子阅读”倡导利用节假日等闲暇时间，亲子共读一本英语绘本书，通过亲子阅读卡等进行落实。该活动旨在为家庭营造更好的氛围和环境，为全民阅读的实现尽一份力。“书籍漂流”是在班级中设置绘本漂流屋，开展图书漂流活动，让图书流动起来，从而促进资源共享，形成分享、互动的校园阅读文化。“阅读评比”则是引导学生布置家庭阅读区、家庭小书房等，让学生拥有更多阅读空间，时时处处感受书香。

此外，我们还开展了“红色绘本阅读周”“班级美丽书单推荐”“阅读小达人评比”等活动，为学生的成长助力。

2018年5月24日，课题组向全区开展了中期汇报会，对前期研究工作进行了总结交流。会上，各项目组负责人汇报了课题的研究过程、成绩和问题，就一些共同问题进行研讨交流，并提交了各个研究项目报告初稿。课题组根据实际情况，分别提出诊断性的建议和意见，供下阶段研究工作参考。

三、问题及下一步的研究方向

1. 适合小学生的网络绘本资源相对缺乏

英语学科具有独特性，适合小学生水平和本课题论域上的资源很难找到。例如，我们在搜索节日资源时，网上节日资源绘本故事比较少，故事篇幅过长，小学生英语水平还难以达到这样的要求。搜索、整理并筛选资源的工作量大，师生需要投入相当大的精力和时间。我们在实验过程中提出要多方面寻找适合小学生特点的阅读材料，如通过相关的视频、Flash动画、图片故事等形式，不局限于文字阅读材料，这种直观的学习形式，学生更容易接受。

2. 教师网络环境下的信息技术运用水平不齐，影响了研究进度

在网络环境下学习绘本，对教师和学生信息技术运用的能力有一定要求，技术不到位会给学生带来障碍，收效不高。如低年级学生搜索能力和语言表达水平存在差距，通过关键词搜索到的学习资源很多，筛选不了，表达不了。我们倡导在实验基础上，多利用辅助工具，多开展课题组成员的合作探究，各尽所能、取长补短，采用这种方式，可以使不同层次的教师和学生都有不同程度的提高。

3. 在绘本教学模式上欠缺与信息技术的融合

在传统的阅读教学过程中，不管是教师讲授还是与学生对话，都是“以教师为中心”的一对多形式，形式单调，制约较多，教师的主导作用得不到充分发挥。研究只是一种形式，而网络也只是一种手段，形式和手段是为学生学习与交流服务的。我们要树立一种大资源观，考虑学科本身的特点，不可偏废，这样才能使我们的课题研究健康地开展。

按照目前的研究进度，应该能够如期完成课题研究，课题经费也能够做到专款专用、合理使用。

“基于网络环境下小学英语绘本教学的实践探究”结题报告

一、课题研究的基本情况

江门市实验小学创办于1987年秋，坐落在文化底蕴深厚的白沙故里。学校本着“尊重个性　多元发展”的教育理念，秉承“博采多艺、和谐致美”的校训，打造多彩教育特色，全方位实施素质教育。学校先后获得“国家科研示范校”“广东省现代化信息技术实验学校”“江门市信息化学校”“蓬江区首批特色学校”等荣誉称号。

江门市蓬江区丰泰小学创建于2018年9月，是繁华市区中新姿勃发的学校，是惠及更多侨乡百姓的“三二一”工程学校。校园环境优雅，设计新颖，功能场室齐备，设施设备先进，每间教室均配置有先进的多媒体教学平台。学校以突出教育信息化为发展重点，积极开展信息技术教育科研课题研究。

2017年6月，我们申报的广东省强师工程“基于网络环境下小学英语绘本教学的实践探究”（编号为2017YQJK190）准予立项，并于11月开题，在两年的研究时间里，我们在这两所学校进行了研究实践，做到领导到位，设备到位，课题研究人员工作到位，课题研究紧张而有秩序地进行，工作扎实，进展顺利。学校立足信息技术科研前沿，紧扣研究目标，优化网络环境，突出低年级英语绘本教学的特点，探索出了一条在网络环境下进行小学英语绘本教学的改革与创新新路。

二、课题研究目的和意义

对于绘本有两种解释：一种是图画书“picture book”，另一种是绘本。“picture book”翻译成中文是“图画书”，牛津词典上的解释是“book with a lot of pictures，especially for children”，意思为带有大量图片的书，尤其适合儿童。就绘本而言，“画”是它的生命线，儿童首先是从画中看出故事或知识、信息的，对儿童来说，这就是读书的最初切入点，所以绘本以其生动形象的画面就能激起学生阅读的兴趣。接着儿童再结合文字获取知识、信息，理解情节，画与画之间连续衔接，形成一个连贯的画面，带动儿童走进故事情节，儿童愉悦地沉浸在阅读的海洋中。基于培养学生学科素养背景而进行的教学，能够为学生打开一个全新的英语学习世界。

网络环境下的英语绘本是指网络环境下通过多种手段制作的英文电子书及动画。作为一种英语学习形式，是儿童学习英语的载体和通道。

三、研究目标

通过工作室网络学习空间进行网络研修，每一位学员均可通过信息技术与课程整合，进行备课、教学研讨、上传和下载教学资源等，创新教学、教研模式，提高绘本教学质量，并带动全体学员进行课题研修。

四、研究内容

（1）通过网络绘本教学平台建立分级英语绘本资源库。

（2）初步建构小学英语绘本教学体系。

（3）研究各年段网络绘本教学的各种课型模式。

（4）研究绘本教学延伸活动的设计与开展。

（5）研究英语绘本教学的评价方式。

五、研究方法

1. 行动研究法

行动研究法立足于教育教学实践，把理论学习渗入实践学习，边学习、边思考，在实践中不断发现问题、解决问题。

2. 调查研究法

调查研究法是指在研究前、研究中、研究后了解师生教与学的情况，及时了解学生的反馈，以便更好地进行下一步教学。

3. 文献研究法

文献研究法是指检索和收集与本课题相关的理论学习材料，通过学习提升教学理念。

4. 课例研究法

课例研究法是指在分析课例中，教师如何利用绘本教学发展学生核心素养，研究教师所利用的信息化教学手段，对绘本教学带来的变化进行分析研究。

5. 经验总结法

经验总结法是指对课例进行归类总结，提炼优秀的教育教学方法和教学理念，对教学成果分阶段进行总结。

六、解决的问题

（1）解决教师因传统的教学方法滞后而导致教育效果不明显的问题。

（2）建立基于网络环境的绘本教学模式。探索出有效的绘本教学模式，即三段六步教学策略。第一段：读前导入（pre-reading）。通过读封面和提问题，培养学生的思维能力；第二段：读中理解（while-reading）。培养学生阅读能力，引导学生运用阅读策略，自己去解决问题；第三段：读后活用（post-reading）。内化知识，复述文本，发展学生语言能力和培养良好的思维品质。

（3）解决教师在运用信息技术进行绘本教学过程中出现的困惑及困难。

七、课题研究的主要过程

第一阶段：准备阶段（2016年9月—2017年10月）

（1）资料收集分析，做好课题策划。

（2）成立课题组，确定课题组成员。

（3）做好调查研究，进行课题论证。

（4）撰写课题开题报告。

第二阶段：实施阶段（2017年10月—2019年2月）

（1）召开课题研究小组会议，明确相关研究任务。

（2）认真组织实施所研究的课题。

（3）聘请专家对研究过程进行评估。

（4）形成阶段性研究成果。

第三阶段：总结阶段（2019年2—10月）

（1）收集整理实验资料，撰写“基于网络环境下小学英语绘本教学的实践探究”研究报告。

（2）汇总与研究有关的专题论文，形成论文集。

（3）汇集研究过程中的教学方案、个案分析，进行整理汇编。

（4）学生参加绘本故事活动的成果展示。

八、研究的基本做法

（一）明确工作思路，夯实研究基础

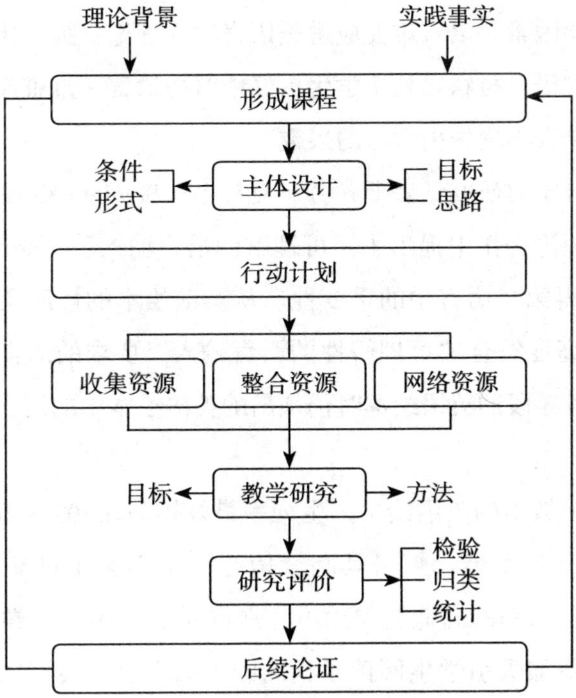

课程研究程序图

首先，我们从加强研究管理入手，优化人员的配备，吸收信息技术、美术、音乐等学科的一线骨干教师参与课题研究，明确具体责任。

其次，我们对参与该课题的研究人员组织培训，学习教育科学研究理论，以英语绘本教学为重点开展研讨，统一课题组人员尤其是实验教师思想。

最后，我们在实验教学过程中加强落实课题研究的意义、目标、方法，确保研究工作按步骤、有序扎实地开展。

（二）把握学生语言水平，选取合适的绘本资源

1. 选择语言难度适中的英语绘本

英语绘本是作为补充和拓展的英语课程学习资源被运用在小学英语日常教学中，作为第二语言的学习材料。语言难度是教师选择英语绘本时考虑的首要因素。语言难度应遵循语言输入理论：提供比学生现有语言程度稍难的语言材料以利于学生更好地习得语言，过难或过易的语言材料可能会导致学生失去学习的兴趣。

著名语言学习研究学者斯蒂芬·克拉申（Stephen Krashen）在其第二语言学习理论著作中提出了“可理解的语言输入”（comprehensible input）在习得第二语言中的重要性。从英语绘本的性质及特点可见，英语绘本是高度符合“可理解性的语言输入”要求的语言材料，教师在选择用于各年段的英语绘本时仍须斟酌英语绘本中的语言难度与学生的匹配性。

选择用于教学的英语绘本，生词率最好控制在20%～40%，让学生阅读起来不至于太难，打击其阅读信心，也不至于过易，缺乏挑战性。另外，生词率的高低要与绘本主题联系起来考虑，趣味性极强的英语绘本会更加吸引学生阅读，稍高的生词率也不会阻挡学生的阅读热情。

2. 选择内容贴合学生身心的英语绘本

（1）选择趣味性强的英语绘本主题内容。

英语绘本主题内容的趣味性是吸引学生学习注意，激发学生学习兴趣的重要因素。英语绘本的趣味性是指绘本主题具有童真童趣，不会让学生读起来觉得无聊。

适合各年段小学生的趣味性英语绘本有所区别。小学低年段学生喜欢有着夸张故事情节的主题内容，中高年段学生更青睐于引人入胜的故事情节，这些故事往往有着让人出乎意料结局的故事主题，阅读这样

的故事会让学生不由得屏住呼吸，想赶快揭晓答案。例如，我们在教学"*A Dark Dark Tale*"英语绘本时，学到穿过令人头皮发麻的黑屋子看到的却是一只可爱的小老鼠之后，学生的反应是屏住呼吸后不禁哈哈一笑。英语绘本主题内容的有趣在很大程度上决定着英语绘本教学的趣味性，选择符合小学生口味的英语绘本还有赖于教师心存童真，走近学生，了解学生。

（2）选择与学生生活经验相符合的主题绘本。

日本的松居直先生在《我的图画书论》中谈道："图画书不是被动接受的书，它拥有着孩子用'啊，我的世界'这种亲切感就能走进去的世界。"孩子认知世界有着和成人不一样的角度，成人很难了解孩子分辨绘本好坏的标准，适合孩子年龄的好的绘本首先要有明确的主题，体现着作者独特的世界，作者的世界联系着孩子的生活世界，孩子在阅读绘本的时候能够领会到作者想说的事情，作者想说的事情对孩子来说是有意思的。

3. 寻找多媒体资源配套齐备的英语绘本

英语绘本中有配备齐全的多媒体资源，如纳米盒、少儿英语绘本、"口语100"里面的绘本专栏、绘本文字录音、配乐歌曲及影片等，教师在教学时不仅可以节省许多备课时间，而且可以为教师设计多样化的教学活动提供空间。生动活泼的歌曲、影片等容易引发学生的学习动机，为学生提供视觉和听觉的双重享受，活跃课堂气氛，充实课堂内容。英语绘本的配套录音是不可或缺的多媒体资源，原版录音是学生英语语音学习最好的老师，提供给学生最地道的语音输入材料，这是教师朗读无法替代的。

4. 寻找与现行教材内容配套的英语绘本

绘本材料应体现趣味性、复现率、经典性，作为课本的有效补充和拓展。在课题实施过程中，我们更多的是给学生提供了一些分级阅读的刊物，让学生的阅读能力在大量语言输入中逐步得到提高，如《攀登英语阅读系列·有趣的字母》《攀登英语阅读系列·分级阅读第一至六级》《丽声系列分级阅读》《牛津树分级阅读》等。

（三）研究绘本教学策略，体现网络环境下的研究特色

在实验过程中，我们提出了教学的三个策略：一是通过网络环境让学生真正成为学习的主体，使教师的“教学过程”成为学生的“学习过程”“研究过程”。“教学”意味着更多的控制和支配，而“学习”则意味着更多的主动和自由。我们结合主题故事，利用网络资源辅助教学，通过设置任务活动，利用相关视频、音频、图片和文字资源，使学生全面了解学习主题的背景知识。例如，Christmas就是一个以圣诞节为主题的学习内容，教师让学生在相关网站内寻找与故事学习有关的资料，包括圣诞节的时间、习俗活动、传说故事、节日标志物名称及其含义、节日诗歌等。学生通过收集、整理加工和互动交流等探索性活动，对Christmas有了更全面的认识，再根据主题制作出自己的作品，并进行演说和解说，既培养了学生收集信息、分析信息、利用信息和创造信息的能力，又锻炼和提高了学生的英语交流表达能力。二是利用网站上的各类媒体资源、网络资源解决教学中的重难点。例如，Halloween（万圣节前夕）的活动“Go trick or treat”，学生从字面上难以理解，利用动画、视频和相关对话，可轻松地认识和了解万圣节前夕欢快的一面。又如，圣诞平安夜，根据小孩在壁炉旁挂袜子的习俗的由来，通过网络资源可以帮助学生更好地理解其含义。三是让每个学生通过网络环境下的互动学习都能获得应有的发展，提高英语表达能力和阅读水平。例如，在节日故事教学中，通过上网接触和了解节日文化，包括节日的名称、相关活动、问候语、诗歌、歌曲、故事等。网络的大容量信息为学生的学习打开了便利之门，开辟了一条学习的新路。网络中有关的英语素材信息十分丰富，通过让学生浏览、下载、整理、描述，提高了学生的阅读理解能力。丰富的感性学习材料、多样化的问题情境、新鲜和谐的界面色彩、生动的游戏型的习题，培养了学生学习与研究的兴趣。教师与学生、学生与学生之间的多向英语交流，增进了他们相互之间的了解，开阔了视野，增强了语言的感受能力，帮助学生摆脱汉语思维的习惯，锻炼了英语的表达能力，为学生今后自由灵活地运用英语打下了良好的基础。

（四）基于网络环境下小学英语绘本教学模式的实施

1. 小学低年段——游戏式绘本阅读

让·皮亚杰指出："小学一年级的学生是刚刚离开幼儿园进入学校接受正规学校教育的群体，对于他们来说，心理上和生理上都处于一个过渡的时期，他们无法把自己和外在世界做出区分，总是以自我为中心，以自己的角度来观察和理解周围的世界。"对于这个阶段的学生来说，他们的智力活动是以表象思维为主的，他们通过实际生活中获得的表象进行思维。因此，教师在进行英语绘本阅读教学时，可以采用以学生为主体的游戏式绘本阅读教学。

在这个阶段，教师应为学生选择篇幅短小、内容丰富、形式多样的绘本作为阅读的补充材料。每个单元最后可以设计一个综合运用实践的活动，由学生根据兴趣自由选择使用。在具体实施过程中，教师需要为学生提供与绘本相关的道具，并引导和鼓励学生积极参与游戏。例如，"*The fiery Hungry Caterpillar*"这本绘本中涵盖了很多常用的英文单词，即sight words，在读绘本的时候，如果学生能记住这些常用的英语单词当然很好，但是对于一年级学生来讲，背记单词是非常枯燥乏味的，让他们死记硬背很难实现。因此可以设计这样一个游戏，让学生背记单词变得简单、有趣。教师可以带着学生一起玩，或者两个学生一起玩。具体步骤：将游戏版下载并打印出来，每个学生扮演一只毛毛虫，双方轮流走，走的步数由掷骰子来决定，学生需要读出骰子所在位置的英文单词，拼读并发音。如果学生基础较好，也可以加大难度，要求他们将读出的单词写在单词板上，如果走到有洞洞的位置，就只能停一轮，谁先走到终点，谁就先变成美丽的蝴蝶，成为本轮的胜方。在参与游戏的过程中，多种感官的体验可以帮助学生理解故事中的内容和角色，从而更好地实现教学目标。

2. 小学中年段——语感式绘本阅读

语感作为英语综合能力的重要组成部分，既是人们对语言的一种直觉和整体感知的能力，也是对文本的反应能力。语感式阅读是绘本阅读的有效方式之一，有利于提升学生对语言的敏感度。永康指出："储存在大脑的感性语言模块，一旦被激活，就会产生综合效应，有利于学生语感的形成。"语感式绘本阅读主要依赖于"口"和"耳"两个感觉器官，让学生通过感觉器官输入或输出信息来达到对语言组织和运用的目的。到二年级上学期，随着阅读量的增加，学生的口语表达能力已经大大提高。在阅读上，通过一、二年级的学习，大部分学生已经初步体会到了英语阅读的乐趣。对于教师来说，这个阶段的主要任务是在学生对阅读有了初步兴趣的基础上，培养学生对语言的敏感度和语言运用能力，为其以后的英语学习打下坚实的基础。

在实施语感式绘本阅读教学的时候，首先，教师要重视学生"听"绘本的能力的训练。倾听是掌握语言的第一步，每个人都是先从别人口中听到这个世界的。正如日本著名绘本研究者松居直先生所说："从耳中纯粹地听语言，就是倾听用具体语言建构出的世界。"因此，教师作为故事讲述者，用纯粹的语言和肢体动作叙述绘本故事是语感式绘本阅读方式之一。当然，教师作为故事讲述者，并不是简单地将故事念出来给学生听就可以了，而是要求教师在充分理解绘本主题和内容的前提下，将绘本内容内化吸收和加工，以叙述者的口吻，用连贯且客观存在的语言，将绘本故事传达给学生。在学生倾听的过程中，教师可以设计一系列的活动或练习来检测学生听的效果。其次，教师要重视学生“读”绘本的能力的训练。朗读就是一种锻炼语感的有效方式，它是把文字转化为语言，无声转化为有声的最佳媒介。朗读训练可以使学生在阅读时更好地将注意力转移到阅读内容上，最大限度地保证其阅读的专注性。学生可以通过抑扬顿挫的语调和声情并茂的状态获得快乐的阅读体验。

3. 小学高年段——对话式绘本阅读

“对话式阅读”理论最早出现在1988年，是美国纽约州立大学教授G.J. Whitehurs在研究亲子阅读方法时提出的。到了五、六年级，学生在口语和书面语上的表达能力已相当成熟，逻辑思维能力明显增强。学生的逻辑性思维主要通过流畅的语言来表达。同时在这个阶段，学生的交际能力大大提高，在课堂上善于表现自己。在读绘本故事时，他们不仅可以流畅地表达自己对绘本故事的看法，而且开始思考绘本故事蕴含的哲理。因此在这个时期，教师可以通过对话式绘本阅读提高学生对语言系统的支配能力，培养学生的逻辑思维能力。

首先，在实施对话式绘本阅读教学的时候，教师要以绘本内容和教学大纲为基础，注重课堂提问的有效性。所谓“有效问题”，是指能够激发学生的对话热情，并为师生对话的展开起到良好的推动作用的问题。有效的问题能为整个阅读教学的顺利进行起到抛砖引玉的作用。教师通过有效提问可以引领学生更好地进入故事情境，更迅速地理解绘本文本。其次，教师要注意使用正确的语言形式。因为语言是思维的载体，思维通过语言来表达。在实践活动中，教师要尽量采用生活化和实践化的语言，促进学生交流和对话，使学生在轻松愉悦的环境中乐于表达，丰富语言表达经历，促进学生逻辑性思维的发展。当需要使学生语言规范化时，教师则应采用规范化语言，注重课堂用语的正式性和严谨性，强化学生后天的语言学习能力。

4. 小学英语绘本阅读教学步骤

（1）英语绘本阅读教学准备。

学校除了严格遵循课程目标上足英语课时外，每周增加1课时的英语绘本阅读课，本节课主要是以绘本阅读为主体，教学内容是由科组教师商定进行选择的。在进行英语绘本阅读教学之前，教师应先确定合理、科学的教学目标。根据低年级学生的心理和认知特点，将小学低年级的英语绘本阅读教学目标总结为英语阅读兴趣、英语阅读习惯和英语阅读能力三个方面。绘本素材都是有相应的主题，选择词句相对简单、语言重复、构图鲜明、有韵律、适合朗读的绘本。

（2）英语绘本阅读教学过程。

本课题研究旨在以英语课堂教学为着力点，通过开展绘本公开课、观摩课、绘本阅读教研开放活动，通过教师撰写教学设计、教学案例、课堂教学反思、教学评价，通过专家引领把脉亲临实践指导，探索并构建出促进学生在课堂上进行高效绘本阅读的教学模式。

英语绘本阅读的教学步骤与一般阅读课的教学步骤基本一致，可以分为读前导入、读中理解、读后活用三步。

① 绘本阅读的读前导入。

阅读前的导入环节是英语绘本阅读教学的基础和前奏。好的导入能够有效地激发学生的阅读兴趣，激活学生相关的背景知识，使其更好地预测绘本的内容。导入绘本阅读的方法有很多，教师可以根据低年级学生的心理特点和绘本叙事性的特点，展开一系列的导入活动，如动画图片导入法、故事元素和问题导入法、活动游戏导入法等。

此外，教师还可以根据绘本故事的主要元素设置相应的问题来导入绘本。例如，通过课前设置与绘本相关的问题，激活学生的经验，建立起与新课的连接。又如，在学习绘本“*The Birthday Cake*”时，教师采用让学生快速认读故事中的核心元素和提问题的方式导入，营造生日聚会的氛围，从而激活学生过生日的个人体验，使学生更容易理解故事的背景。

在绘本阅读导入中，活动游戏导入法也是很受学生欢迎的一种方式。周兢指出："游戏阅读教育是将一般的游戏活动变成富有阅读意义的活动过程。"开展与绘本故事主题相关的游戏活动符合低年级学生的心理特点和认知发展水平，能够在第一时间吸引学生的注意力，激发学生的阅读兴趣，使其对绘本故事产生强烈的阅读期待。例如，在学习绘本"*A Home for Ted*"时，在课程开始的时候，教师可以先向学生展示几种动物和动物的家，请学生根据常识将动物和相应动物的家匹配起来，然后展示一个玩具的家，询问学生是否愿意给玩具建造一个新家，这样自然就激发了学生参与的兴趣。

② 绘本阅读的读中理解。

在阅读教学中，教师应先进行绘本阅读的整体呈现。教师通过各种媒介将绘本故事的图片与内容完整地呈现在学生面前，让学生初步感知绘本的情节和语言。在这一环节，教师引导的重点是让学生对绘本故事形成一个初步的整体概念，并尝试理解和提取绘本故事中有效的基本信息。这个过程主要通过教师演读和学生自读两种方式实现。例如，在教学绘本"*Guess How Much I love You*"中，主人公是一只小兔子和一只兔子爸爸。两只兔子为了对比谁的爱更多一些，用各种语言和看得见的事物来描述自己对彼此的爱，最后兔子爸爸用智慧赢得了比赛，可小兔子用它的天真和想象赢得了兔子爸爸多出一倍的爱，两只兔子都获胜了。通过一系列的语言和动作，小兔子既表达了自己对兔子爸爸的爱意，也确认了兔子爸爸更爱自己。教师在演读小兔子的对白时，通过夸张的表情和肢体动作，让学生感知到小兔子的天真，在演读兔子爸爸的时候，要注意放缓语速，充满爱意，让学生感受到兔子爸爸对小兔子的接近宠溺般的爱。教师绘声绘色的表演，使学生对绘本主题形成初步的印象，并将绘本里的图文相互联系。在学生自读过程中，教师引导学生对语音、语调进行把握，让学生通过有感情朗读，既获取了信息，也加深了对故事的情感体验。同时在引领学生进行独立阅读时，应针对学生每一次的阅读布置相应的任务，让学生带着明确的目标去阅读，从不同角度去理解、熟悉绘本。对于一年级学生来说，由于语言基础比较薄弱，学生的自读可以以读图为主。在学生自读之前，教师把握提问环节，鼓励学生独立寻找信息，并巧设活动，排除学生的阅读障碍。

学生在教师的引领下整体感知绘本故事后，教师可以用一系列简短的问题对学生进行灵活检测，培养学生的理解思维能力，为下一步的"精读"做好准备。这一部分应分为两个层次：第一个层次是对图片的精读。绘本中的插图都是充满细节的，在读文字之前，教师要引导学生仔细观察插图中的场景以及场景中人物的表情和动作，激发学生的想象力，使学生通过插图中人物的表情、动作所传递的信息，走进人物内心世界，提升自己的情感体验。第二个层次是对文字的精读。故事呈现一个完整的意念或故事情节，使学生在感知整个语篇的过程中学习语言。绘本里的语言简单、韵律优美、充满诗意，适合低年级学生朗读，通过文字精读，学生对绘本内容的理解会更加深刻，情感体验将进一步升华，有助于其增强语感、积累词汇，为后文的读后活用奠定良好的基础。在精读文本时，如果遇到生词，教师应引导学生大胆猜测词义，初步培养学生的阅读策略。

③ 绘本阅读的读后活用。

绘本阅读的读后活用这一环节的设计主要是为了帮助学生内化新学的知识，享受阅读的乐趣。教师以"开放性"和"探索性"为原则，设计了一系列形式多样的活动让学生练习。具体来说，主要分为以下三种：第一，鼓励学生"开口说"，开展个人演讲、小组讨论、角色扮演、个人访谈、故事复述等活动；第二，鼓励学生"动手做"，开展绘画、涂色、制作卡片等手工活动；第三，鼓励学生“热爱读”，开展课外阅读小组、课外阅读分享等活动。

以上的教学活动能够使学生在有效阅读的基础上充分理解绘本内容，对绘本内容进行有效延伸和拓展，享受英语绘本阅读的乐趣。

（五）围绕绘本阅读主题开展特色活动，完善评价体系

评价是英语课程的重要组成部分，科学的评价体系是实现教学目标的重要保证。围绕绘本阅读主题开展特色活动：每学期的英语节活动、绘本阅读思维导图大赛、英语朗读之星、英语戏剧表演、绘本阅读考核评比等，增强了学生的竞争意识，大大提高了他们学习英语的兴趣。

绘本教学评价表

英语阅读兴趣	1. 学生能够带着积极的情绪参与绘本阅读活动
	2. 学生能够在校内或课外主动开展英语电子绘本阅读
	3. 学生能够在阅读后与他人分享阅读心得与体会
英语阅读习惯	1. 学生能够专注地进行英语绘本阅读
	2. 学生能够从绘本的封面、标题开始阅读，了解绘本的基本信息
	3. 学生能够注意倾听故事内容
	4. 学生能够关注绘本中经常出现的词，对之进行有意积累
英语阅读能力	1. 学生能够整体感知绘本内容，从中提取初步信息
	2. 学生能够根据图片、文字或图文结合阅读猜测特定信息，预知故事发展
	3. 学生能够通过已获取信息结合自身原有知识与经验经过思考和判断后形成自己的观点
	4. 学生能够知道英语词汇是由一些音素构成的，通过阅读感知、学习和拼读词汇

（六）如何将绘本与现行教材相结合，以提高学生的实际运用能力

英语绘本阅读并不是在英语课上随便找一本英语绘本来补充课堂教学，而是要通过绘本阅读更好地为课堂教学服务，让英语绘本与课堂教学内容相辅相成。因此，选用什么样的绘本来上每一节课是一个值得研究的话题。

（1）集体备课。通过课题组成员的集体备课活动，课前对绘本与教学内容进行讨论，选用最适合的绘本内容来完成教学任务。对于所选定的绘本阅读内容，指导学生制作导读书签，以吸引读者的阅读兴趣。

（2）案例分析。通过对个别案例的分析与反思，明确教师在选用英语绘本时应注意的一些问题，对教师今后的课堂教学设计与绘本阅读整合起到良好的作用。

（3）教师和家长多给学生提供语音输入，促进学生语音意识的发展，并注意培养其拼读能力，这样有助于学生独立阅读能力的发展，帮助学生建立阅读的自信心，形成积极的自我概念。

九、课题研究的主要成果与社会影响

从两年的课题研究效果来看，我们的工作还是很扎实有效的。

1. 家长充分认识到绘本阅读助力孩子英语学习

本着初心，我们鼓励更多的家长走进绘本阅读亲子教学，参与研讨，大胆探究，让他们真切体会到英语绘本助力学习的优势，在锻炼孩子英语能力的同时，增强了亲子关系的和谐。

2. 教师绘本阅读教学能力得到进一步提高

新课程标准倡导师生教学平等，并不是淡化教师的作用。在课堂中学生是主体，但要想高效，就离不开教师的引导。教师只有具备了较高的英语绘本教学能力，才能更准确地把握学生的兴趣点，从而有针对性地对学生进行教学，引领学生汲取精华。

3. 初步建构基于网络环境下英语绘本阅读课堂模式

自这个课题启动后，课题组教师、名师工作室成员教师积极参与本课题的讨论与研究。作为一线教师，深知阅读绘本有助于儿童的语言发展，大量接触绘本的儿童必然会拥有良好的语言表达能力，因此，该课题对小学生英语语音教学的探究有着很高的价值和很深的意义。2018年5月，课题组进行了课题中期展示，向蓬江区展示了我们研究的初级成果。

4. 成为省名师工作室的主题研究并做辐射推广

广东省梁婉清名师工作室于2018年11月4日正式挂牌成立，主持人确定了本期研修的主题是“基于核心素养下小学英语绘本阅读教学的研究”，来自省、市、区三级的全体学员在梁婉清老师的指导下对英语绘本教学进行了全面的学习，为学员打开了英语绘本教学的大门。两年多来，通过专家讲座、课例研究、文本解读、说课评课、外出观摩、课题引领、送教下乡等形式，充分发挥了梁婉清名师工作室在本地区的示范引领作用，帮助学员促进个人专业成长，让小学英语绘本教学走进江门各学校的英语课堂，实实在在地提高学生们的英语学科素养。

“基于网络环境下小学英语绘本教学的实践研究”课题在专家的指导和全体实验教师的共同努力下，取得了显著的教学效果和一批课题论域上的科研成果。在校内，参加实验的学生无论是口头交流能力还是阅读理解和书面表达能力都有较大的提高，学生设计的电子绘本作品不胜枚举，学生的信息素养和利用网络资源进行学习与交流的水平明显提高。实验教师通过参与研究，教学思想先进，教学行为得到有效提升，教师撰写的论文均获奖，执教的多个绘本教学课例均获奖。主持人梁婉清老师所上的课例被评为教育部“一师一优课、一课一名师”部级优课，她撰写的多篇文章发表在各级刊物上，论文《思维导图在小学英语阅读教学中的应用研究》发表于《中小学教育》2019年第8期、论文

《试论英语绘本与小学英语教材（粤人版）的有效结合》发表于《考试与评价》2018年第2期、论文《绘本资源在小学英语教学中的应用实践》发表于《广东教育》2017年第11期、论文《基于学生核心素养的培养在小学英语绘本教学中的探索》发表于《教育》2016年第11期，参与汇编专著《多彩教育——江门市实验小学的教育实践》（黑龙江教育出版社），出版课题专著《小学英语绘本可以这样教——小学英语绘本阅读教学的研究》。“基于网络环境下小学英语绘本教学的实践研究”结出了丰硕的成果，产生了积极的和广泛的社会影响，很多其他学校的教师来学校进行课题交流。两年来，学校共接待兄弟学校代表和各级领导专家300多人次，对相关科研课题研究工作给予了高度评价。

梁婉清老师以创新教法、课题引领为行动目标，以求真务实的态度坚持课堂教学实践和研究，教学工作成绩显著。《江门日报》《江门教育通》《南方日报》对她的教学事迹进行了报道。她先后被评为广东省特级教师、广东省新一轮中小学名教师工作室主持人、广东省“百千万人才培养工程”小学名教师培养对象、第十届全国中小学优秀外语教师园丁奖、江门市首批教育专家、江门市基础教育系统名教师、江门市首批名师名家名医等。

十、本课题研究的困惑与对策

1. 适合英语绘本教学的网络资源相对缺乏

英语学科具有独特性，适合小学生水平和本课题论域上的网上资源很难找到，一些有典型教育意义和有利于研究性学习的主题性素材相对缺乏。搜索、整理、筛选资源的工作量大，要求师生投入相当大的精力和时间。我们在实验过程中提出了要符合小学生特点来展现阅读材料，如通过相关的视频、Flash动画、图片故事等形式来介绍相关主题学习内容，而不仅仅局限于文字阅读材料，学生对这种直观的学习形式更容易接受。

2. 师生网络环境下的信息技术运用水平不齐

网络环境学习对师生信息技术运用有一定要求，技术不到位会给师生带来障碍。例如，有些学生搜索能力和语言表达水平存在差距，通过关键词搜索到的学习资源很多，筛选不了，表达不了。又如，网上英语文字资源对学生要求较高，学生词汇量相对不足。我们可多利用辅助工具，多开展合作探究，各尽所能，取长补短，采用这种方式，可以使不同层次的学生都有不同程度的提高。

3. 小学英语绘本教与学模式还需完善

随着网络在教学过程中的普遍应用，小学英语绘本教与学模式除了带来教学内容的变革外，更重要的是带来了学生学习方式和教师教学方式的变革。E-learning的学习和混合式学习将会成为未来学生最主要的一种学习方式。网络中完备的信息、美丽的色彩、动听的音乐，这一切都给学生带来无尽的诱惑，如果学习任务没有挑战性，就无法形成强烈的学习与研究动机。

回顾两年的课题研究工作，虽然取得了一定的成绩，但随着小学英语课改的深入发展，也必然对学科教学和学生的学习产生深远的影响。在这样的目标下深入探讨科研课题发展，力争在课题后续研究中取得更大成绩，推进学校科研工作再迈新的台阶。同时希望能得到专家们更多的指导和支持，让教科研真正成为卓越名师发展的助推剂。

基于"趣·活·实·润"的教学成果

中篇

英语绘本阅读教学模式突出"趣·活·实·润"的教学理念，在阅读教学中培养学生推理、猜想、分析、评价、运用等思维能力，提升学生的学习能力与思维品质，最终提高学生英语的综合素养，培养学生高阶思维能力和问题解决能力，实现学科教学中少量主题的深度覆盖。在阅读前（pre-reading），教师做好导学，通过游戏文本、视频歌曲等媒介来引出文本的主题，激活学生已有的知识背景和阅读的兴趣，吸引学生的注意力，做好阅读前的准备，积极参与到教师的课前活动当中。在阅读中（while-reading），教师可以通过文本猜测故事、想象画面等方式，引导学生发挥想象力，从线形思维提升到思维结构的网状思维，激发学生的想象力和创造力，鼓励学生分析问题和解决问题。在学习语言知识上，教师可运用阅读技巧和阅读策略来提升批判性思维与预测想象能力。阅读后（post-reading）的拓展训练是提高学生英语阅读能力的关键，教师可以结合绘本的内容提取重要的句式，提升学生表达的自信心，培养学生自主阅读学习能力。教学中这种"PWP"教学模式贯穿于绘本教学全过程。通过研究和实验，我们的教学模式得到了家长、教师、学生的高度认可，教师绘本阅读教学能力得到了进一步的提升，并且成为广东省名师工作室主题研究内容。希望通过这个模式的研究，为广大的英语教师提供新的绘本教学范式。

小学英语绘本特色课堂之我见

课堂作为学生和教师的栖居地，应该充满着浓浓的生命灵性。教师要创设一种安全和谐的学习情境，让学生能自主地、灵动地生活在课堂上，经历愉快的心灵旅行，让他们在趣味盎然的课堂上享受学习的精彩。笔者教书育人已有二十六个春秋，回顾所经历的教与学，感受颇深。作为一名英语教师，更新教学观念，形成教学理念，整合教材资源，完善教学模式，创新教学策略，丰富教学手段，积累教育智慧，彰显教学特色，培养现代人才，成为笔者对教育的不断追求，在教学中实现最优化，在反思中不断学习、成长、进步。

在小学英语绘本教学实践中，笔者尽心备好每一堂课，认真上好每一节绘本阅读课，用心教好每一个学生。以“因材施教、深研乐教、激发潜能、提升素养”为教学理念，逐步形成了“趣、活、实、润”的教学特色，使学生英语综合能力得到提高。在教学过程中，教师不断探讨和创新英语绘本教学模式，通过运用英语绘本故事、英语童话、歌谣、电影、诗歌等形式，让学生感受英语文化的魅力，创设生动活泼的情境和游戏活动，让学生爱上英语课，让他们学得轻松、学得愉快。本书将结合笔者的个人研究，浅谈在小学英语绘本特色课堂中的探究，形成个人教学思想，积淀教育智慧。

一、在英语绘本课堂中体现“趣”的味道

王蔷、敖娜仁图雅在讨论母语阅读素养的内涵和比较母语与外语的异同的基础上，提出我国中小学生外语阅读素养应包括“外语阅读能力”和“外语阅读品格”两大要素。绘本的使用是培养小学生早期英语阅读素养的一种教学模式。教师充分利用小学生年龄小、活泼好动，对周围的事物充满好奇心的特点，采取正确的引导方式对其进行阅读兴趣的激发，对培养学生良好的阅读习惯有着重要的帮助。

1. 激趣导学——在文本情境中自由畅泳

小学生大多数活跃好动，自我管理能力不强，无法很好地控制自己的学习。如果教师不注重对小学生这些方面的把握，只是对英语知识进行机械的讲解，对其进行填鸭式的知识灌输，就无法激起学生对学习英语的热情和兴趣。英语学科在学生的眼里就会变得枯燥无味，极大地打击了学生学习的积极性，不利于学生英语综合能力的提高。

在英语绘本教学的过程中，要实施趣味教学，需要教师为学生营造一种轻松愉快的阅读氛围，用活泼的个人魅力、灵活的教学方法，使学生真正沉浸在无压力的英语阅读中，从而主动学习英语，提高英语学习的兴趣。在英语绘本教学中，教师应该创设新颖有趣顺应学生心理的教学情境、学习情境、生活情境、任务驱动式情境等，调动学生学习的兴趣，努力培养学生良好的学习习惯，促进学生对英语语言的应用，积极实现英语的学以致用，把言语知识学习和现实生活结合起来。

例如，三年级“Unit 5 Who’s he？”教学有关家庭成员的内容时，教师将文本内容整合为一个绘本故事，带学生飞入外星动物Gogo的家，并认识了Gogo的家人，由此进行新知识点的教学。同时，让学生带来自家的全家福照片，在练习时教师布置“认识朋友”的学习任务，学生要用上“Who’s he/she？ He’s/She’s my ...”等句式互相介绍自己的

家人，达到听说结合的效果。又如，在教“Whose is it?”一课中，教师设计学生社会实践的故事情境，让学生在旅行中经历“忽然下雨—电话求救—互找衣服—互分食物—遗留物品—思想教育”。首先，教师把新的语言句式置于一个具体的情境之中，让学生在活动中掌握句型；其次，教师设计问题悬念，以“置疑”为导，设法激发学生参与活动的欲望，让学生在小组交流中完成“任务”，教师则充当咨询员和访问者，全面了解教学的效果；最后，教师对各小组的活动实况进行小组评价。这种把知识学习与社会实践、参观交流、研学旅行等学习情境结合起来的方式，是语言功能性和交际性的最真实体现，使学生在玩中学、学中乐，还对学生的自主学习起着引导的作用。

2. 趣味阅读——在绘本情境中快乐参与

王蔷教授在《英语教学方法课程》中强调：“教学活动的设计要从学生的学习兴趣、生活经验和认知水平出发，内容和方式要尽量真实。”让语言学习在英语课堂中得以有效输入和输出，是小学英语教学的目标之一。根据三年级教材内容，字母学习是不可或缺的环节，而且是最重要的基础教学。为了增加学习的趣味性，在三年级上册学习完字母之后，教师可以挑选“*Chicka Chicka Boom Boom*”（《叽喀叽喀蹦蹦》）这部绘本作为补充材料，先带领学生把电子绘本书进行持续默读，之后再观看动画视频，接着让学生跟读跟唱英语字母，最后让学生表演绘本故事。让学生根据故事情节，扮演故事中的字母，从“A told B，and B told C，I'll meet you at the top of the coconut tree.”开始，故事到了“Still more —W！And X Y Z！The whole alphabet up the —Oh，no！”26个字母都出现了。学生们看到更出彩的一幕——“Chicka Chicka Boom Boom”，椰子树倒了。

通过读绘本、演绘本，学生很快就把26个字母的名称和顺序掌握了。这明显比乏味地在黑板上解说、机械性地读字母卡片效果要更好。

而且从这本书中，学生掌握的不仅仅是字母，更重要的是从字母故事中传递出的友爱互助的精神。

二、英语绘本课堂中体现“活”的样态

教学资源的整合是英语学习的重要过程，单纯地以文本作为参照，以学生掌握多少单词作为评价学生的标准是不科学、不合理的，英语教育已经发展到一个资源丰富的成熟市场，将同类资源融入教学，不仅有利于教材的重组，更有利于教学形式的活化。在复习课中进行资源融合，避免了乏味的重复以及枯燥的题海。相似的资源也为复习提供了主题式的情境，使复习课的设计更为流畅。

1. 盘活教学资源

小学生的形象思维比较活跃，而语言学习是比较笼统、抽象的。因此，在绘本教学中灵活运用多种教学手段和教学方法，对课堂生成问题有敏捷的反应，创设生动活泼的教学氛围，是小学英语绘本教学的有效补充。例如，有目的地使用实物媒体（如图片、实物、教具等）以及各种电教媒体（如一体机、软件、微视频、录像等）手段优化教学是十分必要的。利用多媒体课件展示教学内容，使枯燥单一的书本知识通过形象生动的具体画面变活，从调动学生的多种感官出发，激发学生的学习动机，引发学生的思维想象。

在“互联网+”教育的大趋势下，教师可充分利用互联网这一世界上最大的信息资源库来完善教学，使外部的学习信息逐渐转化为学生内部的智力储备，促进知识与技能方面的提高，培养学生的学科综合素养，极大地提高了课堂教学效率。例如，在教粤人版（开心学英语）三年级上册“Unit2 Good morning！”时，笔者采用了视频歌曲导入的方式，让学生齐唱歌曲“Good morning！”，在唱歌的同时，加入虚拟整理房间的活动，学生通过iPad上的任务活动，一边用手指摆动房间，整

理房间里凌乱的物品，一边温习学过的房间名称，从而为本课新句型学习做好了铺垫。

2. 课堂“同灵动”效果

灵动是指灵活与互动。“灵”体现为如何灵活处理教材，“动”体现为师生之间和生生之间的互动。落实在课堂操作上应做好三个C，即Cooperation（合作）：充分发挥师生、生生合作的作用，认真研读教材，设计教学任务，优化教学环节，让学生通过自主合作探究来完成教学任务；Communication（交际）：把时间还给学生，给予学生交流互助的时间，让学生大胆讲，给学生创造语言应用的机会；Creative（创造性）：教师如何设计问题启发学生思考，如果学生之间碰撞出思维的火花，学生思辨性思维的能力就会得到提高。

例如，在《攀登英语阅读系列·有趣的字母》“*Frank the Rat*”绘本故事中，让一名学生演rat，一名学生演cat，模拟老鼠为了拿到香肠，会经过哪些物品，最后猫能否抓到这只老鼠。在演绎过程中，教师和多名表演者轮流表演，台下的学生描述具体的发生过程，从而将故事升华到最高境界——语言的运用输出。当然，根据学生的情况，还可以适当拓展，让学生改编或者续演，会收到意想不到的教学效果。在课堂上努力体现“同灵动”的教学目标，不仅要求教师灵动地教，更要求学生灵动地学，这样的“同灵动”有利于教学效率的提高，学生从“愿意学”“喜欢学”转变到“自己学”“我能学”。

三、英语绘本课堂中体现“实”的质量

课堂是学生英语学习的主要阵地，在以往的英语教学中，一味地追求热闹轰动的课堂效果，探究新颖别致的教学游戏，这样的课堂只是昙花一现。尽量排除一些形式化、不必要的东西，以时间、精力、资源为“下限”，换取质量、效果、品质的“上限”，以获得教学最优化和效

果最大化。在教学过程中，教师把学生带到学习任务中，给学生更多的学习和建构的机会，根据学生的学习过程设计相应地促进学生学习的活动。教师不仅要关注学生学了什么，还要关注学生是怎么学的，学生在学习过程中的态度如何，学习的效果如何，从而促进学生获得全面、生动、积极、和谐的发展。

语篇是学生进行听、说、读、写、看语言综合运用的材料之一，是学生获取语言信息和进行语言运用的重要途径。然而，在多年的教学过程中，笔者发现小学英语阅读教学存在一些问题：一是教师只重视知识点的讲解，轻视对语篇的整体梳理与分析。二是教师轻视对学生阅读技巧的培养。教师只是简单地带读和阅读，导致学生总停留在对阅读材料表层意义的理解上。三是忽视语言运用能力的培养。我们经常看到这种单调重复的教学模式：读短文—教新词—讲语法—翻译文—做练习—背课文—写文章。这会使学生形成一种呆板的语言学习方式，导致学生对语篇学习有困难、有障碍。

如果运用思维导图来辅助教学，将重点的英语知识以清晰的图示方式呈现出来，这样可以加深学生对语言知识的理解，就可以保证学生掌握阅读策略，获取阅读信息，运用阅读技巧。有这样一个故事，讲述的是孪生姊妹Louise和Heather有一段相同的旅游经历，但有不同的感受。故事中不仅出现了过去时的动词短语，还涉及happy 和unhappy的情绪表达。教师借助思维导图，提炼出文本的主体脉络，学生就可以通过层次清晰的线条和板块进行表述，有效降低了阅读理解的难度。在教学中，笔者尝试以Trips为主题展开教学过程。

1. 阅读前——视觉激活

（1）教师在黑板右上角画了一架飞机，一边画一边说："Look! This is a girl. She has big eyes. She has long hair. She's beautiful. Look! This is another girl. She's so pretty. She has a long hair，too. They look the same. Who are they？ Now， let's watch and guess."

（2）教师用简笔画呈现出文本中的两位主人公，提出问题激活学生的好奇心和学习兴趣。

（3）引导学生观看两个故事视频，猜一猜短文的主要人物和主题。

Q1：Who are they?

Q2： What's the title of the passage? （A. Friends.B. A Trip. C. Weather.）

（4）学生通过观看视频回答问题，教师根据学生的回答在黑板上出示与上述问题相关的信息，并出示本课的中心主题"A Trip"。

2. 阅读中——信息提取

（1）学生带着教师的问题再次默读故事的内容，圈出两篇短文中的时间、地点和天气。

T：Where were they?

Ss：They were in Canada.

T：And when were they in Canada?

Ss：Last winter.

T：What was the weather like?

Ss：It was snowy.

（2）相邻座位同学小声地细读短文，并画出相关的关键词，填好表格。

T：Now， let's read carefully in pairs and find out the answers.

Q1：Which girl is Louise? Which girl is Heather?

Q2：How did they feel?

（3）学生理解故事文本后，尝试回答上述问题，提炼关键动词，并在相邻座位同学间交流。教师将学生回答的关键词写在黑板上，完成思维导图中关于故事发展的分支。

（4）请学生有感情地朗诵，并注意句子的升降调和连读。

T：Let’s read emotionally！ Louise was happy. We can read happily. Heather was unhappy. Let’s read unhappily.

（5）学生利用关键词制作思维导图，并在小组内选择喜欢的角色复述短文。

T：Let’s try to make a thinking map with the key words.

T：Now please discuss and try to make a thinking map and retell.

（6）通过这部分的学习，绝大部分学生都能在教师的分层引导下充分理解文本内容，流利地描述每一个故事的发展进程。

3. 阅读后——巩固输出

（1）通过前面思维导图的认知、了解和制作，学生大概掌握了如何利用关键词制作思维导图，接着让他们制作一个属于自己的思维导图，并写一写自己的旅程，然后在小组内说一说自己的旅程。

T： I had an exciting trip. Look！ This is my thinking map. I was in Beijing last summer. It was sunny and hot. The food was tasty. I went swimming and took lots of photos. I was very excited.

T：Now，let’s make your favorite thinking map and write something about your trips.

（2）学生完成思维导图后展开讨论活动，在组内进行分享和交流活动。其间可以增加教师提问，学生根据自己的思维导图进行抢答和补充，还可以采用小组竞赛的方式进行。此活动中，教师可以帮助学生加深对文本的理解，及时调整思维导图框架和结构，锻炼学生的语言运用能力。

四、英语绘本课堂中体现“润”的交融

就小学生而言，学习语言是漫长而艰辛的，而教师的教学目标是让

每一位学生都发挥自己最大的潜能与天赋，提升他们的学习能力，培养他们好学、勤学、善学的学习品格。教师应该具有一颗童心，用学生的眼睛去看东西，用学生的耳朵去听声音，用学生的感受去体会世界，兼顾学生学习时的感受，他们是否开心，是否有热情，是否感到压力大，思维和能力是否得到发展。

"让学生在灵动的英语课堂里自由地生长"是笔者追求的课堂教学境界。英语绘本是一种"绘声绘色"的阅读素材，有利于小学生英语阅读兴趣的提高及英语综合运用能力的提升。英语绘本教学的过程就是教师伴着学生一起前行的过程，一般有两种课堂样态：一是教师在前，学生跟在教师后面，亦步亦趋；二是教师相信学生有前行的能力，放手让学生自主往前走，当学生出现较大偏差时，教师在学生前面引一引、指一指、带一带，然后又退回到学生中间或者在学生的后面，做一直为学生鼓掌的人。这两种课堂样态正是"教为中心"与"学为中心"的不同之处。

五、结语

通过上述分析可知，英语教师应结合自身的特点，形成激趣启智、灵动睿智、扎实益智、关爱明智的英语绘本教学特色，全面培养学生英语语言运用能力，努力打造深度课堂。因此在英语教学工作中，只有保持快乐的心情，乐观向上的工作态度，勇于创新的精神，用智慧引领教育，让教育生成智慧，才能让我们的课堂灵动起来！

参考文献

[1] 高娟. 试议如何在小学英语教学中打造智慧课堂［J］. 校园英语，2016（33）：181-181.

[2] 孙洋洋. 且行且思，做一名智慧的小学英语教师［C］. 全国智慧型教师培养体系建构模式学术会议，2012.
[3] 朱小凤. 小学英语教学生成学生课堂智慧的几点思考［J］. 新课程导学，2014（3）：74.
[4] 杨舒淇. 实施愉快教育，提高小学英语教学质量［C］. 全国智慧型教师培养体系建构模式学术会议，2016.

指向思维品质培养的英语绘本PWP教学模式的探究

在传统的PPP（Presentation，Practice，Production）英语教学模式中是以教师为核心，学生完全根据教师的知识教授或依赖教师的课堂设计来学习英语的，在这种模式下，学生往往只是机械性地学习英语，缺乏实际应用英语的能力。而英语绘本阅读教学中主要提倡以学生为中心，以阅读环境为重点，以阅读活动为导向，以多元化的教学方式相结合的教学模式，即通过英语绘本阅读PWP教学模式，将英语教学分为阅读前、阅读中与阅读后三个阶段。在阅读前培养学生的预测能力，在阅读中培养学生的逻辑推理、批判、联想、推测等能力，在阅读后巩固学习并结合自己的理解与知识拓展学习。

在小学英语教学中，教育教学的目的往往是对学生英语学习进行启蒙。其中，小学英语绘本教学模式能很好地通过阅读培养学生的创新性、发散性、逻辑性与批判性思维，进而提高学生思维品质的教学方式。英语绘本的PWP教学模式将显著地提高学生的英语学习效率，有助于提升学生良好的思维品质。本书以小学英语绘本教学模式为例，分析与讨论小学英语绘本PWP教学模式中教学基本过程与方式，期望该教学模式能够对小学英语绘本阅读教学有启示作用。

一、Pre-reading——做好读前导入

1. 课前激趣——调动学生的阅读欲望

教师通过歌曲、游戏、图片、视频等媒介引出文本主题，激活学生已有的知识背景和阅读兴趣。教师可以准备一些有趣的课前“热身活动”来吸引学生的注意力，使学生做好阅读前准备，产生阅读欲望，并积极地参与到教师准备的课前活动中。

2. 设置悬念—— 一起猜猜猜

启发学生丰富的想象力是有效理解绘本的首要条件。因此，教师在开展小学绘本阅读教学的实践中，应该有效地利用图文猜测故事发展，采用设问想象、自由联想等方式引导学生充分发挥想象力，从线形思维提升到思维结构的网状思维，这就极大地激发了学生的想象力和创造力。例如，要给学生讲解松鼠的新家这一文本，教师可以先在黑板上画出一个家的形状概念，并引导学生猜想黑板上画的到底是什么。

T：What can you see on the blackboard? Can you guess it?

Ss：I can see a room, a cabin，a bed...

T：Yeah, this is a house, But do you know whose house it is ?

Ss：A cat’s, a dog’s ...

T：In fact, it’s a hamster’s house. Today, we’ll learn a story called *Pickle’s New Home*.

在本环节中，教师可以先将房子的部分构造遮挡住，然后通过提醒与描述，鼓励学生发挥想象力，猜测教师遮挡的部分是什么内容。这样的课堂设置可以迅速地吸引学生的注意力，让学生跟着教师的节奏，通过教师的提示联想可能的物品，并尝试说出它的英语单词。在这一过程中，既能让学生的发散思维与推测思维得到很好的锻炼，也能让学生尽量说出文本中有关情境内容的单词。

3. 观察图片——铺垫故事情节

T：Look at the pictures！ Ant can go up. How about Cat/Pickles？What can Cat/Pickles do？ What will Cat/Pickles say?

用生动形象的图片为学生铺垫故事情节，在学生还没开始阅读的情况下，学生通过观看图片内容与倾听教师所述问题，通过自己的联想与预测，在未读故事之前就可以大致理解图片及故事所包含的主要内容，为后续教师对故事的讲解做好铺垫。学生在此过程中会经历“看图—听问—预测—联想—提取”等一系列的思维过程，这种方式对培养学生思维品质中的预测与联想能力至关重要。

二、While-reading——夯实读中活动

While-reading是指课堂上教师正式对阅读内容进行细致讲解的阶段。教师在该阶段要充分呈现所学内容，引导学生掌握好语言知识，让学生明确文本中的人物关系与逻辑关系，充分理解文中内容。因此在本阶段，教师要引导学生从个人学习经验出发，根据文本信息进行观察、分析和预测，师生在阅读过程中探究，鼓励学生在分析问题和解决问题的过程中大胆地进行阅读；在学习语言知识、运用阅读技巧和策略中提升学生的批判性思维与预测想象能力。

1. 课中思维引导——明确文中逻辑关系

课堂中对学生进行逻辑性训练是英语教学中最重要的环节，在知识

体系中均有各自的逻辑关系与逻辑特点。在这一环节，教师可以利用思维导图帮助学生回顾和理解事件发生的逻辑顺序与关系。因此，培养学生的逻辑能力是英语阅读教学中最核心的任务。例如，学员的教学案例中的绘本故事“*The Tree House*”，小熊自己盖了一间树屋，但是森林中的小动物们都不愿意帮他，这是为什么呢？教师在这一过程中通过问题“Did they help Bear？”作为思维引导，几个动物都说：“I can’t help you. I’m busy.”让学生在思维导图的呈现中对文本中人物与事件所存在的逻辑关系进行再次梳理，明确文本主旨与核心内容，进而使学生具备理解与分辨关系的能力。

引导学生理解相关逻辑顺序与关系

2. 设置问题讨论——培养批判性思维

在绘本阅读中，教师可以根据文中的中心思想设置有辩证性的问题并引导学生相互讨论，让学生在讨论学习中理解别人看待问题的角度与方法，在讨论和思考中可以让学生的思维得到碰撞，进而使学生更好地理解课文内容，用批判的思维阅读学习，进而提高英语学习的灵活性，进一步提高学生的英语应用能力。例如，“*Sheep in the Jeep*”这个绘本故事，讲述小羊一家开着吉普车出去旅行，在陡峭的山上，车陷入泥浆地里，抛锚了。想尽办法也未能脱困，后来峰回路转，来了热心的猪，终于把车推出来了，大家大声欢呼。可是乐极生悲，开车的绵羊忘记掌控方向盘了，车子一直冲下山去，撞得七零八落，落得个“Jeep for sale—cheap”（吉普车贱卖）的下场……

在Picture Walk的过程中，我们也可以进行简单的提问，帮助学生理解故事情节的发展。教师可以问：三只小羊分别在做什么事情，它们为什么要这么做呢？从而为学生理解下一步的故事情节发展做一些铺垫。而学生的回答可能并不是特别准确的答案，我们不急于给出肯定或否定的答复，而是邀请学生一起读这个故事，自己找出答案。

在该阶段，教师通过与学生不断地对话，引导学生意识到所有事情并不是只有一个答案，让学生理解问题具有多面性，我们应当从不同的角度去看待事情，进而认清事情的本质，培养学生的思辨能力。在讨论中促使学生深入思考，激发其英语表达的欲望。

三、Post-reading——拓展课后阅读

Post-reading是阅读后的拓展训练，该部分是提高学生英语阅读能力的关键。在此环节，教师结合绘本内容，提取重点句式，引导学生进行语言表达，逐渐提升学生对英语表达的自信心和表达水平。与此同时，教师还可以结合想象、思考及表达，引导学生对故事进行“续写”或“改写”，并用英语体现出来，这样也可以促进学生英语应用能力的提升。例如，在绘本读物“*Daddy Robot*”故事中，讲述了Ben的爸爸是个工程师，他能制作各种各样的机器人，但他没空陪伴Ben一起玩，总是让机器人代劳。Ben的生日快到了，他的愿望是要一个Daddy Robot，爸爸知道后恍然大悟，放下手头的工作和Ben度过了一个美好的生日。在读后环节中，教师可以设计与生活体验相关的话题，通过读后写、读

后演、读后画，激励学生表达自己对故事的感受，回扣绘本，拓展提升，从而引导学生学习、巩固、自学，最终培养学生的“自主阅读学习能力”。

四、结语

传统的英语阅读方式可能仅仅锻炼了学生的基本英语应用能力，而英语绘本PWP教学模式在提高学生英语应用能力的同时，还锻炼了学生推测、预判、批判、联想等不同的思维品质。这也是进一步提高小学英语绘本阅读教学理念和实施的需要，希望为小学英语教师开展英语绘本阅读教学模式研究提供建设性的意见，从而促进小学英语阅读教学质量全面提高。

参考文献

[1] 田雪莲. 在绘本阅读教学中培养学生思维品质的实践［J］. 中小学外语教学（小学版），2017（40）：23.

[2] 王丽淳. 指向思维品质发展的英语阅读教学问题设计的实践——以Unit 2 Reading France is calling阅读教学为例［J］. 英语教师，2019，19（17）：122-126.

[3] 王兴科. 新课标高中英语PWP阅读教学模式初探［J］. 中学生英语（教师版），2011（5）：21-23.

下篇

基于“趣·活·实·润”的教学设计

绘本阅读教学设计是教学中的一个重要环节，是教学的目的性、过程性、科学性与艺术性的统一，不仅需要绘本教学“趣、活、实、润”的教育理念做支撑，而且需要运用丰富多彩的教学方法和教学技术。本部分是工作室学员坚持以培养学生学科核心素养为教育理念，对绘本阅读教学进行深入探索获得的一点经验。绘本教学过程由一个个教学活动构成，要想实现深度教学，一定要设计好每一个教学活动，以符合学生的认知发展水平和实际生活经验。在设计教学活动时，教师要考虑学生在绘本活动中学到了什么、怎样学、学得怎样，要考虑如何让学生主动学习、合作学习、探究学习。这部分不是以某一个版本的绘本教材为依据，而是可供使用任何版本的阅读教学教师参考使用。

"*I Am an Apple*"教学设计

江门市紫茶小学　伍雅茵

一、教学材料

授课年级：小学五年级。

授课教材：Scholastic出版社出版的*I Am...*系列绘本"*I Am an Apple*"。

授课课型：绘本阅读课。

二、教材分析

"*I Am an Apple*"主要讲述了苹果由开花到结果的生长过程，科普了有关苹果的一些常识，通过阅读和学习，能够拓展学生的知识广度。

三、学情分析

一方面，五年级的学生已经具备一定的自然科学知识，对自然科学知识非常感兴趣。学生对苹果这一常见水果见得多，吃得也多，有一定的生活经验。可是由于苹果的生长习性，广东不适宜苹果生长，大多数深圳学生没有见过苹果是怎么长出来的。另一方面，五年级的学生已经具备一定的英语表达能力和词汇量，如天气、食物、颜色、职业等方面的词汇。用汉语来说一说苹果的生长过程，学生都能大致说一说，可是用英文怎样表述呢。因此，学生会对这个绘本感兴趣。这些都为学生阅读和学习“*I Am an Apple*”打下良好的学习基础。

四、教学目标

1. 语言能力

（1）能够读懂绘本，拓展课外知识，学到一些有关植物的英语单词。

（2）能借助思维导图用简单的英语复述苹果的生长过程。

2. 文化意识

（1）深入了解苹果的生长过程，得知苹果的来之不易，让学生懂得珍惜食物、珍惜他人辛勤劳动的成果。

（2）苹果有益健康，常吃苹果（水果），养成健康饮食的习惯。

3. 思维品质

（1）培养学生带着问题，有目的地自主学习和思考。

（2）培养学生预测、分析、判断、推理、总结及发散性思维的能力。

4. 学习能力

掌握基本的绘本阅读策略，利用封面观察预测绘本主题，利用图片获取大意，利用问题链导向阅读、提炼信息，利用绘本图片帮助理解、解决生词、梳理文意，利用思维导图串联线索，加深理解，利用自身生活经验融入学习、发散思维、举一反三。

五、教学重点和难点

1. 教学重点

引导学生读懂绘本，拓展课外知识，拓宽自然科学知识视野。

2. 教学难点

（1）教师应引导学生借助思维导图，用简单的英语复述苹果的生长过程。

（2）教师应引导学生还原苹果生长的全过程（注：绘本着重讲述苹果的花期和果期以及有关苹果的一些常识）。

（3）教师应激发学生发散思维，深度思考：

① 怎样才能让苹果树苗壮地生长？

② 苹果树生长的过程如此，那么其他植物呢？那么人呢？

六、教学设计理念

（1）基于小学英语学科核心素养，充分利用思维导图进行英语绘本课堂教学，对于培养学生高阶思维能力、促进学生思维品质的形成、提高学生的自学能力、发展阅读素养具有积极的作用。

（2）基于英语教学法和学生认知规律，教学任务的设计要由易到难，呈阶梯式层层深入，训练学生的略读、跳读与细读等技能，并通过各种阅读技能，预测、推理和理解文本大意。同时，以上任务也有利于激活学生的语言、内容和形式图式，可有效提高学生的阅读理解和记忆效果，培养学生的思维能力。

七、教学过程

教学过程概述

Teacher's Steps（教学环节）	Teacher's Activities（教师活动）	Students' Activities（学生活动）	Teaching purpose（活动设计意图）
Warming up	1. Greetings. 2. Tell Ss about today's class rules and learning objects	1. Greetings. 2. Know about today's class rules and learning objects	师生互动，拉近距离。了解课堂要求及目标，更好地融入学习

续表

Teacher's Steps（教学环节）	Teacher's Activities（教师活动）	Students' Activities（学生活动）	Teaching purpose（活动设计意图）
Pre-reading	1. Have Ss play a game: Read words aloud, and win apples for the baby. 2. Free talk. Q: Do you like apples? Q: What do you know about apples?	1. Play a game: Read words aloud, and win apples for the baby. 2. Free talk	通过游戏，复习已学的单词，并激活学生有关苹果的生活经验，为阅读做铺垫
While-reading	1. First reading. （1）Read the cover and predict. Q1: What can you see from the cover? Q2: What is the little girl doing? Q3: Why is she climbing on the ladder? Q4: Do you know how apples grows? （2）Ask Ss to have a picture touring of the whole picture book. Q: What's picture book mainly about? （3）Let's check.	1. Ss look at the cover, find information, guess and predict about the picture book. 2. Ss to have a picture touring of the whole picture book and find out the main idea.	初读故事，指导学生对绘本封面进行解读，预测绘本内容，并激发学生阅读兴趣，图片环游，了解故事大意
	2. Ask Ss to read again, answer questions and retell each part with the help of teacher's story map.	Ss read again, answer questions and retell what happens at Blossom Stage and Fruit Stage of Part 1 with the help of teacher's story map.	引导学生二读故事，细细读，利用问题链导向阅读、提炼信息，利用绘本图片帮助理解、解决生词、梳理文意，利用思维导图串联线索，加深理解

续 表

Teacher's Steps（教学环节）	Teacher's Activities（教师活动）	Students' Activities（学生活动）	Teaching purpose（活动设计意图）
While-reading	（1）Read about Blossom Stage of Part 1（pp.1-8）. Q: What happens at this Stage? （Show questions-guide Ss to read-check the answer-draw the thinking map-retell） （2）Read about Fruit Stage of Part 1（pp.9-14）. Q: What happens at this stage? （Show questions-guide Ss to read-check the answer-draw the thinking map-retell） （3）Read pp.15-18 of Part 2 Facts about apples. Q: Are most apples picked by machines? （Show questions-guide Ss to read-check the answer-draw the story map-retell） （4） Read pp.19-28 of Part 2 Facts about apples and judge.（T/F） （　）1. All the apples are big, round, sweet and red. （　）2. Applesauce is made from apples. （　）3. Every apple has a star of seeds	Read with questions. Check the answer. Retell some facts about apples with the story map	

续 表

Teacher's Steps（教学环节）	Teacher's Activities（教师活动）	Students' Activities（学生活动）	Teaching purpose（活动设计意图）
While-reading	(show questions-guide Ss to read-check the answer-draw the thinking map-retell)		
Post-reading	1. Read and finish. (1) Have Ss read the picture book again. (2) Have Ss match the right sentences with the Life Circle Map to tell how apples grow from red buds 2. Think it over. Q: Where do apples come from? -Apple buds. Q: Where do apple buds from? -Apple trees. 3. Let's talk. Q: Where are apple trees from? (Guide Ss to talk with a thinking map.) 4. Extension 1: Do you know? Q: How do apple trees grow from a seed? The T guide Ss to talk and learn with a growing map showing the 3 growing stages of apple trees: (1) Seed Germination Stage. (2) Vegetative & Growth Stage.	Ss read the picture book for the third time. And finish the task. Ss think, answer questions and further develop the Life Circle map. Ss talk with a thinking map. Ss talk and learn with a growing map showing the 3 growing stages of apple trees.	1. 引导学生三读绘本，以残缺的苹果的环形（Life Circle）思维导图作为学习线，层层递进地抛问题，引导学生通过思考，深度分析、提取、加工、整合绘本信息，还原苹果的环形 2. 引导学生跳出绘本，利用自身生活经验融入学习、发散思维、举一反三，拓展自然科学知识视野

续表

Teacher's Steps（教学环节）	Teacher's Activities（教师活动）	Students' Activities（学生活动）	Teaching purpose（活动设计意图）
Post-reading	（3）Blossom and Fruit Stage. T: This is also the life circle of apples. 5. Have Ss tell the story about an apple. （1） Show the last page of the picture book: "I am an apple. Can you tell a story about me?" （2）Have Ss tell the story about an apple in groups. （3）Share in class. 6. Extension 2: Do you know? Q: What do apple trees need to grow well? （1） Have Ss discuss in groups. （2） Let's check	Ss tell the story about an apple. Ss discuss in groups	
Emotion education	1. Apples are good for us. An apple a day keeps the doctor away. 2. Cherish food. Every bite of food comes from working people's sweats		培养学生养成健康的饮食习惯，学会珍惜食物及他人的劳动成果
Homework	1.（二选一）（1）Try to tell the growth story of other plants in English.（2）Try to tell the growth story of men. 2. Try to plant apple seeds, and make a Seed Observation Journal		激发学生课后发散思维和深度思考

八、教学评价设计

教学评价设计表

Good!	能理解绘本内容	
Great!	能理解绘本内容，能流利地朗读绘本	
Wonderful!	能理解绘本内容，能流利地朗读绘本，能大胆地复述绘本内容	

九、板书设计

I Am an Apple

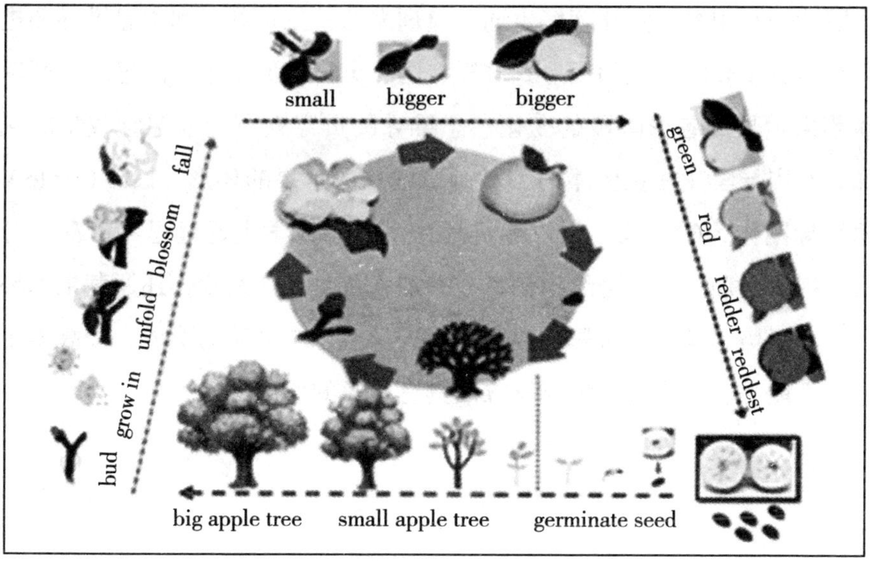

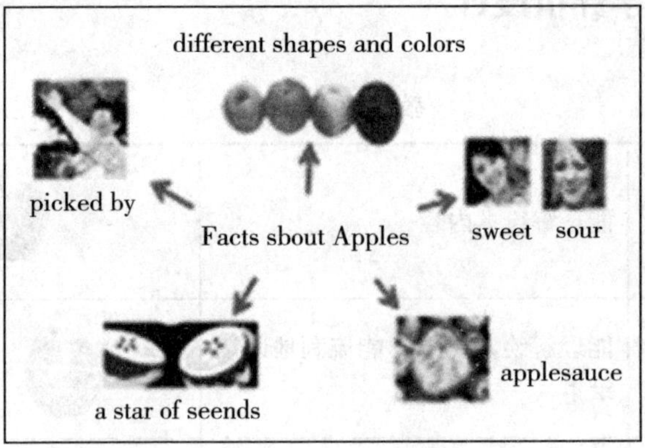

十、教学反思

本节课较好地完成了教学目标，是一节比较成功的绘本课。本节课最大的三个亮点：一是善于运用阶梯式的问题链，引导学生阅读绘本、理解绘本、提炼信息，由易到难，层层深入；二是善于引导学生观察绘本图片，利用绘本图片理解生词，梳理文意；三是善于利用思维导图进行绘本课堂教学，教师用形式多样、内容丰富、形象生动的思维导图串联苹果生长的各个阶段的变化，思维导图贯穿整节绘本课堂教学。例如，在引导学生三读绘本时，教师以残缺的苹果的环形（Life Circle）思维导图作为学习线，层层递进地抛问题，让学生通过思考，深度分析、提取、加工、整合绘本信息，并加入自身生活经验，还原苹果的环形，对于培养学生高阶思维能力、促进学生思维品质的形成、提高学生的自学能力、发展阅读素养等方面具有积极的作用。

“*Little Zoe Looking for Mum*”教学设计

江门市实验小学　张秀芬

一、教学材料

授课年级：小学四年级。

授课教材：小学英语分级绘本四年级“跟上兔子”第一季。

授课课型：绘本阅读课。

二、教材分析

“*Little Zoe Looking for Mum*”是“跟上兔子”英语分级阅读中的一个绘本故事，适合四年级学生阅读。故事主要讲述了小兔子走出动物园后，看到猫妈妈和它的孩子，自己感到非常的孤单，也想要找自己的妈妈。小兔子通过不断地寻找，最后找到一个充满爱心的熊愿意做它的妈妈。故事通过绘画和文本两种媒介的结合，表达了满满的爱和温情。整个绘本内容比较简单，但篇幅较长，语言结构和文章脉络清晰，故事中反复出现Can you...？ / You have.../but I don’t...，这些语言呈现是学生在课本中接触过并且能够胜任的，字里行间所表达的爱的付出、爱的传递这些情感也是学生能够感受和体会到的。语言结合图片反复呈现，既为学生体验语用功能提供了机会，也为学生运用语言复述表达提供了支撑，更为学生谈论自己的阅读体验奠定了基础。

三、学情分析

通过两年多的英语学习，四年级学生已经具备了一定的词汇基础和英语阅读能力。学生能够读懂简单的故事或配图短文，能够借助图片就阅读话题进行几句话的简单叙述，能和他人进行读书讨论，分享阅读内容情节或人物，表达自己对文本的喜好。同时，学生的思维方式也已经由形象思维向抽象思维转变，对事物有自己的喜好和想法，欣赏探究式的学习方式，喜欢有挑战性的学习活动，善于表达和表现自我。

四、教学目标

1. 语言能力

（1）能读懂绘本故事的大意。

（2）能自主阅读文本的重点片段，并合作表演其内容。

（3）能在思维导图的帮助下简单复述故事梗概，并将故事介绍给他人。

2. 文化意识

能读懂故事所表达的爱及爱的传递，并联系自身，生活中也要做一个有爱的人。

3. 思维品质

（1）利用小组合作和留白等方式，培养学生思维的深刻性和发散性。

（2）设计各项教学环节，培养学生思维的灵敏性和创新性。

4. 学习能力

（1）能自主学习新词新句，通过观察图片理解hug，penguin，

tortoise等，能够联系上下文猜测lonely，carrot，other的意思，通过已学知识迁移学习如parrot-carrot，能够查词典学习each other等。

（2）能通过阅读提取文本中的关键信息，完成阅读任务。

（3）能初步了解一些阅读方法并在阅读过程中尝试运用。

五、教学重点和难点

1. 教学重点

（1）学习zebra，penguin，tortoise等单词。

（2）会读、会说“Are you...？”以及回答“No， I’m not. You have...But I don’t.”等句型。

2. 教学难点

（1）能读懂绘本故事的大意。

（2）能初步了解一些阅读方法并在阅读过程中尝试运用。

（3）能在思维导图的帮助下简单复述故事梗概，并将故事介绍给他人。

六、教学设计理念

《英语课程标准》指出，英语课堂应根据教和学的要求，提供贴近学生、贴近生活、贴近时代的英语学习资源。绘本阅读不仅是对教材内容的有益补充，还能引领学生体会阅读的乐趣，启发英语思维，养成良好的阅读习惯，培养自主学习能力、批判思维品质及文化理解意识，切实提升学生的英语核心素养。根据学生的年龄特点，进行故事的学习和表演，从中学习新的单词、句型以及感受故事中的母爱。在教学过程中，教师要做到在激活与预测中感知绘本，在提取与内化中解读绘本，在审视与运用中重构绘本，从而让学生在阅读中理解故事内容，掌握阅读策略，加深自身体验。

七、教学过程

教学过程概述

Teacher's Steps（教学环节）	Teacher's Activities（教师活动）	Students' Activities（学生活动）	Teaching purpose（活动设计意图）
Warming up	1.Greetings. 2.Free talk: Say sth about your mum	1.Greetings. 2.Ss share sth about their mum	通过简单交流，调动学生情绪，为学生进入情境进行铺垫；通过聊天的方式，让学生联想自己的妈妈，引导学生用love这个单词为本节课打下温暖的基调，从而贴近生活
Pre-reading	1.Guess the riddles. Review the animals. 2.Question: If you're a rabbit, how to introduce yourself	1.Guess the riddles. 2.Ss say sth about the rabbit. Eg:I'm a rabbit. I have...	通过猜谜语游戏，吸引学生的注意力。在读与猜的过程中，激活学生的原有认知和必要的背景知识，引出即将要读的绘本的主人公，为进一步阅读解决理解上的语言障碍，激发学生的阅读动机，同时为后续的文本阅读奠定基础
While-reading	1.Read the cover and Predict. Q1:What can you see on the cover? Q2:Does Zoe find her mum?	1.Ss read the cover and answer the questions. 2.Ss ask some questions about the story	学生通过提问，对故事内容进行了预测，产生了强烈的阅读欲望，他们希望通过阅读解决自己的疑惑、验证自己的预测。形式多样的导入教学和自主探究性问题的提出，帮助学生培养理解、分析、推理等能力，最终提升思维品质

续 表

Teacher's Steps（教学环节）	Teacher's Activities（教师活动）	Students' Activities（学生活动）	Teaching purpose（活动设计意图）
While-reading	2.Picture walk.（pp.4-10） Q1:What animals does Zoe meet? 3.（1）Read and imagine. Zoe meets some animals.Guess and act:What are they talking about? （2）Listen and match. 4.Listen and guess. Q:If you're a bear,what can you do for Zoe? 5.Read and find. Ask Ss to read the story of pp.13-17 and answer. Q1:What can the bear do for Zoe? Q2:Does Zoe find her mum? 6.Think and share. What will happen in the end of the story	3.Just read the pictures,find and circle the animals. 4.（1）Ss make guesses based on pictures and act it out. Listen to the story and read the story emotionally. （2）Match the sentences. 5.Ss talk about it and imagine. I can... 6.Ss read the story of pp.13-17 and answer the questions. 7.Ss talk and guess the end of the story	教师利用图片，引领学生逐渐进入绘本故事，并通过有效的问题引导学生自主阅读，让学生通过阅读图片，养成仔细观察的习惯，抓取关键信息完成教师提出的问题 通过让学生发挥想象，演绎动物之间的对话，激发学生阅读的兴趣和持续的好奇心；再利用听音，获取信息，模仿其他动物与Zoe的对话，从模仿中感知角色的情感 引导学生代入熊的角色，培养学生乐于助人的良好品质 引导学生精读绘本，小组讨论，画出关键句，并在组内概括熊妈妈为Zoe做的事。借助小组合作式的阅读，促进学生对绘本故事更深入的了解，获取正确的阅读方法，进一步提升学生的理解、分析、概括能力 猜测故事最后可能发生什么，通过思考、分析和讨论，培养学生批判性思维，体会故事中“得到爱，奉献爱”的情感

续 表

Teacher's Steps（教学环节）	Teacher's Activities（教师活动）	Students' Activities（学生活动）	Teaching purpose（活动设计意图）
Post-reading	1.Listen and read the whole story together. 2.Choose a way to act out the story. A.Retell the story with the mind map. B.Act out the whole story	1.Ss listen and read the whole story together. 2.Ss choose one of the ways to show the story	学生跟音朗读整篇文本，整体感知故事中所表达的情感 引导学生借助板书复述故事，在图片和词语提示下表演故事，结合自己的生活经验和情感讨论与思考，让学生体验自己以前不知道或不熟悉的想法和经验，能够对绘本生成新的想法，达到文本再构的目的
Emotion education	Discuss in Groups. 1.What do you think of the bear mum? 2.What can you do for your mum		故事结束，联系故事和自己的生活经验思考与讨论：为什么Zoe最后能变得如此开心，让学生分享自己悟出的绘本含义，融入角色，升华情感，归依人文。利用绘本图片来体现Bear Mum对Zoe多方面的关爱，更帮助学生联想妈妈对自己无微不至的爱，提升情感，丰富了学生的情感体验
Homework	1.Read the story for your parents with emotion. 2.Try to recommend the book to the others. 3.Try to be kind and warm-hearted		鼓励学生对绘本学习进行拓展，将故事进行分享；鼓励学生做乐于助人的人

八、教学评价设计

教学评价设计表

Ticking time（自评）		
1	I can master the new words and sentences. （我能掌握新单词和句型。）	
2	I can finish the task assigned by the teacher. （我能完成教师布置的每个任务。）	
3	I can read and act the story . （我会读和表演故事。）	
Ticking time（互评）		
4	I can listen carefully. （我能认真倾听。）	
5	I can show myself actively. （我能积极地自我表现。）	

九、板书设计

十、教学反思

本节课是一节四年级的课外绘本阅读课，教学目标明确，教学思路清晰，教学环节层层相扣，充分调动了学生参与课堂教学活动的积极性，激发了学生的英语思维，挖掘了学生的学习潜力。 教师通过设置有效的读前活动，激发了学生的阅读欲望，将绘画与文本结合；通过听读、对话、讨论、表演等丰富的活动，渗透有效的阅读策略，提升了学生的思维品质，培养了学生的语言能力。“How does Zoe feel? Can the bear be Zoe's Mum? What do you think of Zoe and bear Mum? ”这些问题的设计为学生提供了广阔的思维空间，使学生带着好奇心进入文本学习。然后运用观察图片、联系上下文等方式学习新词，通过默读、跳读、寻读等方式，培养了学生的阅读策略。同时教师引导学生借助图片和上下文理解故事内容，培养了学生读图能力和捕捉信息的能力。学生的阅读兴趣也在此过程中被激发，思维被激活，学生能主动地获取知识，体验故事所传递的情感。

本节课需要改进的地方：在引导学生体会角色的情感变化时，教师示范还不够清晰、明确，导致学生在后面表演的时候不够到位。

“*Little Zoe Looking for Mum*” 教学设计

江门市紫沙小学　刘丝丝

一、教材分析

本节课选自“跟上兔子”小学英语分级绘本系列“*Little Zoe Looking for Mum*”。故事主要讲的是一只名叫Zoe的兔子在逃出动物园后找妈妈的过程，它遇到了很多不同的动物，并且希望它们能成为它的妈妈，但都没有成功，最后充满爱心的熊愿意做它的妈妈。在不断寻找中，它经历了挫折，也收获了亲情。在获得爱的同时，它也学会了给予爱。绘本画面唯美，语言生动、温暖，故事情节生动活泼，表达了满满的爱和温情。

绘本故事中反复出现“Can you...? You have...but I don't...”，这些语言呈现是学生已经积累并且能够灵活运用的，字里行间所表达的关于爱的付出、爱的传递，这些情感也是学生能够直观感受和体会到的。

二、学情分析

通过两年多的英语学习，五年级学生已经具备了一定的词汇基础和英语阅读量。学生能读懂简单的绘本故事，能在阅读绘本的过程中理解故事大意，借助图片环游或者思维导图的方式进行简单叙述，用自己的语言进行角色扮演，能和他人分享故事情节并表达对文本的喜好。

三、教学目标

1. 语言能力

（1）能初步听懂、会读单词，如penguin，zebra，tail，tortoise。

（2）能运用句型：You have...but I don't... It doesn't matter.

2. 文化意识

绘本故事一般情节简单，但是在简简单单的故事中充满了深刻的情感教育。学生在第一次自己默读绘本的过程中就能够通过图片及简单的句子将自身带入语境，融入绘本情节，把自己变成主人公little Zoe，通过和各种动物的对话来寻找自己的妈妈，并认识到自己和其他动物的不同之处。学生能读懂故事所表达的爱及爱的传递，并联系自身，懂得在生活中也要做一个有爱的人。

3. 思维品质

在本节课中，教师通过绘本故事和内容细节，深挖人物的情绪变化及故事想要传达的情感意义，激发学生开动脑筋、活跃思维、畅所欲言，鼓励学生展示自己的阅读成果（如朗读、对话、表演、借助思维导图复述故事内容等），激发学生对绘本阅读的兴趣。

4. 学习能力

（1）培养学生读绘本先看封面的习惯。通过封面了解故事的作者、出版社，通过封面图片想象故事主题及情节发展方向。

（2）引导学生泛读及精读绘本。在泛读环节深挖故事大意，通过细节阅读，联系绘本中人物的语言，了解人物情绪及情感走向。

（3）通过小组合作，完成故事大意的图片环游，帮助学生理解故事，培养学生提取关键信息、分析绘本、归纳总结的能力。

（4）通过教师的教和学生自己的思考，回答有关故事内容的开放性问题，提高学生的逻辑批判能力、辩证思考能力和创造性思维能力。

四、教学重点和难点

1. 教学重点

（1）能听懂、会说、理解句型Zoe has...，but...doesn’t。

（2）尝试用思维导图的方式来助力学生英语阅读能力的提升。

2. 教学难点

尝试用思维导图的方式来助力学生英语阅读能力的提升。

五、教学设计理念

本节课以英语绘本阅读为切入点，利用卡片、多媒体、音频视频等创设情境，通过绘本故事进行英语的学习，先引导学生通过快速阅读，把握整体的故事情节，清晰故事的主干内容。然后进行精读，详细了解文章中的单词、句型及作者想要传达的意义。最后从词句回到整体语篇中，开展听、说、读、演等多种丰富的活动，进行有意义的交流，使其语言能力与语言知识共同提升，从而进一步丰富其情感，促进学生思维能力及语言综合能力的发展。

六、教学过程

教学过程概述

Procedures（步骤）	Teacher’s Steps（教学环节）	Teacher’s Activities（教师活动）	Students’ Activities（学生活动）	Teaching purpose（活动设计意图）
Pre-reading	Read and guess	T:Describe 4 animals in English and ask	S:Elephant. Zebra. Penguin	通过猜一猜环节，激发学生学习的兴趣，引出本节课

续 表

Procedures（步骤）	Teacher's Steps（教学环节）	Teacher's Activities（教师活动）	Students' Activities（学生活动）	Teaching purpose（活动设计意图）
Pre-reading	Read and guess	Ss to guess who are they?	Rabbit	准备教授的新单词。通过图片的形式引出本节课的主人公，为后续的文本阅读奠定基础
	Show Ss a picture	T: Do you know who's she? She is a little rabbit,her name's Zoe	Ss:Hello Zoe!	
While-reding	Read the cover of the book	T:We can get a lot of information from the cover		通过读封面，帮助学生了解作者信息
	Read the story quickly and ask	T:Ok,boys and girls,does Zoe find her mum? T:Who does she find?	S: No, she doesn't. S:She finds a bear	通过封面图片猜测故事走向 通过快速阅读，了解故事大意
Post-reading	Help Ss to konw sth. about the story	T:let's read the detail of the story. Ask:1. Why does she gets away? 2.When she get out,who does Zoe see? 3. How does she feel?	S: All of animals in the cages in the zoo. S: She sees a cat mum and her baby. T:She feels lonely.	通过精读帮助学生解决文章中的新单词（penguin，zebra，tortoise，tail）、句型及作者想要传递的情感态度
	Read pp.6-13, Look and choose	T:What animals does Zoe meet ?	S:Zoe meets...	

续表

Procedures（步骤）	Teacher's Steps（教学环节）	Teacher's Activities（教师活动）	Students' Activities（学生活动）	Teaching purpose（活动设计意图）
Post-reading	Read by Ss from pp.8–13, discuss and answer	T:Are they Zoe's mum? Why? T:How does little Zoe feel? Then who comes?	Discuss in groups and share answers	
	Read the story one by one	T:Who comes to be Zoe's mum?Can the bear be Zoe's mum? Why?	Ss after reading,get the ending	
	Summary	1.Show a picture tour. Review what we've learned today. 2.Ask Ss to act the story emotionally. 3.Do you think the bear is a good mum? Why?		通过图片环游的方式帮助学生简单复述故事大意。 通过角色扮演，活跃课堂气氛，同时让学生直观、生动地感受little Zoe和不同动物之间对话的情感输出
	Homework	1.Try to recomend the book to the others. 2.Try to make a reading card		

七、板书设计

Little Zoe Looking for Mum

八、教学反思

本节课是一节高年级的课外绘本阅读课，教学目标明确，教学思路清晰，教学环节层层相扣，充分调动了学生参与课堂教学活动的积极性，激发了学生的英语思维，挖掘了学生的学习潜力。教师通过设置有效的读前活动，激发学生的阅读欲望，将绘画与文本结合，通过听读、对话、讨论、表演等丰富的活动，渗透有效的阅读策略，提升学生的思维品质，培养学生的语言能力。“How does Zoe feel? Can the bear be Zoe’s mum? ”本教学设计为学生提供了广阔的思维空间。

本节课需要改进的地方是教师对板书的利用。教师可以利用板书上的图片环游，帮助学生厘清文章的脉络，为学生复述环节的语言输出提供有效支撑。

“*The Food Action*”教学设计

台山市水步镇中心小学　袁群芳

一、教学材料

授课年级：小学五年级。

授课教材：《攀登英语阅读系列·分级阅读》第三级第二册“*The Food Action*”。

授课课型：绘本阅读课。

二、教材分析

“*The Food Action*”是一个发生在厨房里的童话绘本故事。文中主要运用一般现在时态讲述了厨房里的住客——各种各样的食物和厨房入侵者——老鼠之间的斗争。故事主线清晰，围绕事件的发展顺序开展故事情节，作者通过合理想象和巧妙设计，令故事的描述充满悬念和奇思妙想。在本课时中，学生可以通过图片环游、想象、预测等绘本阅读方式，读懂文本，更进一步地发掘故事的深层含义。

三、学情分析

五年级学生在英语学习方面有了一定的语言知识积累，具备基本的英语听、说、读、写语言基础和语言交际能力。对于故事阅读，学生已具备基本的阅读理解能力，掌握了一定的英语阅读技巧，能通过文本获取信息。上课的这个班级的学生英语学习水平虽然参差不齐，但对英语学习普遍表现出浓厚兴趣。本节课时设计是英语绘本阅读教学，这是该班学生以前没有接触过的新事物，能进一步激发学生的学习兴趣，提升教学效果，同时也难免出现学生注意力被新事物分散的现象。

四、教学目标

1. 语言能力

（1）能充分认识绘本中出现的食物名称和特性，并能熟练运用。

（2）能熟练掌握运用jump，silp，put，fall等动词，并能用它们串联起故事情节。

（3）能对绘本内容进行扩充，补充和丰富故事情节，能表演绘本内容。

2. 文化意识

（1）帮助学生学会正确认识自己，明白“尺有所短，寸有所长”的道理。

（2）培养学生团结合作意识和集体主义精神。

3. 思维品质

（1）培养学生自主思考和合理想象的能力。

（2）培养和促进学生的逻辑思维能力，促进学生高阶思维品质的发展。

4. 学习能力

（1）学习和掌握绘本的阅读策略，培养绘本阅读技能和获取故事情节信息的能力。

（2）进一步提升学生语言运用能力，学会对绘本进行再次创作，能对故事片段进行精彩表演。

五、教学重点和难点

1. 教学重点

（1）能够通读故事，理解文本。

（2）掌握故事发展逻辑，在适当的引导下能对故事的发展做出正确预测。

（3）能用关键词句组织串联故事情节，能进一步挖掘故事的深层含义——学会团结合作。

2. 教学难点

（1）能根据绘本故事的角色和情节进行适当加工，朗读和表演绘本。

（2）能清楚地说出自己对故事中的角色的评价和判断的原因。

（3）能在理解文本内涵的基础上继续发展故事主线，解决故事留下的悬念。

六、教学设计理念

本课时设计是在充分考虑学生认知发展规律，以培养学生核心素养，让学生在阅读中逐渐提高自身的思维品质的前提下，通过合理设计教学活动和教学环节，促进学生掌握关键的阅读技能和阅读策略，全面提高学生的英语素养，并在教学中渗透情感教育，让学生在阅读中接受正确的价值观念，对他们的品格养成产生正面积极的影响。

七、教学过程

教学过程概述

Teacher's Steps（教学环节）	Teacher's Activities（教师活动）	Students' Activities（学生活动）	Teaching purpose（活动设计意图）
Warming up	1.Greetings. 2. Divide groups	1.Greetings. 2.Each 4 students stay together as a group. 3.Introduce themselves	1.与学生互相认识，加深印象，拉近距离 2.分组有助于学生发挥合作精神和竞争意识
Pre-reading	1.Introduce myself with a video. Then ask: What do I like doing？ 2.Look and say	1.Watch and answer. 2.Learn the words about different kinds of food	1.以视频激发学生学习兴趣，调动学生的学习情绪 2.从视频最后的kitchen引入本课时主要情境，并顺利过渡到下一环节 3.复习旧知，学习新词，为阅读文本做好语言准备工作
While-reading	1. Cover Talk. Q1: What are they? Q2: Where are they？ Q3: What action can they do？ Can they talk /sing /jump...？	Ss talk about the cover and ask questions about the story,and try to answer the questions form others	指导学生对绘本进行封面解读，提醒学生仔细观察封面，关注里面的重要信息，并尝试对故事背景和情节进行预测，达成学习激趣的效果
	2.Picture Tour. Q:What action do they do? How do they feel？	Guess and answer questions	以图片环游的方式让学生快速地感知故事情节

Teacher's Steps（教学环节）	Teacher's Activities（教师活动）	Students' Activities（学生活动）	Teaching purpose（活动设计意图）
While-reading	3.Read and answer. Read pp.2–5 Why do they hold a meeting？ Listen to pp.6–7 and answer What do they talk about? Read pp.8–9 What are their ideas? Read pp.10–13 and imitate What do they do？ Read p.14 What happen at the end？	Read and listen to the story, and find the answers in the book	1.指导学生阅读文本，提取关键信息，回答问题，在此过程中了解故事情节，厘清故事脉络和事情的发展方向，猜测故事走向和结局的可能性 2.以选择题、模仿跟读、带问题阅读等多种方式来设计和呈现教学环节，体现和保持绘本阅读的趣味性
	4.Time to read. T: Boys and girls, Let's read the whole story. Pay attention on your sounds and tones	1.Read the whole story together. 2.Read in groups	通过对故事情境的分析、角色情绪的揣摩，对绘本进行形式多样的朗读，加深对故事内容的掌握和理解
	5 Time to act. T: Boys and girls, You can choose your favorite character, act the story with your groupmates. Or you can act your favorite part by yourself	Act in groups, or act the favorite part by oneself	在表演绘本的过程中，学生通过模拟、体验和感受书本角色，能进一步丰满和完善角色的性格，在不同场景中的情绪和感受，从而对绘本故事进行补充和深化

续表

Teacher's Steps（教学环节）	Teacher's Activities（教师活动）	Students' Activities（学生活动）	Teaching purpose（活动设计意图）
Post-reading	1.Time to share. Q: Which character is your favorite?/ dislike ? Why do you love/ dislike it so much	Share the ideas with others, and listen to others, too	通过分析判断、自主思考，发展学生批判性思维，同时让学生学会聆听和接受不同的意见
	2.Time to think. T:After the rat runs away, what about next ? What will the cat do? What will the rat do? What will happen tomorrow	Discuss in groups, and then share the ideas in the class	通过进一步思考、分析，继而集体讨论，交流意见，通过合理想象，猜测故事延伸发展的各种可能性，从而发展学生的想象力和逻辑思维能力，培养学生高阶思维品质
Emotion education	Discuss in groups: Who can scare the rat? Who can make the rat run away? Can the food do it along		深入挖掘文本的深层含义，对学生进行正面积极的情感熏陶教育
Homework	1.Act your favorite part and share with others. 2.Write the story about what will happen to the kitchen tomorrow		对课堂学习内容进行强化和深化，培养学生的想象力和自主学习能力

八、教学评价设计

教学评价设计表

Good	能模仿跟读和表演绘本故事情节	
Very good	能用不同的语音、语调来表达书中角色的情绪	
Super	能在合理想象下自主构建故事情节，补充完善故事场景	

九、板书设计

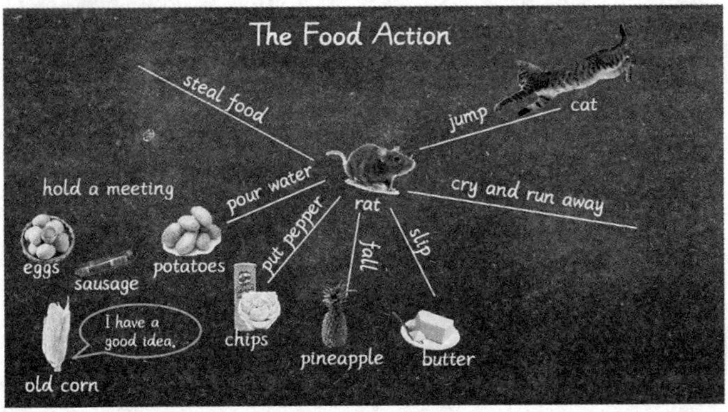

十、教学反思

1. 兴趣是最好的老师，这一点在课堂上得到充分体现

本课时从选材到教学环节设计和教学方法，都以激发学生的学习兴趣为宗旨。教学内容既是发生在厨房里的童话故事，也是一个体现“邪不胜正”精神的故事，故事本身对学生已经很有吸引力，在课堂上老师无须再额外花费精力和时间去调动学生的积极性，绘本阅读兼具知识性、趣味性和思想性，具有启发性，既能激发学生的探讨兴趣，又能让

学生主动观察、思考，从而培养和提升学生的思维能力。但是凡事都有两面，课堂上也出现专注讨论新事物而不专注课堂进程的现象。

2. 板书的设计非常重要

本课时的板书设计，一是用串联的故事情节，帮助学生记忆和复述故事；二是能帮助学生厘清故事的逻辑，有助于学生对文本进行分析、思考和二次创作。在板书的帮助下，学生能正确流利地复述情节，表演故事，对课堂教学效果影响深远。

“*I Bet I Can*”教学设计

江门市紫茶小学　蓝曼菊

一、教学材料

授课年级：小学五年级。

授课教材：RAZ分级绘本，美国 Read A-Z Level G。

授课课型：自然拼读和绘本阅读课。

二、教材分析

“*I Bet I Can*”为一则寓言故事。故事用一般过去时态讲述熊和袋鼠、山羊、狐狸、鹰之间发生的故事。熊向这些动物分别打赌，自己能跳过河流、跳过高墙、在绳子上荡秋千以及冬眠，它们都认为熊做不到，熊一一尝试。最后证实了熊能完成最后一项任务——冬眠。小小的寓言故事往往蕴含着大大的道理，学生通过阅读这个故事，能领悟“尺有所短，寸有所长”的道理，要全面地看待自己和别人，尊重个体差异的道理。

本课学生已学的内容包括：

（1）借助phonics，基本能拼读bet，went等词。

（2）初步学习一般现在时态并能在情境中使用一般过去时态，如

jumped，ran，grabbed，curled up等。

（3）能正确使用相关介词，如to，toward，on，in，over，up，into等。

（4）能使用第一、二人称表达个人观点，如You .../ I can...等。

三、学情分析

五年级学生已有几年的语言学习基础，具备一定的英语阅读能力和交际能力，能读懂短篇文章以及词汇量较少的绘本故事，并且在故事阅读中具备预测、提问、理解、批判和总结的能力。

在本课学习之前，学生已有一定的phonics拼读能力，能根据拼读规则读单词，基本能认读绘本中常见的高频词，减少了阅读的障碍。教师应重点解决故事中难度较大的单词，帮助学生理解故事。

四、教学目标

1. 语言能力

（1）能阅读并理解故事内容，正确掌握新词，如jump，run，grab，curl up，sleep等。

（2）能根据提炼出来的信息，学习使用正确的时态复述故事。

2. 文化意识

（1）能对故事中的角色特色、所持观点进行分析和评价。

（2）能全面、正确地看待自己和别人，理解“尺有所短，寸有所长”的寓意，懂得尊重个体差异的道理。

3. 思维品质

（1）通过图片环游，引导学生对绘本内容进行预测，发展学生理解和批判思维能力。

（2）通过对图片细节的仔细观察，培养学生的想象能力。

（3）在教学过程中，教师注重留白和等待，给予学生思考的空间和时间，培养学生自主学习的能力。

4. 学习能力

能运用略读、精读、预测提问和图片环游等阅读策略理解故事，并有效地归纳总结故事，提高学生信息获取和综合语言运用的能力。

五、教学重点和难点

1. 教学重点

能够阅读和理解文本含义，并能针对文本提炼其深刻意义。

2. 教学难点

（1）能够理解动词的含义，并正确运用这些动词讲述本故事。

（2）能够利用激趣导读、思维导图、图片环游等绘本阅读方式来发展学生的逻辑思维能力和自主学习能力。

六、教学设计理念

本节课以绘本故事为主题，以故事为依托，旨在培养学生的综合语言运用能力，使学生能在听、说、读、写中提升英语学科核心素养。结合自然拼读，利用绘本中色彩鲜明的图片，引导学生预测文本，梳理文本脉络，并鼓励学生在拓展学习中输出个性化的表达，从而提高学生阅读的实效性和运用能力。

七、教学过程

教学过程概述

Teacher's Steps（教学环节）	Teacher's Activities（教师活动）	Students' Activities（学生活动）	Teaching purpose（活动设计意图）
Warming up	Give a warm greeting and free talk with students. Play a game: I bet you can	Ss get some information about the teacher and get ready for the next step. Ss play a game together	上课伊始，教师借助多媒体播放动感、有趣、活泼的视频资料，引导学生进入课堂，吸引学生的注意力 通过游戏带动轻松愉快的课堂气氛，激发了学生的学习兴趣，充分调动学生的学习积极性
Pre-reading	1.Introduce Something about a Fable. 2.Cover learning：Show the pictures of cover and predict what the story about. Q1: Who are they? Q2: Where are they in the story? Q3: What are they doing	Ss try to understand the concept of fable, guess and discuss the questions	通过举例、交谈等方法，让学生初步理解寓意故事的基本特点 通过观察故事封面图片，师生交谈，提取故事的基本信息
While-reading	1.Listen, look and guess. Q1: What are they talking about? Q2: What are they thinking	Ss answer the questions with their imaginations	以巧妙设计的问题吸引学生了解故事，发挥想象力，并做出猜测

续 表

Teacher's Steps （教学环节）	Teacher's Activities （教师活动）	Students' Activities （学生活动）	Teaching purpose （活动设计意图）
While-reading	2.Read the whole fable for 1 minute. Q: What does the bear bet for each time?	Ss read the whole fable in a minute and then answer the questions after the first reading	让学生有充分的时间阅读故事，对整个故事脉络有初步的印象
	3.Picture touring of pp.2–5 in the story. Guess: （1）What did the kangaroo/ goat/ fox/ hawk say to him? Why? （2）And then what will the bear answer? Why? （3）Conclude and explain the new words: Jump over, run to/ run toward, swing on the rope, grab the rope	（1） Ss answer the questions and make the mind map of the story: The kangaroo/goat/ fox/ hawk answer "I bet you can't." （2） Ss show how to do the actions	将图片环游和思维导图结合起来，不仅使故事的发展脉络变得清晰有条理，而且引导学生进行深层次思考，并在引领学生学习语言的同时提升学生的思维品质 在语境中结合肢体语言教学动词词组，使动物形象变得更生动逼真，培养了学生读图和处理信息的能力，学生的思维在预测文本主题和感知角色特征中被激发起来
	Match the story and act the conversations in groups	Ss match the sentences of the story and act out the story emotionally	通过有感情地表演，加深对角色对话的理解，使学生对文本句意之间的含义理解更深刻，也更能准确地抓住拟人化的动物所表达的情绪

续表

Teacher's Steps（教学环节）	Teacher's Activities（教师活动）	Students' Activities（学生活动）	Teaching purpose（活动设计意图）
While-reading	Read the picture 2-5 and tell your ideas about this story（Picture touring）	Ss think and share their ideas about the story. Discuss "What will happened in the end?"	通过图片环游的方式，再一次呈现整个故事的脉络，让学生轻松回忆故事的来龙去脉，便于思考故事中蕴含的含义和哲理
Post-reading	Listen again and retell the story	Ss try to retell the story in pairs	旨在复述故事，再次梳理故事，并对故事有了更深入的理解
	Imagine if you are a frog/ a tiger/a bird..., what will you bet for	Ss Share the story in the front of classmates	旨在发挥学生的想象力，激发学生的思维能力，联系实际生活，能用学到的语言表达自己的想法
Emotion education	Every animal has its own abilities. Because one person differs from another. Everybody has his or her own advantages and shortcomings		站在学生的角度，旨在展现每个生命的特点和闪光点，让学生学会用个体有差异性的辩证思维去看待事情，敢于发展差异，找到自己的闪光点
Homework	1. Share this fable to your friends. 2.Share about your advantages and shortcomings		旨在通过本课的引导，让学生正确认识自身的优缺点，并乐于去表达

八、教学评价设计

Finish the task and color the smile faces as follow:

You can understand the story	
You can read the story fluently	
You can retell the story	
You can act out the story emotionally	

九、板书设计

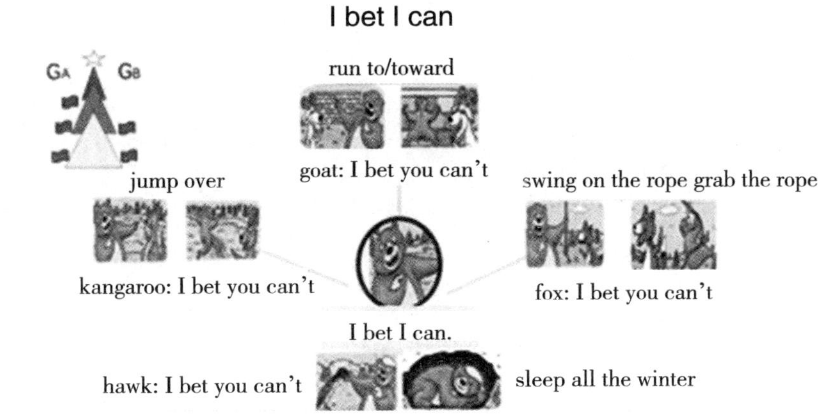

简单明了地呈现整个文本故事的脉络和主要知识点，以利于学生轻松掌握本主题所学的内容。

十、教学反思

本节课中，教师引领学生解读故事，在读前预测、观察、分析，读中思考、感知和表达，读后总结。教师运用了思维导图和图片环游作为阅读的支架，通过层层设计活动，使学生有效掌握整体故事，激发学生头脑中关于生活中打赌的有趣画面，促进学生能说、能演、能用的欲望。本节课的教学目标基本达成，学生的课堂表现良好。教师整体把握课堂，培养了学生的思维品质和语言综合运用能力，交流真实的想法，最终获得语言输出的成功体验。

本节课还需改进的地方是学生掌握思维导图的方法。考虑到学生还只是五年级学生，课堂上未完全放手让学生自主绘图。这也是笔者以后努力攻克的难题。

“*Fish and Chips*”教学设计

江门市实验小学　谭美玲

一、教学材料

授课年级：小学四年级。

授课教材：Songbirds Phonics 外研社“丽声拼读故事会”Stage2 第二级第4册。

授课课型：自然拼读与绘本阅读课。

二、教材分析

“*Fish and Chips*”情节完整、主题明确、主线清晰。这是一个发生在咖啡店里的日常生活故事，主要运用一般现在时态讲述了Ron rabbit和客人们之间发生的故事。在本课的学习中，学生通过图片环游、想象、预测等绘本阅读方式，读懂故事大意，并能表演故事精彩片段。

三、学情分析

本节课的授课对象为四年级学生，他们已经学习了自然拼读方式，掌握了字母及简单字母组合的发音。学生思维活跃，敢于表达，英语学习兴趣浓厚，有较好的学习能力。学生有一定的绘本阅读基础和阅读量，熟悉图片环游教学模式，能熟练地找出绘本封面信息和文本信息，能在教师的指导下揣摩作者的写作意图和阐述自己对绘本中人物和情节的看法。

四、教学目标

1. 语言能力

（1）能用Where，what，how，when，which等关键词来理解文本，进行人物间的对比。

（2）能熟练掌握字母“i”的发音。

（3）能使用正确的语音、语调表演绘本。

2. 文化意识

（1）能正确认识自我、肯定自我，乐观正确地看待社会上人和事的消极面与积极面。

（2）能自我总结公共场合下的rules，学会在公共场合下以礼待人。

3. 思维品质

（1）培养学生自主思考及发散性思维能力。

（2）通过对故事内容所涉及情境的预测，培养学生的预测能力，促进思维品质的发展。

4. 学习能力

（1） 掌握基本的绘本阅读策略，利用所学阅读策略获取故事情节信息。

（2） 演练故事精彩片段，提升语言运用能力。

五、教学重点和难点

1. 教学重点

（1）能够读懂和理解故事大意，掌握字母“i”的发音。

（2）能在图片和教师的引导下猜测故事的发展。

（3）运用英语描述故事人物的特征，并学会总结故事内容联系实际的隐藏含义——公共场合下的礼貌。

2. 教学难点

（1）根据绘本故事情节的变化，运用不同的语音、语调朗读绘本。

（2）能在读图预测的基础上，理解故事内涵，并对故事提出自己的评价和看法。

（3）能跳出故事主线并关注到故事主人公的人物角色，能体验其感受，从而进行情感教育升华。

六、教学设计理念

基于小学英语学科核心素养，教师充分考虑学生认知发展规律，指导学生进行绘本阅读，并在绘本阅读中逐渐提高自身的思维品质；合理设计问题和活动、引导学生分析绘本线索，增强学生的语言理解和表达能力；基于教学目标创设动作体验、情感体验、游戏体验等趣味性活动，通过Look and Predict，Picture touring，Listen and answer，Read and guess，Read loudly and match，Look and find，Think and Share，Choose and act等活动，在学生已有语言表达能力的基础上充分发挥学生丰富的想象力，探索故事发展的多种可能性。在环环相扣的提问中，让学生在整体感知、揣摩和思考中领会该故事的语言特点及其所包含的语音知识点，使他们体会和感知蕴含在绘本故事中的人文精神与哲理，推动学生品格的提升。

七、教学过程

教学过程概述

Teacher's Steps（教学环节）	Teacher's Activities（教师活动）	Students' Activities（学生活动）	Teaching purpose（活动设计意图）
Warming up	1.Greetings. 2.Divide groups. 3.Sing a song "Phonics song"	1.Greetings. 2.Ss are divided into two groups and start competition. 3.Sing a song	1.师生进行简单的问答，拉近师生的距离 2.组织学生分组，通过评价机制激励学生积极参与课堂活动 3.通过唱跳、自然拼读歌曲，复习26个字母发音
Pre-reading	1.Play a game. Review some words about food. 2.Present the sound of "i"	1.Review some food following the missing pictures. 2.Learn the letter i sounds/i/	1.通过图片快闪游戏引出fast food，了解中西文化差异，为之后的阅读做铺垫 2.呈现所有的fast food图片，在小组内自由朗诵、自主归纳，找出目标音素 /i/，并引出本节课的标题
While-reading	1.Read the cover and Predict. Q1: What do you see from the cover? Q2: What do the people like? 2.Picture touring of the story of p.1to p.3: （1）Where is Ron rabbit? （2）What does Ron do? （3）How do they feel?	1.Ss talk about the cover and ask questions about the story. 2.Enjoy picture touring, guess and answer questions.	指导学生对绘本故事进行封面解读，关注封面的重要信息，并猜测故事发生的背景 引导学生以图片环游的方式快速感知故事情节

续 表

Teacher's Steps （教学环节）	Teacher's Activities （教师活动）	Students' Activities （学生活动）	Teaching purpose （活动设计意图）
While-reading	3.Listen and answer. Ask Ss to listen to the story of p.4to p.7, and discuss the questions and answer. Q1:What do customers say? Q2: How do they feel? 4.Read and guess. Ask Ss to read the story of p.8 to p.11 and answer. Q1:When will my fish come? Q2:Which is my fish? Q3:How does Ron feel now? Is Ron happy? 5.Read loudly and match. Ask Ss to read the story of p.12 to p.15 and match. 6.Look and find. 7.Think and share. Q:What will happen in the end of the story	3.Listen to the story of p.1 to p.7,discuss in pairs and guess. 4.Ss read the the story of p.8 to p.11 and answer the questions. 5.Ss read the story of p.12 to p.15 and match. 6.Ss find the words with the letter i sounds /i/.Then read loudly. 7.Ss think and guess what will happen in the end of the story	给出问题，让学生带着问题听第1～7页录音，获取信息，模仿the woman 和 the man的语音、语调，从模仿中感知角色的情感 自主学习新词whizz，并观察图片猜出词义 学生自主阅读第8～11页，引导学生图文结合获取信息，分析每个人物的表情变化，感受Ron rabbit 在故事发展中从happy到sad到tired到fed up最后到angry 的一系列情感变化 找出与字母/i/发音一样的单词：will，which，with 通过自主阅读完成连线，理解文本内容。 找出与字母i/i/发音一样的单词：bill和 thin 归纳短音i的词汇，通过游戏让学生快速找出含有/i/的单词并大声读出来，更好地掌握字母i/i/的发音规律 猜测故事结局，通过思考、分析和讨论，发展学生批判性思维能力，体会故事背后蕴含的深层意义

续 表

Teacher's Steps（教学环节）	Teacher's Activities（教师活动）	Students' Activities（学生活动）	Teaching purpose（活动设计意图）
Post-reading	1.Listen and read the whole story together.	1.Ss listen and read the whole story together.	学生跟音朗读整篇文本，更好地体现绘本教学中抓住故事从整体感知到拆分学习再到整体回顾的过程
	2.Choose and act the story. Part1: p.4 to p.7. Part2: p.8 to p.11. Part3: p.12 to p.15	2.Ss choose one part and act it out in groups	通过表演绘本，模拟体验Ron rabbit和客人们之间发生的不同情感交流，跳出故事主线并关注到故事主人公的人物角色，能体验其感受，从而进行情感教育升华
Emotion education	Discuss in groups. Does Ron like this job? Why? What should we do in this shop		重点关注Ron的心情变化，针对故事的整体感知及认识，学生通过讨论得出公共场合的rules，培养其文化品格——懂得有耐心、讲礼貌
Homework	1.Share the story with your parents or friends. 2.Finish "Reading Log"		鼓励学生课后阅读，通过写reading log，强化本课的情感教育

八、教学评价设计

教学评价设计表

Good	能够流利地表演对话	☆☆
Great	能够流利地表演对话 能模仿课文语音语调	☆☆☆
Wonderful	能够流利地表演对话 能模仿课文语音语调 能配上动作表情表演	☆☆☆☆

九、板书设计

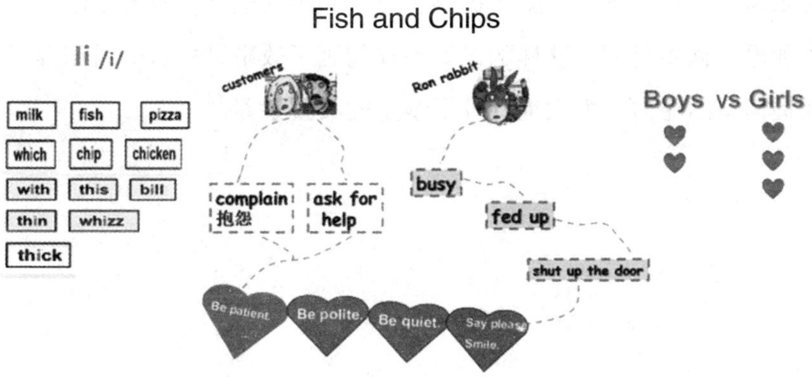

十、教学反思

1. 联系实际，创设情境，体验感悟故事情节，实现英语学科的育人功能

本节课让学生始终处于有阅读需求的状态中，环环相扣，渗透跨文化意识，切入绘本阅读。在学生体验作者情感的同时，实现英语学科的育人功能。

2. 以生为本，设问导引，实现学生深度学习，实现多层次、立体化阅读

在文本解读时，从学生学的角度看待问题，注重问题设计的梯度与广度，从“What to learn”走向“Why to learn”，引导学生感知故事—细读故事—提炼整合关键信息—组织语言—回顾完整的故事，掌握阅读策略和方法。这样的梯度设计让每个层次的学生都有机会融入课堂，从理解基本信息、理解情感态度到最终实践运用的教学过程，在层层推进的教学中，实现了阅读活动的多层次与立体化。

3. 巧设板书，发散思维，助力学生理解应用，提升学生阅读素养

板书以导图形式，既概括了文本的重难点，也帮助学生理解文本、掌握知识、启发思维，为学生提供了语言操练的框架，提升了学生审美能力和思维创新能力。这样的设计不仅勾画了故事结构，而且培养了学生捕捉信息的能力，大大地提升了学生的阅读素养。

"*The Rabbit and the Two Carrots*"
教学设计

江门市实验小学　毛燕辉

一、教学文本内容及分析

本节课是一节英语绘本阅读课，该绘本插图颜色鲜艳，图片精美。阅读材料讲述了动物们互相关心对方、乐于与同伴分享食物的情景。趣味性如此强烈的故事，足以吸引学生的注意，从而有效地激发学生的阅读兴趣，伴随阅读的逐渐深入，会促进学生的阅读兴趣转化为探究、思考和表达观点的动力。该绘本内容比较简单，语言结构清晰，为学生的语言表达提供支撑。故事中反复出现"I'll give it to..."，对学生成功突破该句型的发音提供了反复巩固的机会，而恰当的语言呈现，为学生体验语用功能提供了机会，为学生的语言运用奠定了基础。

二、 教学设计理念

基于小学英语学科核心素养，充分考虑学生语言学习规律，以问题为导向，通过问题层层递进，培养学生逻辑思考、预测、推理的能力。通过思维留白，放飞学生想象的翅膀，让学生自主探索故事发展的各种可能性；指导学生进行绘本阅读，掌握绘本阅读技巧，在绘本阅读中逐渐提高自身的阅读能力。为达到教学目标创设了See and talk，Look and guess，Watch and think，Read and choose，Read and act，Look，think and say，Try to write等活动，在学生已有语言表达能力的基础上，让学生通过阅读、思考、对比、归纳、讨论等方式，提取文本中的关键信息，完成阅读任务。 通过模仿，有情感地分段表演绘本，学生能初步了解一些阅读方法，感知写作的方式，并体会和感知绘本故事中人物的情感与人文精神，提升学生的学科素养。

三、学情分析

本节绘本课的教学对象是四年级学生。经过近两年的英语学习，学生积累了一些单词和句型，能就日常话题进行简短叙述；能借助图片读懂简单的故事或小短文；能根据图片、关键词的提示，说出简短的语句。学生对事物有自己的喜好和想法，善于思考、勇于探究、想象力比较丰富、喜欢创新的学习方式、善于表现自我，能初步用英语表达自己的感受，能有效开展小组合作，完成任务。但是，由于学生平时较少接触绘本教学，因此对绘本阅读模式并不熟悉。

四、教学目标

1. 知识能力目标

（1）能读懂绘本大意。

（2）能理解新单词和句型。

（3）能有感情地流利朗读绘本。

（4）能初步了解阅读的一些技能与方法。

（5）能发挥想象力，为主人公配台词。

2. 文化情感目标

（1）能展示自己的阅读成果，对阅读和表演充满兴趣与自信。

（2）能理解故事内容，说出自己的看法，并了解朋友之间应互相关心。

（3）能与朋友分享自己的喜悦。

3. 思维品质

（1）培养学生自主思考及发散性思维能力。

（2）通过对故事内容所涉及情境的预测，培养学生的预测能力，促进思维品质的发展。

五、教学重点和难点

1. 教学重点

（1）能读懂绘本大意。

（2）能掌握新单词Donkey，Rooster，hungry，full，must be，新句型One for me，one for ...，I'll give it to...，What a big surprise。

2. 教学难点

（1）能体会主人公的情感并猜测主人公的想法。

（2）能有感情地朗读绘本，分段表演绘本。

六、教法、学法分析

1. 教法分析

（1）以问题为导向，通过问题层层递进，培养学生逻辑思维、预测、推理的能力。

（2）采用整体呈现绘本的方法，把故事的文字抹去，让学生看图，再观看视频，引导学生积极思考。

（3）巧设课堂板书、帮助学生理解绘本内容。

（4）创设情境，通过情感的渲染，让学生体会故事人物的心情，感悟故事内涵。

2. 学法分析

（1）通过阅读、思考、对比、归纳、讨论等方式，提取文本中的关键信息，完成阅读任务。

（2）通过模仿，有感情地分段表演绘本。

（3）能初步了解一些阅读方法，感知写作的方式。

七、教学过程

教学过程概述

Teacher's Steps（教学环节）	Teacher's Activities（教师活动）	Students' Activities（学生活动）	Teaching purpose（活动设计意图）
Warming up	1.Greetings. 2.Divide groups	1.Greetings. 2.Ss are divided into two groups and start competition	1.师生进行简单的问答，拉近师生之间的距离 2.组织学生分组，通过评价机制激励学生积极参与课堂活动
Pre-reading	1.Sing a song about animals. 2. Introduce some picture books	1.Sing and act. 2.Enjoy some picture books	通过歌曲演唱、肢体动作，介绍丰富多彩的英语绘本，迅速集中学生的注意力，提高学生的阅读兴趣
While-reading	1.Talk about the cover . Q:What can you see from the cover? 2.Look and guess: Q: What's the name of this picture book?	1.Ss talk about the cover. 2.Enjoy the pictures touring, guess and answer questions.	引导学生仔细观察绘本故事的封面，谈论封面的重要信息 引导学生以图片环游的方式快速感知绘本故事，猜测绘本的名字

续 表

Teacher's Steps （教学环节）	Teacher's Activities （教师活动）	Students' Activities （学生活动）	Teaching purpose （活动设计意图）
While-reading	3.Watch and think. Ask Ss to listen to the story of p.4 to p.7 and discuss the questions and answer. Q1: Who are in the story? Q2: What do they like? 4.Read and choose. Ask Ss to read the story and find out the plots. 5.Read and act. Ask Ss to read the story emotionally and act the first part. 6.Look, think and say. Q1:If you were sheep, what will you say? Q2:If you were rooster, what can you say? Play a game	3.Watch the video and think the questions. 4.Ss read the story by themselves. 5.Ss read the first part and act it. 6.Ss say some sentences. Play a game to understand the sentence: What a big surprise!	通过观看没有文字的视频，让学生思考，找出四个角色，引出绘本的主要线索， 呈现围绕故事发生的主要切入点“胡萝卜”，带领学生逐渐进入绘本的核心内容 让学生自主默读绘本，猜测故事发展情节，选出故事情节，培养学生的自主阅读能力、提炼信息的能力，为接下来绘本故事的教学做好铺垫 通过图片新授绘本第1～3页，让学生理解新单词：hungry，full，创设情境，通过师生互动，让学生理解新句型：One for me, One for..., I'll give it to...，并以抽签的方式让学生两人一组表演第1～3页，极大地激发了学生参与的积极性，变被动学习为主动参与 以思维留白的方式，给予学生自由发挥想象的空间，让学生自主思考，猜测主人公会说什么，为学生提供语言表达的机会，培养学生的思维品质，并通过砸金蛋的活动

续 表

Teacher's Steps（教学环节）	Teacher's Activities（教师活动）	Students' Activities（学生活动）	Teaching purpose（活动设计意图）
While-reading			环节，极大地调动了学生的感官，成功地让学生体会到What a big surprise!所蕴含的意义，达到课堂教学的高潮
Post-reading	1.Listen and read the whole story emotionally. 2.Role play. 3. Think and talk. Q:What do you learn from this story?" 4.Try to write	1.Ss listen and read the whole story together. 2.Ss choose one part and act it out in groups. 3.Ss talk about their feeling 4.Fill in the blank	学生有感情地跟音朗读整篇文本，更好地体现了绘本教学中抓住故事从整体感知到拆分学习再到整体回顾的过程 利用头饰在小组内分角色表演绘本，体验朋友之间互相关心的情感，从而使情感教育得到升华 让学生在学有所得的情况下，再进入深层次的思考，总结自己在这节绘本课中所学到的知识技能与情感态度，进一步激发学生的思维，提升学生的思维能力 让学生模仿绘本，通过选词填空，初步感知英文写作的方式，为学生高年级的英文写作做好铺垫
Homework	1.Read and share the story. 2.Try to read more picture books		通过布置作业，让课堂教学任务在课后得到延伸，让学生阅读更多不同种类的绘本，享受英语绘本阅读的乐趣

八、教学评价设计

教学评价设计表

<table>
<tr><th rowspan="2">评价内容</th><th rowspan="2">评价标准</th><th colspan="3">评价等级</th></tr>
<tr><th>Good</th><th>Great</th><th>Excellent</th></tr>
<tr><td rowspan="4">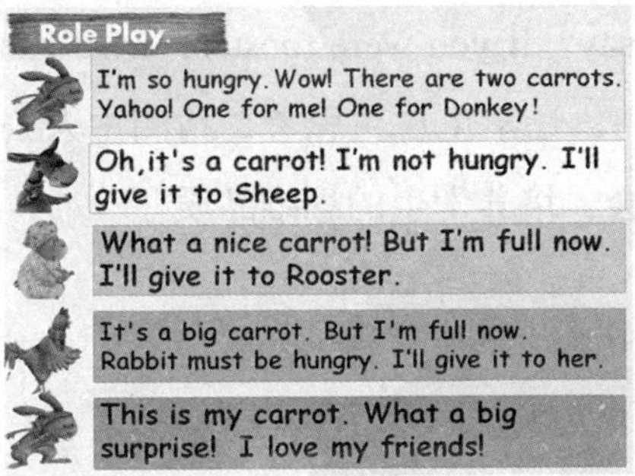
</td><td>1.看绘本书并流利地朗读故事</td><td></td><td></td><td></td></tr>
<tr><td>2.看板书并流利地复述故事</td><td></td><td></td><td></td></tr>
<tr><td>3.语音、语调标准正确</td><td></td><td></td><td></td></tr>
<tr><td>4.有丰富的动作和表情</td><td></td><td></td><td></td></tr>
</table>

九、板书设计

十、教学反思

《英语课程标准》中明确指出：阅读是语言学习的一个重要方面。而绘本阅读又非常适合小学生年龄与智力特征，绘本插图颜色艳丽，图片精美，句子简短，故事情节有趣味、有教育意义，作为四年级学生的课外阅读补充是非常合适的。

本节绘本阅读教学设计最大的特色是以问题为导线，层层递进，紧紧吸引了学生的注意力。从封面开始的“What can you see from the cover？”到最后小结的“What do you learn from this story？”设计了一个又一个问题，环环相扣，让学生始终处于积极思考的状态，培养了学生的思维能力。特别是新授绘本第4～8页，以思维留空的方式，让学生思考If you were sheep，what will you say？If you were rooster，what can you say？ 给学生自由发挥想象的空间，让学生自主思考，猜测主人公会说什么，为学生提供语言表达的机会，培养学生的思维品质。

“*The Wheels on the Bus*”教学设计

江门市北苑小学　何健玲

一、教学材料

授课年级：小学五年级。

授课教材：由Child’s Play出版，Annie Kubler所做的绘本故事书。

授课课型：绘本阅读课。

二、教材分析

这个绘本故事是一首儿歌，除了儿歌本身的韵律节奏之外，还可以在绘本中学到汽车轮子（wheels）、雨刷（wipers）、喇叭（horn）、司机（driver）、车票（ticket）等常用语。此外，还能拓展常见的拟声词，如swish，beep，wah，ssh等。

三、学情分析

本节课授课年级为小学五年级学生。五年级学生有一定的英语基础，已经学习过一些和职业、动物、食物、生活用具等相关的单词，在英语学习过程中爱唱、爱跳、爱做游戏、爱模仿。

四、教学目标

1. 知识与技能目标

（1）能听、会说、会读，如wheels，wipers，horn，tickets，chat等。

（2）会说并做出相应声音词及动作，如round and round，go swish，beep，wah，ssh等。

（3）学会唱儿歌“*The Wheels on the Bus*”。

（4）初步培养学生细心观察和自主学习的能力。

2. 情感目标

（1）通过本节课的学习，让学生学会仔细观察身边的小事，并且关注身边的普通人。

（2）学会在公交车上保持安静，遵守乘车秩序。

3.教学策略

（1）在TPR活动和图片、教具展示的帮助下，理解所学内容。

（2）在教师设置的语言环境中理解拟声词，能说出相关东西发出的拟声词。

五、教学重点和难点

1. 教学重点

学习单词（wheels，wipers，horn，driver，tickets，chat）以及有节奏地表演声音相关词（round and round，go swish，beep，wah，shh）。

2. 教学难点

学生能够辨识sh的发音规则。

六、教学设计理念

本课时为新授课第一课时，是绘本阅读教学课。绘本的内容生动有趣，单词重现率高，朗朗上口，同时也是一首有趣的儿歌。在教学设计上，由激发学生兴趣开始，引导学生三读绘本和学唱歌曲，再设疑释疑，引导学生思考。通过教学，相信学生能很好地掌握绘本想要传达的意义。

七、教学过程

教学过程概述

Teacher's Steps（教学环节）	Teacher's Activities（教师活动）	Students' Activities（学生活动）	Teaching Purpose（活动设计意图）
Step 1 : Warm up	1. Greeting. T: Hello! What's your favorite activity? 2.Listen to a song *The Wheels on the Bus*	Students answer the questions. Students enjoy the song together	利用歌曲“*The Wheels on the Bus*”激发学生对绘本故事的兴趣，为故事阅读做铺垫
Step 2 : Cover reading and lead in the story	1.T: Introduce the author and the printer of the book. 2.T: Present the title. 3.T: What can you see in the cover?	Activity 1: Read the title. Activity 2: Talk about the cover. Ss: I can see ...	学生通过看图初步感知故事大意，对于绘本，教师从封面入手，让学生了解绘本题目和作者，普及阅读的基本知识
Step 3: Learn the story	1.Watch the video about the story. 2.Read the story page by page. Teach the key words and have students talk about what they can see in every page	1. Ss watch the video. 2. Read the key words after the teacher. Answer the teacher's questions	通过精读让学生掌握绘本的重点单词及相应拟声词。仔细观察发现每幅图出现的人物、情节
Step 4: Group activities	1. Have students practice in group and act out the story. 2. Learn and sing a song.	1. Students practice in group in 5 minute and act out the story together.	学生通过自我观察绘本信息，梳理绘本细节，增强学生，语言表达能力

续表

Teacher's Steps （教学环节）	Teacher's Activities （教师活动）	Students' Activities （学生活动）	Teaching Purpose （活动设计意图）
Step 4: Group activities	3. Have student guess the ending of the story. T: （1）Where are they going? （2）What are they going to do? （3）Whose birthday party is it	2. Learn the song and sing together. 3.Talk about the ending of the story	
Step 5: Conclusion	Teach the students to be quiet when they take the bus. T: Can you talk loudly when you take the bus	Students talk about what they should do when they take the bus	教育学生学会在公交车上保持安静，文明乘车
Step 6: Sum up and Homework	1.Sum up. 2.Homework: Share the story with your parents	Listen to the teacher's summary	小结本课学习内容。学生和父母分享此绘本故事

八、板书设计

九、教学反思

在这节课中，先让学生听“*The Wheels on the Bus*”的歌曲，以激发学生学习绘本的兴趣，并为后面的知识学习做好铺垫。引导学生读绘本时，第一，通过读封面，让学生了解绘本的作者、出版社和封面带来的初步信息。第二，通过看绘本视频，让学生初步理解绘本大意。第三，教师带领学生精读绘本，并运用TPR教学法去帮助学生理解绘本新单词的意义。这是一个由易到难、由浅入深的学习过程，符合学生的学习规律。第四，让学生学习唱绘本歌曲，让学生唱活绘本，加深认知。第五，通过几个问题让学生小组合作复述故事，并共同寻找故事结局。这样一来，学生通过自我观察绘本信息，梳理绘本细节，增强了语言表达能力。第六，结合绘本内容，教育学生在公交车上保持安静，文明乘车。

在课堂上，学生对绘本的内容十分感兴趣，既能积极地配合教师开展学习，也能很好地掌握本课的重点和难点，并学会唱绘本中相应的歌曲。这些方面还是做得比较好的。但是仍存在一些不足的地方，如时间掌握得不够好，由于歌曲和视频播放的时间较长，会出现前面的教学时间宽松，而后面的时间紧迫的感觉。另外，在设计上还应考虑该课可以拓展的地方，根据本课内容，更好地对文本进行适当的拓展。

"*My Mum*"教学设计

江门市蓬江区潮连中心学校　林金凤

一、教学材料

授课年级：四年级。

授课教材：Anthony Browne的绘本"*My Mum*"。

授课课型：绘本阅读课。

二、教材分析

本节课绘本内容选自英国著名绘本作家Anthony Browne的作品"*My Mum*"。作品以母亲为主题，描绘了孩子眼中母亲的形象，从仰视的视角表现孩子对母亲的崇拜。绘本以画为主，字少而画面丰富，以画传达故事情节，语言较为简洁，句式复现较多，很符合儿童早期阅读的特点和习惯。文中对人物的描述、职业类词汇等都符合等四年级学生的认知水平。

三、学情分析

本节课的教学对象是四年级学生，他们活泼好动、表现欲强、擅长模仿、乐于表演。他们已经掌握了一定的英语词汇，具有一定的英语学习积极性与主动性，具备了一定的英语语言运用能力，求知欲增强。此年龄段的学生喜欢听故事。

四、教学目标

1. 语言能力

（1）能说出职业类的单词，如cook，juggler，painter，dancer，gardener，astronaut，film star，boss等。

（2）能够运用She is ...，She can ...，She is ... as ... as ...等句型描述他人。

（3）能较流利地朗读故事并能表达故事的大意。

2. 文化意识

能体会母爱的伟大，在平时的生活中多关爱母亲，学会感恩，了解母亲节。

3. 思维品质

（1）通过观察图片找出关键信息，通过母亲各方面的表现来理解母爱，通过上下文猜测单词意思，通过阅读掌握阅读策略，提升阅读能力。

（2）通过开口学英语培养积极参与的学习态度，体验和增强自信心。

4. 学习能力

（1）能通过学习掌握绘本阅读的策略。

（2）能通过观察图片，找到关键信息，培养观察能力和理解能力。

五、教学重点和难点

1. 教学重点

能较为流利地朗读故事并了解绘本故事的大意。

2. 教学难点

能运用句型进行表达，能复述故事内容。

六、教学设计理念

根据《英语课程标准》的指导理念：“以学生的发展为宗旨，以提高学生的综合语言运用能力为目标，着重培养学生学习英语的兴趣、良好的学习习惯、有效的学习方法以及自主合作学习的能力。”本课选材非常贴近生活，语言情境真实，让学生在体验、阅读与交流的学习过程中完成学习目标，同时感受母爱的伟大，学会感恩。

七、教学过程

教学过程概述

Teacher's Steps（教学环节）		Teacher's Activities（教师活动）	Students' Activities（学生活动）	Teaching Purpose（活动设计意图）
Warming up	1. Greeting 2. Free talk	Hello. Good morning, children What day is it today? What does your mother do? Look, this is my mother. My mother likes singing	Hello. Good morning, teacher. It's Friday. My mother is a teacher	拉近师生关系，营造和谐的课堂气氛 以谈话形式引入关于妈妈的主题，利用自己的妈妈引出课题，创设真实的语言交流氛围
Pre-reading	1. Sing a song（关于妈妈的歌谣）	Let's sing a song. 播放音乐，配上动作，与学生一起唱歌	OK. 边做动作，边唱歌	通过自编的歌曲，复习已学过的动词，活跃学习气氛

续表

Teacher's Steps（教学环节）		Teacher's Activities（教师活动）	Students' Activities（学生活动）	Teaching Purpose（活动设计意图）
Pre-reading	2. Let's say	What's your mother like? What can she do	She is... She can...	通过谈自己的妈妈，为本课学习做铺垫
While-reading	1.引出 *My Mum*	Look at the cover. What can you see?（引导学生通过观看封面，找出本书的作者安东尼，并做介绍）	学生发表自己的所见所感	培养学生观察能力，让学生参与课堂，愉快地学习
	2.Enjoy *My Mum*	播放录音，逐页播放绘本内容	边听边欣赏	通过观看绘本，初步感知本课的学习内容
	3. Let's see	Mum is a fantastic cook. Why? （教师引导学生读绘本，通过自然拼读法教授新词）	观察图片上各种形状的蛋糕，回答：She can make many kinds of cake. 跟教师一起学习，掌握阅读策略	通过举例，教会学生阅读的方法
	4. Let's learn	逐页学习，找关键词，板书，教授新词；结合实际，理解文本，教学过程中加以动作、神态等肢体语言帮助理解 Mum is a brilliant juggler/great painter/strongest woman. Do you understand?	看绘本，运用阅读策略，回答问题，理解文本	精读绘本，理解文本，通过举例体会妈妈的伟大。妈妈在作者心中是一个超级妈妈

续表

Teacher's Steps（教学环节）		Teacher's Activities（教师活动）	Students' Activities（学生活动）	Teaching Purpose（活动设计意图）
While-reading	5. Try to say	My mum is_____. She is like_____. She can_____. She is____as____as. 引导学生用以上句型说句子	模仿绘本里的句型说句子 My mum is a teacher. She is like a angle. She can do many things...	说说自己的妈妈，锻炼学生说的能力，同时强化妈妈在学生心中的形象
	6. Let's read	Open your book. Let's read	打开书本边看书，边听录音跟读	通过看书本听录音，培养学生听和读的能力
	7. Let's imitate and retell	You are so good. Let's imitate. 播放录音，引导学生有感情地朗读并表演。 Can you retell the story? 根据板书复述	学生组内朗读表演，并尝试复述文本内容	通过引导学生有感情地朗读，训练学生的语言表达能力和交流能力
Post-reading	1.播放关于妈妈的视频	What can you do for your mum?	I can wash the dishes...	观看视频，了解世间的母爱，教育学生通过具体的行动来表达对妈妈的感激，使情感得到升华
	2. Write a letter to your mum.	教师出示一篇未完成的信，教会学生如何写信，展示学生的优秀作品	学生根据提示完成书信内容并展示	鼓励学生把学到的有关妈妈的描述用在书信中，抒发对妈妈的爱，深化爱的教育，落实写的要求

续表

Teacher's Steps （教学环节）		Teacher's Activities （教师活动）	Students' Activities （学生活动）	Teaching Purpose （活动设计意图）
Post-reading	3. Homework	1.Read the book *My Mum* to your mum. 2. Make a card for your mum. 3.Read the book *My Dad*	1.Read the book *My Mum* to your mum. 2. Make a card for your mum. 3.Read the book *My Dad*	巩固所学内容，有效地反馈教学效果

八、教学评价设计

教学评价设计表

朗读表演要求	组内评价（请给星星涂上颜色）
发音正确、自然流畅	☆☆☆☆☆
有感情地朗读，语音、语调富于变化	☆☆☆☆☆
表演生动	☆☆☆☆☆

九、板书设计

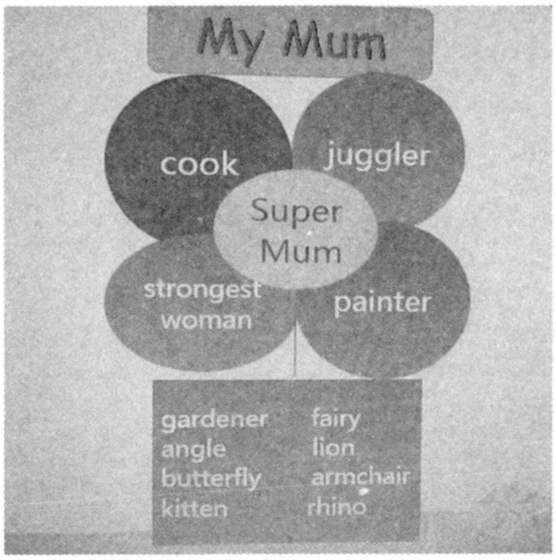

十、教学反思

（1）教师指导阅读绘本的策略方法。本次绘本阅读课采用先整体后局部，先略读再精读的方法。

（2）在教学前，教师通过song，free talk活动，激活学生头脑中已有的知识，通过自由交谈了解信息，并实现对旧知的复习和巩固，为学习新知做好铺垫。

（3）教师充分利用文本情境，通过补白、想象和结合实际，引导学生进行口语训练，培养学生的口语运用能力。

（4）教师利用自然拼读法帮助学生突破生词关。这本书中出现了许多学生没学过的生词，通过以旧带新的教学策略引导学生拼读单词，从而培养学生拼读的能力与技巧。不仅使学生能轻松记住单词的发音，还有助于学生记住单词的拼写，大大地提高了课堂教学的有效性。

本节课所设定的教学目标和教学内容基本完成，在各个教学活动的实施过程中，注重联系生活，使学生真实体会语言的意义，并通过情境的创设，激发学生学习英语的兴趣。

“*Can You Get Our Ball*？”教学设计

江门市新会区实验小学　曾艳玲

一、教学材料

授课年级：小学四年级。

授课教材：外研社分级阅读“丽声妙想英文绘本”第二级。

授课课型：绘本阅读课。

二、教材分析

本节课是绘本阅读教学课，绘本为外研社分级阅读“丽声妙想英文绘本”第二级“*Can You Get Our Ball*？”。绘本讲述了两个小男孩在大风天踢球引发的故事。故事内容温馨有趣，语言简洁，便于四年级学生理解。绘本文字主要涉及“Can you...？”句型，学生以往接触过can，知道其基本含义，又了解过去时。因此，本节课在学习绘本语言的同时深入挖掘绘本，关注学生“读”“思”的过程，从而促进学生思维和阅读素养的发展，巧妙设置教学活动，在语言学习的同时，培养学生自主阅读能力和思辨能力。

三、学情分析

首先，读前激趣。上课伊始，教师请学生用“Can you...？”句型提问教师能做什么，教师回答。Free talk能拉近师生之间的距离。学生提问既能活跃气氛，也为引出和理解新课的中心句“Can you get our ball？”做好铺垫。随后教师出示平时阅读的照片，告诉学生“I like reading very much.”并用“Reading is to the mind what exercises to the body.”形象地体现阅读的意义，充分激发学生的阅读意愿。其次，关注学生“读”的过程。教师牢牢抓住绘本课图文并茂的特点，重视学生“读”的过程：不仅读文，更要读图。引导学生运用阅读策略，进行分层次阅读，将本节课用到的阅读策略以简洁的语言和海报的形式贴于黑板旁，提醒学生运用策略阅读，培养学生的自主阅读能力。在本课结束时，教师在屏幕上呈现思维导图，引导学生从不同维度思考本课所学，通过思维导图的引导，学生的思路打开了。学生不仅总结了知识，而且在思维导图的帮助下，悟到了可以“带得走”的方法，发展了阅读和思维素养。

四、教学目标

1. 语言能力

（1） 能够听、说、认读本课单词，如was，went，looked，said，roof，ladder等。

（2）能够听、说、认读，并运用“Can you...？”句型提别人能否做某事。

2. 文化意识

（1）懂得根据天气合理安排活动，根据活动合理安排场地。

（2）激发学生对家庭的热爱和家庭成员之间互帮互助的美好情感。

3. 思维品质

培养学生热爱读书、读好书、乐于思考的习惯。

4. 学习能力

（1）能够借助绘本图画正确理解绘本文字，表演绘本部分的故事。

（2）能够在板书和结构图的帮助下复述、续编故事。

（3）能够在思维导图的帮助下从不同角度总结本课所学。

五、教学重点和难点

1. 教学重点

理解roof，ladder的意思，能够用“Can you...？”句型提问。理解绘本故事，学习绘本阅读的一般方法。

2. 教学难点

复述、续编故事，感悟故事的寓意。

六、教学设计理念

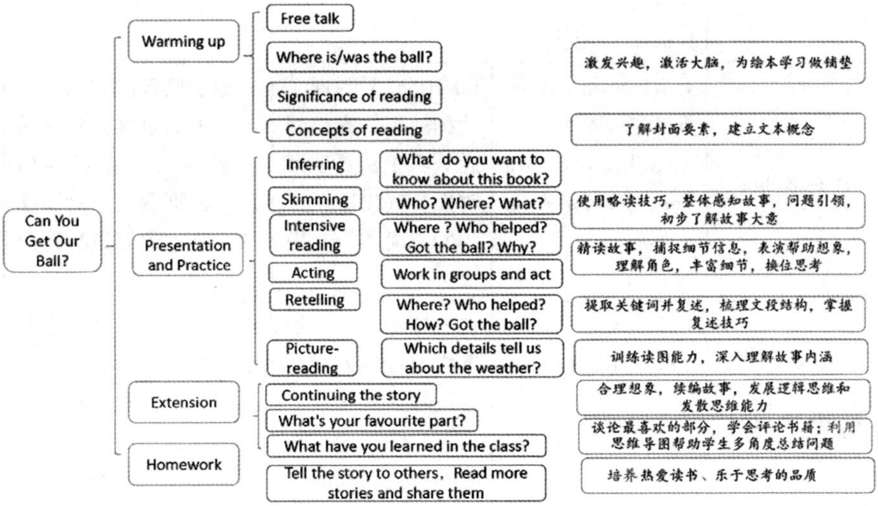

教学设计理念框架

七、教学过程

教学过程概述

Teacher's Steps（教学环节）	Teacher's Activities（教师活动）	Students' Activities（学生活动）	Teaching purpose（活动设计意图）
Warming up & Lead-in	1. Greetings and Free talk. 请学生用"Can you...?"句型向教师提问，师生进行交流。 2. Where is/ was the ball? 教师拿出足球，请一位学生到讲台前表演颠球，教师随机询问学生"Where is the ball? Where was the ball just now?"请学生用"It is.../ It was..."回答	1.Greetings and Free talk. 学生用"Can you...?"句型向教师提问，师生交流 2.一位学生颠球并随机提问的环节，让学生在实际情境中感知It is...与It was...的区别	上课伊始，教师请学生用"Can you...?"句型提问，不着痕迹地引入并运用该句型，同时形成了良好的师生互动，拉近了师生之间的距离，消除了学生的陌生感和紧张感
Pre-reading	1. What can you see on the cover? 2. What do you want to know about this book	Inferring, 看封面，猜测故事，提出问题。学生认真观察封面，提出疑问，将问题简单记在黑板上	还原了读者刚开始阅读一本书的过程：看封面了解题目、作者等信息，根据题目、封面插图对书本内容进行猜测和预判
While-reading	1.Skimming 2.Intensive reading	快速浏览故事，依据之前提出的问题寻找答案 Check the answers and read carefully	快速浏览，获取故事基本信息等 运用教具再现，直观生动，理解并练习语言点went up。同时有助于学生在阅读中形成画面感

续表

Teacher's Steps（教学环节）	Teacher's Activities（教师活动）	Students' Activities（学生活动）	Teaching purpose（活动设计意图）
While-reading	3. Intensive reading and retelling 4.To teach new words:roof & ladder 5. Role play	学生自读第二部分，填写结构图，练习复述 Listen, look and learn the new words Role plays in groups	提出问题，出示思维结构图，提示学生填写关键词，梳理第二部分故事框架，从而达到培养学生语言运用能力、训练思维的目的 借助绘本的图画，让学生理解本课生词roof和ladder的意思 教师将小型梯子搬进课堂，为学生营造了更真实的语言运用情境
Post-reading	1.Continuing the story 2.Talk about the story	To continue the story A&Q: What is your favorite part? Why	合理想象，续编故事 谈论自己喜欢的情节，讨论通过此故事学到了什么
Emotion education	1.Talk about what you have learned. 2.What have you learned in this class		谈论最喜欢的部分旨在让学生重新回味故事，鼓励学生自由表达，让学生理解故事中蕴含的小道理
Homework	1. Read the story again and tell it to your parents and friends. 2. Read more stories and share them		推荐优秀书籍，培养学生“爱读书、读好书”的良好习惯

八、教学评价设计

教学评价设计表

Good	能够流利地表演对话	★★☆☆☆
Great	能够流利地表演对话 能模仿课文语音语调	★★★☆☆
Wonderful	能够流利地表演对话 能模仿课文语音语调 能配上动作表情表演	★★★★★

九、板书设计

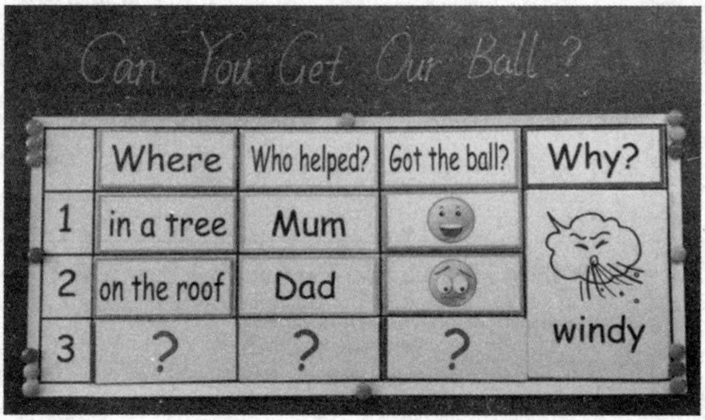

十、教学反思

通过以上课例可以看出，该课例在语言学习、阅读素养、思维素养融合方面具有如下特点。

1. 意义为先——在有意义的语境中学习语言、融入策略、培养素养

本节课学生始终在有意义的语境中学习。

上课伊始，教师利用学生对新教师的好奇心，创设语境，设置让学生用“Can you...？”句型提问和教师回答的互动环节，激发了学生的好奇心，拉近了师生之间的距离。“Can you...？”句型为本课中心句，这一环节也帮助学生复习了旧知。同时，本节课运用多媒体技术让语境呈现具有整体性，引领学生从整体到细节把握故事，并多次运用实物、自制教具（如足球、梯子、图片教具等）帮助学生理解具体情节。例如，教师两次请学生将可拉伸的自制足球教具根据文字描述放在大屏幕图片上的相应位置，或请学生进行球的动态演示等。在学习生词roof和ladder时，教师借助多媒体圈出相应图片，及时帮助学生在头脑中建立生词音、形、义的联系，同时渗透借助图片理解生词的阅读策略。

2. 学用结合——在体验中学习语言、运用策略、发展素养

阅读和思维素养的发展始终与语言的学习和运用紧密结合才能事半功倍。在本节课中，教师将阅读和思维策略的运用渗透于故事学习的各个环节，通过策略的学习和运用可促进学生高效地理解故事、学习语言。本节课涉及的阅读技能和策略主要包括看封面，找题目、文字作者等信息，看封面提问题，浏览全文整体感知故事，观察图片细节推理人物情感状态和环境特征，用结构图建构故事框架、提取关键词，根据关键词复述相关内容，续编故事，等等。而思维素养的培养贯穿其中：看封面提问题，引导学生从整体到细节循序观察图片；学生复述时，教师引导学生先完成结构图，厘清思路，再按照一定顺序和逻辑复述；板书清晰地再现了故事的整体结构，有助于学生整体把握故事，使理解更加全面和深刻；续编故事时，教师呈现了语言支架和图片支架，引导学生通过观察图片进行合理想象，进而达到逻辑性的语言输出的目的。课堂总结时的思维导图提示学生从不同维度总结回顾本课所学，帮助学生将本课的收获有序分类，使其对本课的梳理条理更加清晰。由此可见，三者的培养贯穿课堂始终，相辅相成，缺一不可。

3. 支架搭建——让阅读策略和思维过程形象化

鉴于四年级学生仍以形象思维为主的特点，教师在渗透和培养阅读及思维素养时，将阅读策略和思维过程形象化。上课伊始出示的"What readers do"的poster，将本节课用到的阅读策略以简单的语言和简明生动的图画表示出来，随时提醒学生使用阅读策略。本课板书设计将故事的整体脉络以表格的形式呈现在黑板上，帮助学生建立本故事的心理图式。当学生学习完一段后，教师即引导学生完成和复述板书相应部分。当学生学习完整本绘本后，教师在板书上用三个问号激发了学生的好奇心，引出续编故事的环节。续编故事环节，教师为学生提供了语言支架和图片支架，鼓励学生大胆创编，合理想象。此处学生的表现非常精彩，细节填充丰富，想象大胆，且合理有趣。而Thinking map和Mind map的运用让思维过程"看得见"，让看似"高深莫测"的策略和能力培养落了地，学生借助各种支架，合理运用阅读和思维策略，最终达到高效学习语言、发展阅读和思维素养的目的。

当然，教学是缺憾的艺术，因课堂时间有限，课堂上各教学环节时间都有些紧，可以考虑去掉个别环节，给学生以更多静心阅读和运用语言的时间。

“*Dancing Dad*”教学设计

恩平市恩城街道办事处第一小学　何蔼慈

一、教学材料

授课年级：小学三年级。

授课教材：选自《摩登英语阅读系列·有趣的字母》。

授课课型：绘本阅读课。

二、教材分析

这是一节绘本阅读课。故事的主人公是Dad，Dad 热爱跳舞，他可以和桌子、鸭子、门、狗及鹿跳舞。作者通过这个故事让孩子们认识d的发音，掌握一定的拼读技能，并告诉孩子们要养成良好的兴趣爱好，学会享受生活。

三、学情分析

授课对象是三年级学生，对英语学习有浓厚的兴趣，好奇心强，喜爱表现，且有一定的观察和表达能力。但对于好动的三年级学生来说，纯拼读课可能会比较枯燥，较难激发学生学习的积极性。因此，本节课利用绘本阅读课形式进行自然拼读的教学，以观察绘本封面引入，通过图片环游方式引导学生了解故事内容，培养学生的思维能力，提高语言能力。

四、教学目标

1. 语言能力

（1）能读懂图片和文本，理解故事大意。

（2）掌握d的发音规律，并能进行拼读。

2. 文化意识

通过绘本的学习，让学生养成良好的兴趣爱好，并学会享受生活。

3. 思维品质

（1）培养学生运用预测、质疑、讨论等方式提出和回答问题。

（2）培养学生的归纳能力及发散性思维，促进思维品质的发展。

4. 学习能力

（1）理解绘本大意，通过图片预测故事情节的发展。

（2）掌握拼读技巧，提高学生的语言运用能力。

五、教学重点和难点

1. 教学重点

能理解故事大意，掌握d的发音。

2. 教学难点

掌握拼读技巧，能够运用自然拼读的方法朗读新单词、新故事。

六、教学设计理念

本节绘本阅读课情节生动，语言朗朗上口，适合三年级学生阅读并学习。本节绘本阅读课教学的主要目的在于让学生在故事中自己总结字母d的发音，并能够运用自然拼读的方法朗读新单词、新故事。

七、教学过程

教学过程概述

Teacher's Steps（教学环节）	Teaching Activities（教师活动）	Students' Activities（学生活动）	Teaching purpose（活动设计意图）
Warming up	1.Greeting and Sing a song. 2.Divide groups	1.Greet with the teacher and sing a song. 2. Ss are divided into two groups and start competition	简单的问答和歌曲拉近了师生之间的距离 把学生分组，通过评价机制激励学生积极参与课堂活动
Pre-reading	1.Play a game : Wooden man. 2.View the cover, guess : What is the story talking about?	1.Look,listen and do the actions. 2.Ss read, guess and predict.Ss talk about the cover and ask questions about the story	通过游戏，快速复习动词，为下文做铺垫。通过对封面的观察，提高文本意识，进行课前预测，激活学生思维，激发学生学习兴趣
While -reading	1.Picture tour. （1）Read pp.2-3, View and answer: Who loves dancing? （2）Read p.4, View and answer: What is dad dancing with? （3）Read p.5, View and answer: What is Dad dancing with?	1.Enjoy picture touring, guess and answer questions.	通过提问不同层次的问题，引领学生在不断推测中进行学习，理解故事并生成语言

续 表

Teacher's Steps（教学环节）	Teaching Activities（教师活动）	Students' Activities（学生活动）	Teaching purpose（活动设计意图）
While -reading	2.View and say. T: What will the Dad dance with? Let's read pp.6–9,and match the right answers. 3.Read and check. 4.Read pp.10–13 and think. T：Where is Dad now? What is Dad dancing with now?Try to say it. 5.Choose and say: What's the title of the story? A. Dancing Dad. B. Singing Dad. C. Drawing Dad	2.Read and match. 3.Read and check. 4.Guess, think and say. 5.Read and choose	细读第6～9页，让学生感受绘本，加深对绘本内容的理解，享受阅读绘本带来的乐趣 细读绘本，发挥想象，培养学生爱思考和扩展思维的习惯 回归绘本，提高学生的总结归纳能力
Post-reading	1. Listen and repeat. 2. Try to act it out. 3. Retell the story with the key words on the blackboard. 4. Summary :What do you learn ? The sounds of /d/. 5. Let's blend. 6. Chant. （1）Chant together. （2）Make a new chant with the word bank.	1.Listen and repeat. 2.Act the story. 3.Retell the story. 4.Learn the sounds of /d/. 5.Blend the words with /d/.	抓住故事从整体感知到拆分学习再到整体回顾的过程 通过让学生表演、角色代入，调动学生的学习积极性和主动性 培养学生的想象力以及自主分析的能力 通过归纳对比，得出d的发音规律 将拓展环节需要的单词让学生进行拼读，进一步巩固d的发音 简洁明快的chant，让

续 表

Teacher's Steps（教学环节）	Teaching Activities（教师活动）	Students' Activities（学生活动）	Teaching purpose（活动设计意图）
Post–reading	7.What is Dad now? What is Dad dancing with now? Make a new story in groups 8. Share the new story	6.Chant. 7.Discuss in groups and write it down. 8. Share the new story.	学生深切体会故事，发展学生的综合素质通过创编，创造更多的语言输出机会，提高学生语言综合运用能力
motion education	Think and share: How do you think Dad? What do you learn?	Think and share.	总结d的发音，并让学生养成良好的兴趣爱好
Homework	According to your new story, make your new own picture book	According to the new story, make a new picture book	巩固所学知识，把课内知识有效地延伸到课外

八、教学评价设计

教学评价设计表

评价内容（Contents）	评价等级		
	Excellent（优秀）	Good（好）	OK（一般）
根据图片环游，从图片中猜测词汇意思、故事大意			
根据持续默读，能从故事文本中找到相关信息			
能阅读故事，并能编出相应的新故事			
能主动在小组合作，完成相应任务			
I ______ the story.Because ______________________________.（like /don't like）			

九、板书设计

十、教学反思

本节课选自《摩登英语阅读系列·有趣的字母》，本节绘本阅读课情节生动，语言朗朗上口，有趣味，适合三年级学生阅读并学习。本绘本教学的主要目的在于让学生在故事中自己总结字母d的发音，能够运用自然拼读的方法朗读新单词、新故事。在教学过程中，老师以观察绘本封面导入，再通过图片环游方式引导学生了解故事内容，逐步从教师引导学习过渡为学生自主学习，培养了学生的思维能力，提高了学生语言能力。在整个教学过程中，落实了对学生英语学习策略的指导，让学生把学到的知识运用到实际生活当中，让学生学以致用。

"*Brown Bear, Brown Bear, What Do You See?*"教学设计

江门市江海区江南小学　欧阳慧敏

一、教学材料

授课年级：小学三年级。

授课教材："*Brown Bear, Brown Bear, What Do You See?*"

授课课型：绘本阅读课。

二、教材分析

本绘本是儿童文学大师、绘本专家艾瑞·卡尔（Eric Carle）的作品。该绘本图文并茂，颜色丰富，画面精美，句型简单、重复，有节奏感，能唱读，非常符合儿童形象性思维的特点，适合儿童阶段的孩子阅读。此外，它还能激发孩子的阅读兴趣，开拓孩子的想象空间，提高孩子的审美能力。

三、学情分析

三年级学生具有好奇、好动、爱表现、善模仿等特点，他们喜欢小动物，喜欢故事，喜欢新鲜事物，对陌生语言的好奇心能激起他们学习外语的兴趣。同时，他们具有一定的英语基础，已学习了较多的颜色及动物单词，并有了一定的句子认读能力，对英语有着浓厚的兴趣。

四、教学目标

1. 语言能力

（1）学生能认读关于颜色的单词：blue，green，yellow，red，purple，white，brown，black；关于动物的单词：duck，cat，bird，bear，horse，frog，dog，sheep，goldfish；关于人物的单词：teacher，children。

（2）学生能认读句子：What do you see？ I see ... looking at me.

（3）能看图片理解故事，认读故事。

2. 文化意识

本绘本将美术学科、音乐学科与英语学科融合，让学生发挥想象设计自己喜欢的动物形象，并把它们创编成故事。

3. 思维品质

（1）激发学生的学习兴趣，培养学生的英语思维能力和英语交际能力。

（2）培养学生团结合作的精神，体会交朋友的快乐。

4. 学习能力

（1）认识关于颜色的单词和关于动物的单词。

（2）学会“What do you see？ I see ... looking at me.”的句型。

（3）理解绘本阅读书的故事内容，能复述绘本，能创编对话。

五、教学重点和难点

1. 教学重点

学习新句型“What do you see? I see...looking at me.”理解绘本的故事内容，能复述绘本故事。

2. 教学难点

（1）利用思维导图复述故事。

（2）拓展学生关于颜色的单词和关于动物的单词的相关知识。

（3）发挥想象，设计学生喜欢的动物形象，并将它们创编成故事。

六、教学设计理念

根据三年级学生喜欢小动物，喜欢唱歌、画画，擅长模仿，而且想象力丰富、动手能力强的特点，笔者设计了唱歌、模仿动物、猜动物、涂颜色等教学活动，让学生在玩中学，培养其学习英语的兴趣。

七、教学过程

教学过程概述

Teacher's Steps（教学环节）	Teacher's Activities（教师活动）	Students' Activities（学生活动）	Teaching purpose（活动设计意图）
Warming up	1.Sing a song *What Color is It?* 2. Brainstorm: Can you say the words of colors? 引出颜色brown并引导学生展开联想	学生跟唱 学生快速地说出自己所看到的颜色的单词 学习颜色brown，并联想棕色的东西	通过一首欢快的儿歌，帮助学生复习巩固之前所学的颜色的单词，激活旧知，引出新知

续 表

Teacher's Steps（教学环节）	Teacher's Activities（教师活动）	Students' Activities（学生活动）	Teaching purpose（活动设计意图）
Warming up	3.Guessing game. A riddle:It is brown. It's strong and smart. It likes eating fish and honey. Teach：bear（pear）. 4.Brainstorm：Can you say the words of animals? 教师引导学生说出并模仿动物，编唱歌谣 如cat, cat, miao miao miao	Look at the pictures and guess. （1）猜出动物：brown bear （2）学习bear （3）学生说出自己知道的动物，并模仿动物的叫声或神态动作	
Pre-reading	介绍封面 提问: What do you see from the cover? Today we're going to read a book about Brown Bear. *Brown Bear, Brown Bear, What Do You See?* 引导学生认识主要人物、标题、作者、插图者	学生看封面 Read the title：*Brown Bear, Brown Bear, What Do You See*? 学生认真观察封面	引导学生学会看绘本故事的封面，在封面上获取故事的信息，培养学生认真仔细观察的能力
While-reading	1.Watch and find. 教师引导学生观看动画，说出其中的动物 2.阅读绘本 找出文中动物的颜色，帮动物涂上颜色并说出动物和颜色	学生观看绘本动画，回答看到的是什么动物 学生阅读绘本，小组合作，发挥想象将动物涂上颜色	通过这一环节，让学生更形象、直观地学习如何用英语描述某种颜色的动物，为绘本内容的学习做铺垫 将美术学科与英语学科融合，让学生发挥想象力，培养学生的动手能力

续表

Teacher's Steps（教学环节）	Teacher's Activities（教师活动）	Students' Activities（学生活动）	Teaching purpose（活动设计意图）
While-reading	3. Skimming. 教师引导学生快速阅读绘本并进行排序 4.Read in details. 教师询问学生：What do you see? What does he see?引导学生对文本进行预测 教师通过图片和拼读规律引导学生解决生词，如pear-bear, for-horse, dog-frog, wish-fish, old-gold等 引导学生通过鸭子的叫声、马的拼图，最终确定动物 5.self reading. 教师引导学生思考：What does the goldfish see?引出teacher，children 6.Action time. 请九名学生戴着相应的动物头饰，下面的学生提问：Brown bear，brown bear，what do you see？戴着头饰的学生回答	学生利用刚才涂上颜色的动物图片，小组合作，给动物排序 学生通过观察色块用“Is it a ...?”对动物看到的东西进行猜测 鼓励学生模仿动物的动作和声音，读出句子 自读绘本，对结尾进行合理联想 学生表演	通过这一环节，帮助学生理顺绘本故事的内容，为复述故事做铺垫 用猜测的方式，引起学生的兴趣，同时练习本课的重点单词 通过自然拼读法教学，引导学生在阅读中根据字母和发音的关系认读单词，降低阅读难度，以此提高阅读兴趣和水平 让学生发挥想象能力，培养学生勇于创新的品质 分角色表演绘本内容，在情境对话中练习词组和句型，把本课所学的内容转化成交际能力
Post-reading	1.教师引导学生找出句型，带领学生根据黑板上的思维导图复述绘本	根据思维导图，跟随教师进行复述	让学生复述所学内容，进一步巩固新知识

续 表

Teacher's Steps（教学环节）	Teacher's Activities（教师活动）	Students' Activities（学生活动）	Teaching purpose（活动设计意图）
Post-reading	2.再次播放绘本动画视频	学生再次观看绘本动画视频，边看边跟着复述故事或吟唱	通过观看绘本动画的方式，让学生总体把握绘本，并为进一步复述绘本打好基础
Emotion education	1. Can you think of the other animals or things in the story? 教师做示范： Red apple, red apple, What do you see? I see a yellow banana looking at me. 2.Adapt the story, design your own picture books,then show them to us. 教师进行情感教育 引导学生通过观察图片，回答Are they happy? Why? Because they are friends. 体会交朋友的喜悦		让学生用学过的词汇改写新学的句型，既能巩固新句型，又能使学生做到举一反三 让学生自己改编故事，培养学生的英语思维能力和英语交际能力；动手制作图画书，并通过小组合作的方式，培养学生的动手能力和团结合作精神
Homework	Make a survey. Ask your friend or family members: What animal do you like? What color is it		设计灵活有趣的作业，不再枯燥地抄写作业，培养学生学习英语的兴趣

八、教学评价设计

九、板书设计

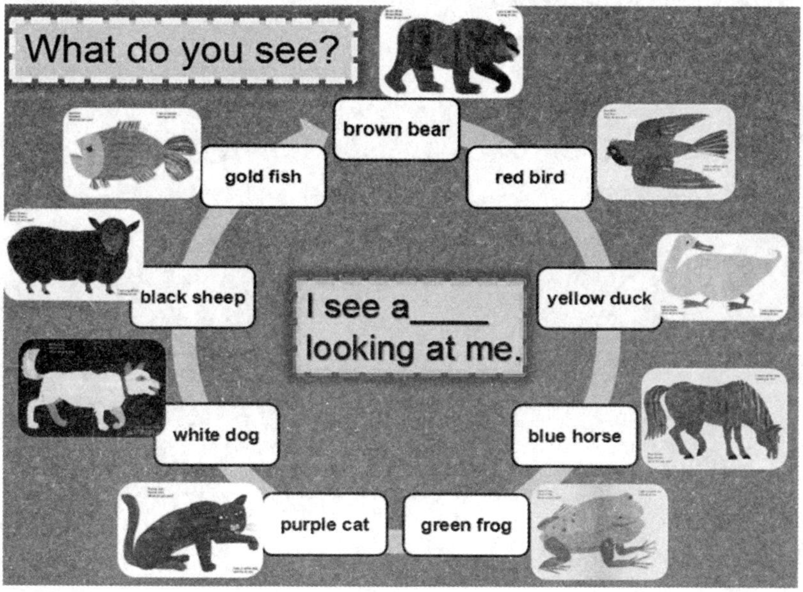

十、教学反思

在本节课中，学生唱歌、模仿动物、猜动物、涂颜色、排序等，由此可以看出，学生喜欢小动物，喜欢唱歌、画画，擅长模仿，而且想象力丰富、动手能力强，学生能根据思维导图来复述故事，能用自己设计的动物来创编故事，能在玩中学，体会到学习英语的乐趣。

“*A Big Joke*”教学设计

江门市范罗岗小学　阮　花

一、教学材料

授课年级：小学六年级。

授课教材：本课教学内容是来自外文出版社Book4 Level4 “*A Big Joke*”的故事内容。

授课课型：绘本阅读课。

二、教材分析

这个故事讲述的是在寒冷的冬天，Bunny想找他的朋友们一起出去玩，但是朋友们一起开了一个大玩笑捉弄他，后来聪明的Bunny发现不对劲，于是扮演医生反过来捉弄他的朋友们。故事内容不仅趣味性强，而且具有教育意义。

三、学情分析

本次授课对象为六年级学生，学生已具备基本的英语听、说、读、写能力，已经学习了一般将来时态和一般过去时态。整个故事文本对学生来说难度不大。根据现有的语言知识水平，学生能够复述和扮演故事内容。

四、教学目标

1. 语言能力

（1）了解故事大意和故事情节变化。

（2）掌握语言知识点：go skiing，go sledding，make a snowman，go ice-skating，got a headache，got a stomachache，got a toothache，runny nose等。

（3）能朗读故事内容和表演故事情节。

2. 文化意识

通过挖掘故事的情感内涵，引导学生要真诚地交友，不要随便捉弄别人。

3. 思维品质

通过对故事情节的预测，挖掘学生的主动思考能力、发散性思维能力和批判性思维能力。

4. 学习能力

（1）掌握绘本阅读学习策略，利用所学的阅读策略获取故事信息。

（2）演练故事精彩片段，提升语言运用能力。

五、教学重点和难点

1. 教学重点

（1）了解故事大意和故事情节变化。

（2）掌握语言知识点：go skiing，go sledding，make a snowman，go ice-skating，got a headache，got a stomachache，got a toothache，runny nose等。

（3）能朗读故事内容和表演故事情节。

（4）通过对故事情节的预测，挖掘学生的主动思考能力、发散性思维能力和批判性思维能力。

2. 教学难点

（1）掌握绘本阅读学习策略，利用所学的阅读策略获取故事信息。

（2）演练故事精彩片段，提升语言运用能力。

六、教学设计理念

本节课是绘本教学课，根据绘本教学的基本特征和故事核心内容设定合理的教学目标，并基于教学目标创设动作体验、情感体验、游戏体验等趣味活动。注重师生的互动和学生学习兴趣、知识能力的培养，在学生已有的语言表达能力基础上充分发挥学生的想象力，探索故事发展的各种可能性，在环环相扣的提问中，激发学生的发散性思维，并推导出故事的结局，让学生理解故事中蕴含的道理。

七、教学过程

教学过程概述

Teacher's Steps（教学环节）	Teacher's Activities（教师活动）	Students' Activities（学生活动）	Teaching purpose（活动设计意图）
Pre-reading	1.Greeting. 2.Play games（Review）. Game1 :Do and say. Game2: Look and say. 3.Show some information about fable	1.Greeting. 2.Do the action and say the words Look at the pictures and say the words. 3.Get to know fables	通过简单问候，拉近师生之间的距离。通过游戏，调动学生的积极性，让学生在轻松愉快的环境下进入课堂，直接提炼故事文本中的语言点进行复习，学习和铺垫知识

续 表

Teacher's Steps（教学环节）	Teacher's Activities（教师活动）	Students' Activities（学生活动）	Teaching purpose（活动设计意图）
While-reading	1.Talk about the cover. 2.Introduce the animals about the story and tell about their names. Q:What happened between them? 3.Picture touring. 4.Teach p.1: Q1:What season is it now? Q2:What can you do in winter? Q3:What does Bunny want to do ? Q4:Will they together? 5. Teach p.2: Q:What do they want to do with Bunny? Teach the key phrase: play joke with sb... 6.Teach pp.3–13: Q1:What's wrong with Bolt? Q2:Can Bolt play with him? Why? Q3: What will the Bolt say? Learn the phrases: go skiing/ go sledding/ make a snowman/ go ice-skating/got a headache/ got a stomachache/got a toothache/ runny nose...	1.Talk about the cover, and ask some questions about the story. 2.Know about the animals and their names and guess what happened between them? 3.Enjoy picture touring. 4.Read,look at the picture, and answer the questions. S: It's winter now. We can...He wants to play with his friends. 5.Answer the question and learn the key phrase. S:They want to play joke with him. 6.Learn pp.3–13 Know about the story, answer the questions and learn the phrases.	1.指导学生对绘本故事封面进行解读 2.介绍绘本故事的主人公们，激起学生的好奇心 3.通过图片初步感知故事 4.通过提问引导，引出故事内容 5.通过提问引出故事的重点词组和故事的主要内容：play joke with sb. 6. 以提问的方式激发学生的发散性思维和批判性思维，引导学生对故事进行思考，并借助多媒体软件、肢体语言和教具等来学习故事内容中的重点词组

续表

Teacher's Steps（教学环节）	Teacher's Activities（教师活动）	Students' Activities（学生活动）	Teaching purpose（活动设计意图）
While-reading	7.Let the students act out pp.3–13 8.Show the p.14. Teach: strange. T:What did the Bunny understand? T:What will he do? 9.Show the p.15. T:What will he do	7. Students act out pp.3–13. 8.Students answer the questions . 9.Guess: What will Bunny do	7.学生通过角色扮演的情感体验来更深入地理解故事情节 8.采用提问的方式，让学生通过故事情节来猜测对方所明白的事并回答 9.通过提问让学生来回答Bunny会怎么做，激发学生的发散性思维和批判性思维
Post-reading	1.Play the recording 2.Let the students act out the story in pairs. 3.Show time: Let students act out the story and show up. 4.Let the students think about: What did you learn from this story? 5.Ideological education: "Don't play tricks on your friends" 6.Homework: Read the story to your family	1.Students read the whole story and repeat. 2.Students act out the story in pairs. 3.Students act out the story and show up. 4.Think about and answer. 5.Let the students know: "Don't play tricks on your friends" 6. Read the story to your family	1.通过板书思维导图，引导学生进行听读和复述 2.通过pair work方式，让学生去act out the story的过程中，使得每个学生都能更深入地理解文本和感受学习英语的乐趣 3.启发学生对整个故事进行回顾，并思考从中所悟到的寓意 4.通过故事的学习，教育学生不能随便去捉弄别人 5.巩固本节课所学习的语言知识

八、板书设计

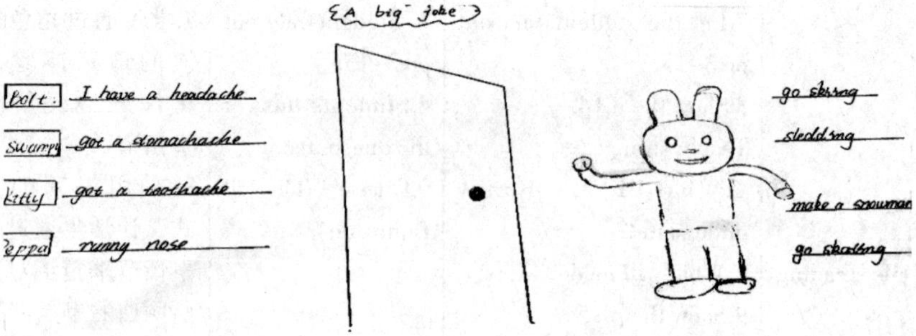

九、教学反思

本节课授课对象是六年级学生，他们已有一定的语言知识储备，整个故事内容对他们来说难度不大，他们能够理解整个故事文本，并能够在老师的引导下演绎故事情节。

这是笔者第一次接触绘本阅读教学，在这个过程中，体会最大的是给予学生体验式的语言学习是非常重要的，这样的策略能够帮助学生理解语言的含义。记得在act out这一环节中，真实的语言作为搭建的支点，使学生真正感受故事的趣味性和运用语言。本节课所设计的每一个问题都成功地引导学生对故事的发展进行思考，从而培养学生的发散性思维和批判性思维。

“*The Very Hungry Caterpillar*”
教学设计

江门市蓬江区北郊中心小学　刘健敏

一、教学材料

授课年级：小学四年级。

授课教材：Eric Carle的绘本“*The Very Hungry Caterpillar*”。

授课课型：绘本阅读课。

二、教材分析

“*The Very Hungry Caterpillar*”是一本充满了诗情与创意的儿童绘本，讲述的是一只毛毛虫的故事。如果说有一条虫子能一路畅通无阻地从一个国家爬到另一个国家，那么就是它了！三十多年来，这条从Eric Carle手里爬出来的红脑壳、绿身子、高高地弓起来走路的毛毛虫，已经“吞噬”了世界上两千多万个孩子的心。

主要内容：

在月光下，叶子上躺着一颗小小的蛋。

星期天早上，太阳升起来，“砰！”从蛋里爬出来一条又小又饿的毛毛虫。它开始去找吃的。

星期一，吃了一个苹果，可还是好饿。

星期二，吃了两个梨子，可还是好饿。

星期三，吃了三个李子，可还是好饿。

星期四，吃了四个草莓，可还是好饿。

星期五，吃了五个橘子，可还是好饿。

星期六，吃了一块巧克力蛋糕、一个冰激凌、一根黄瓜、一块乳酪、一条火腿、一根棒棒糖、一个樱桃派、一根香肠、一个杯子蛋糕和一片西瓜。

那天晚上，毛毛虫肚子痛了。

第二天又是星期天，毛毛虫吃了绿叶子，肚子好多了。

现在，它不饿了，不是一条小毛毛虫了，是一条又肥又大的毛毛虫了。它造了一个小房子，叫茧，把自己包在了里面。它在里面待了两个多星期，咬了一个小洞挤了出来。

最后，毛毛虫变成了一只漂亮的蝴蝶。

三、学情分析

四年级学生已有一年正式学习英语的基础，掌握了一定的词汇量，有了英语思维，这个故事按时间顺序叙述。刚好四年级《开心英语教材》上册也有关于星期词汇的学习，有利于学生用一定的逻辑顺序初步接触绘本。故事有趣，且行文句型有规律，激发了学生阅读英语绘本的兴趣。

四、教学目标

1. 语言能力

欣赏故事，了解蝴蝶成长的过程，并且会听读、认读、朗读星期一到星期日的单词，了解各种食物的单词。

2. 文化意识

了解蝴蝶成长过程，加深对生命过程的了解，热爱生命，珍爱生命。

3. 思维品质

尝试运用一些基本的阅读策略，并利用上下文、过渡句、关键词，图文结合，去预测毛毛虫的生长变化及趋势，培养学生阅读的技巧和方法策略，激发学生对英语绘本阅读的学习兴趣。

五、教学重点和难点

了解蝴蝶成长过程，并且学会星期一到星期日的单词。

六、教学设计理念

这本绘本能教给学生什么呢？认识数字、星期、食物名称，教导他们一次不能进食太多东西，让他们理解“破茧成蝶”的深刻寓意，绘本最大的意义还在于感受阅读的快乐、语言的魅力。日本绘本大师松居直讲过这样一句话：“图画书对儿童没有任何‘用途’，不是拿来学习东西的，而是用来感受快乐的。”一本绘本越有趣，它的内容越能深刻地留在学生的记忆里，在成长过程中或是长大成人后，学生自然能理解其中的意义。

（1）教师大胆设问，让学生猜想。

（2）学生开放提问，让同伴们探讨。

（3）结合图文，深挖文本，让学生和毛毛虫动起来，一起成长。

（4）结合有关星期的单词，让学生体验时间与成长的概念。

七、教学过程

教学过程概述

Teacher's Steps（教学环节）	Teacher's Activities（教师活动）	Students Activities（学生活动）	Teaching Purpose（活动设计意图）
Step1: Warm up 热身准备	T: Greeting: What day is it today? T: Show the pictures about animals. T:Introduce caterpillar	S: It is Wednesday. S: ...（Students say out the animals they see.） S: ...（Students read after the word caterpillar.）	利用歌曲“*My Week*”让学生感知句型，了解有关星期的单词，温故知新，引出本故事新单词——caterpillar，为故事阅读做铺垫
Step2: Cover（title）talk & lead in the story 封面（标题）探讨	T: Look at all the pictures of this book. Let's guess what happened and how it will end? T: Oh, a little caterpillar. Do you like it? T: Is it hungry or full? 教师做动作帮助学生理解hungry 故事的题目*The Very Hungry Caterpillar* Let's read it together	Activity 1: Guess the storyline of this book. Ss:（...） Activity 2: Talk about the title and the cover. Guess why he is very hungry?（S1: Maybe...） He can't find food, so he is hungry	揭示课题 让学生看图，大胆地猜测故事的发展与结局。不仅保留了阅读原有的趣味性和吸引力，而且培养了学生感知故事—细读故事—提炼整合关键信息—组织语言—完整复述故事的阅读策略和方法
Step3: Picture walk of the story 图片环游	T: The caterpillar is going to find his food. What is its food?（出示食物的影像让生猜测） What is it?	（Ss：No.） （Ss: ...）Students talk about what it is? （Students predict.）	精准的提问内容、递进式的提问策略，使开放性提问更具科学性和有效性

续 表

Teacher's Steps （教学环节）	Teacher's Activities （教师活动）	Students Activities （学生活动）	Teaching Purpose （活动设计意图）
Step3: Picture walk of the story 图片环游	T: What's the food? T: 教师藏着食物并让学生猜毛毛虫的食物。 T: Can you guess? T: The caterpillar is hungry, so he goes to find his food. 教授相关单词 T：教师在让学生自我欣赏绘本的同时，夸张地跟随故事情节，引导学生说出本故事的单词。 T: 1.Sentence: （1）What day is it today? Today is______. （2）How many are there? （3）What do you want to eat? 2.角色扮演 带领学生分小组表演饥饿的毛毛虫，引导学生思考为什么毛毛虫的妈妈是一只蝴蝶，观看毛毛虫变成蝴蝶的过程视频	猜测毛毛虫找到的食物，并核对答案 学生们参与翻页并用他们的手指当作毛毛虫，钻入绘本的洞中 Today is______. There are two pears. I want to eat a slice of cheese. 猜测完了，阅读绘本继续寻找答案 请学生们用肢体扮演毛毛虫，如手指、手臂、身体等在说出英语单词和句子的同时，体会从小变大的感觉	

续 表

Teacher's Steps（教学环节）	Teacher's Activities（教师活动）	Students Activities（学生活动）	Teaching Purpose（活动设计意图）
Step4: Silent reading 自主默读	Review the story together. When teacher sticks the word cards and pictures on the blackboard	Students enjoy the whole story by themselves.（Give a few minutes to read.） students and teacher retell the story together	让学生再次重温故事，感知故事传达的意义，并通过复述的形式加深印象，融进学生自己的知识体系当中
Step5: Read the story aloud 朗读输出	延伸品格教育，用真实的照片，让学生体会毛毛虫变成蛹及蝴蝶的生命历程	Activity 1: Read the whole story after the audio. Point to the words with fingers while reading. Activity 2： Act the story out in groups. Each group act one scene	通过表演的方式，深入体会毛毛虫的情感
Step6: Extended activities 拓展活动	要学习毛毛虫在遇到困难时，主动去寻求解决问题的方法，总结经验教训，珍爱生命		以情感教育升华主题
Step7: Assignment 延伸作业	教师做示范，与学生一起表演故事，并让学生分享故事给父母、家人、朋友，用英语介绍毛毛虫化蛹成蝶的生命历程	Listening: Listen to the story carefully. Reading: Read the story fluently. Acting: Imagine and act out the story vividly	听、读、演三者结合，再次巩固新知

八、板书设计

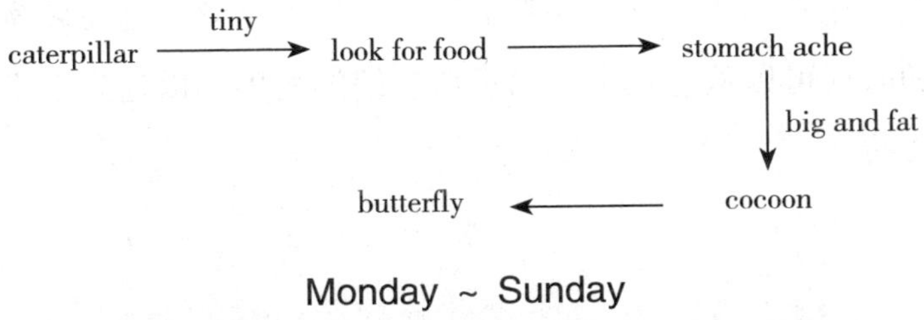

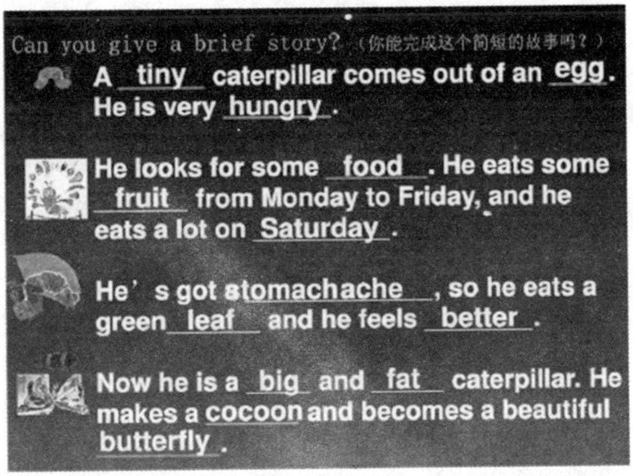

九、教学反思

通过课堂的探究与实践活动，掌握英语基本知识和技能，提升语言运用能力；同时在发展思维能力、突出个性发展和提高人文素养的过程中，采用绘本教学能够有效实现预期的教学目标，让学生既掌握必备知识，又提升综合素养，顺应新课程改革的趋势。教师要从学生的需要出发，让学生通过图形会话等获得新知，让课堂学习充满兴趣，学习内容更加丰富多彩。对于素材的收集，教师应从学生的认知规律出发，以让学生更容易参与课堂学习为宗旨；以趣为先，编排故事内容。绘本教学一般以图画的形式来展开故事，让学生在故事情节中感悟新知，激发兴趣，易于记忆。图画展示的故事必须符合学生的心理特点，充满趣味性，在课堂上易于操作，让学生容易表演。在编排故事的时候可以从这几个方面思考、编排故事，以达到学生乐学、易学的目的。

“*Hello Grandma*！”教学设计

江门市蓬江区棠下镇中心小学　范翠丽

一、教学材料

授课年级：小学三年级。

授课教材：绘本“*Hello Grandma*！”作者Leonie Bennett。

授课课型：绘本阅读课。

二、教材分析

本节课的绘本故事主要讲述了小女孩和她的家人长途跋涉去看望她的外婆。在故事中，小女孩用动词过去式描述了他们去外婆家使用的各种交通工具。绘本中的图画结合句子，生动鲜明地展示了绘本内容，使学生可以通过观察、思考、联想读懂绘本，提高阅读能力。

三、学情分析

三年级学生具有好奇、好动、爱表现、善模仿等特点。学生喜欢新鲜事物，对陌生语言的好奇心能激起学生学习英语的兴趣。学生的记忆力好，形象思维好，模仿力和可塑性强，但理性思维能力欠缺，逻辑思维能力不强。有些学生已经初步接触过英语，而有些学生则刚开始学，但对英语都有着浓厚的兴趣。学生可以通过观察图片、想象、预测出绘本故事的内容，并读懂故事。

四、教学目标

1. 语言能力

（1）能通过看图画、读句子，结合已有的知识经验听懂故事内容。

（2）能基本正确地跟读、指读、朗读故事。

（3）能根据提炼出来的信息，学习使用正确的时态复述故事。

2. 文化意识

（1）能感受到旅途中父母照顾孩子的艰辛，感恩父母。

（2）能认识到乘坐不同交通工具时要文明有礼、遵守交通秩序。

3. 思维品质

通过观察图画、阅读上下文信息、结合已有的语言知识，引导学生对绘本内容进行猜想，培养学生的观察能力和发展学生的想象能力。

4. 学习能力

通过朗读、指读、复述，提高学生自主学习语言的能力。

五、教学重点和难点

1. 教学重点

（1）正确掌握有关交通工具的新词（taxi，train，bus，plane）和一般过去式动词（got in，went on，had dinner，had tea，went to sleep，got off，saw）。

（2）通过观察图片和在教师的引导下，预测、复述、演绎绘本。

2. 教学难点

（1）根据绘本情节，提出自己对故事的看法与评价。

（2）升华情感教育，联想自我对长辈的情感，思考乘坐交通工具时应如何文明有礼。

六、教学设计理念

这个绘本故事涉及了过去时态，但是三年级学生对时态并没有很系统的知识感悟，于是在本课设计上侧重点并没有放在过去时态上，而是放在表达某一动作的动词用法以及日常生活的交通工具上。根据绘本阅读的特点、有趣的图画和简短的语句，采取多次重现句子、多次翻阅读本，引导学生仔细观察图画、学会自我输出语言，发展学生与他人交流的能力。

七、教学过程

教学过程概述

Teacher's Steps（教学环节）	Teacher's Activities（教师活动）	Students' Activities（学生活动）	Teaching Purpose（活动设计意图）
Warming up	Greeting. T: Let's sing a song *Car, bus, taxi* . T: What vehicles did you sing? Car... T: Who's she?（Show the picture of grandma.） T: Do you like your grandma? T: Let's read a story about visiting grandma	Greeting. Sing a song. S: Car, bus, taxi, plane... S: Grandma. S: Yes, I do. S: OK	通过歌曲“*Car, bus, taxi*”让学生认识有关交通工具的单词，为阅读绘本做准备，并活跃课堂气氛
Pre-reading	T: Look at the cover. What do you see? T: Read the title, and guess what happened	Talk about what they see. Guess. S1: Girl saw grandma	通过观察封面的图片和标题，让学生猜想故事的内容，引起学生的好奇心与阅读欲望

续表

Teacher's Steps （教学环节）	Teacher's Activities （教师活动）	Students' Activities （学生活动）	Teaching Purpose （活动设计意图）
While-reading	T: Introduce the writer T: Was girl happy? T: Let's watch the flash video of the story. Think: We got in ______. Show the pictures of the vehicle in order on the blackboard	S2: Girl was on the plane S: Yes. S: We got in ______. Stick on pictures on the blackboard	通过按顺序板书交通工具，使学生基本掌握故事的发展概况
	T: Let's read the story by yourself and underline the new word	Read the story by themselves	通过自主阅读，联系图画自主疏通生词
	T: Please discuss the new words in groups. Help your partners	Group work: Discuss the new word	小组合作疏通生词，提高自主阅读与互帮互助的能力
	T: Guess: What would they do on the plane	Guess and predict	结合生活经验，预测主人公在飞机上做了什么事
	T: Read the story again. Think: What did they do on the plane? Blackboard writing: had dinner, had tea, went to sleep	Read again and answer the question. S: They had dinner on the plane	提取在飞机上的关键活动，帮助学生解决复杂句子的认知 板书关键词，使整个故事一目了然
	T: Read after the tape. T: Try to retell the story according to the blackboard writing. T: Let's act the story. Who will be girl, boy, father, mother, grandma, driver	S: (...) Try to read the story. Retell the story in class, in groups. Role play	通过图片环游，阅读思维导图，学生能基本掌握故事的脉络，并能在老师的引导下朗读、复述故事

续表

Teacher's Steps（教学环节）	Teacher's Activities（教师活动）	Students' Activities（学生活动）	Teaching Purpose（活动设计意图）
Post-reading	T：What vehicles did you get in when you visiting your grandma and grandpa? Discuss with your partner. T: Try to draw	Discuss in groups. Draw the journey and show to the class	让学生通过描述自己探望祖父母所乘坐的交通工具，再次重温故事，结合自己的实际情况进行表达，并尝试画属于自己的绘本
Emotion education	1. Always thank your parents. 2. Visit your grandparents often. 3. Be polite in public		从绘本故事中体会到父母的爱，懂得要多探望老人；学会乘坐交通工具时注意文明有礼
Homework	1. Retell the story to your parents. 2. Share your journey to your friends		学会分享与表达自己所学的语言

八、板书设计

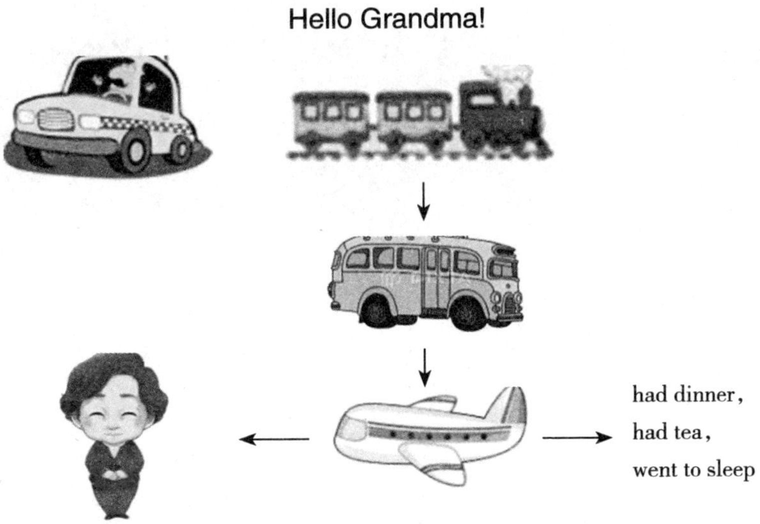

九、教学反思

（1）教师在教学设计时注意到本节课绘本内容对于三年级学生有一定的难度，于是教师先让学生观察图画并与同伴交流，以疏通生词障碍，再引导学生进一步学习绘本故事。

（2）本节课的绘本内容是叙事性故事，语句比较平淡，并不类似于寓言故事等有起伏的内容，因此，教师设计的活动能否激起学生的兴趣十分关键。通过“演”“画”“说”，不但活跃了课堂气氛，激发了学生的学习兴趣，而且充分地展现了学生的学习效果，提高了学生的综合语言素养。

U0811686

书山有路勤为径，优质资源伴你行
注册世纪波学院会员，享精品图书增值服务

·项/目/管/理/核/心/资/源/库/

丛卫东 著

产品化项目管理之路

为客户创造价值

The Path to Productization Project Management

Creating Value for Customers

電子工業出版社
Publishing House of Electronics Industry
北京·BEIJING

未经许可，不得以任何方式复制或抄袭本书之部分或全部内容。
版权所有，侵权必究。

图书在版编目（CIP）数据

产品化项目管理之路：为客户创造价值 / 丛卫东著. —北京：电子工业出版社，2022.5
（项目管理核心资源库）

ISBN 978-7-121-43323-8

Ⅰ. ①产… Ⅱ. ①丛… Ⅲ. ①项目管理 Ⅳ. ①F224.5

中国版本图书馆 CIP 数据核字（2022）第 069794 号

责任编辑：卢小雷　　　　　　特约编辑：田学清
印　　刷：三河市鑫金马印装有限公司
装　　订：三河市鑫金马印装有限公司
出版发行：电子工业出版社
　　　　　北京市海淀区万寿路 173 信箱　　　　邮编：100036
开　　本：720×1000　　1/16　　印张：16.5　　字数：286 千字
版　　次：2022 年 5 月第 1 版
印　　次：2022 年 5 月第 1 次印刷
定　　价：78.00 元

凡所购买电子工业出版社图书有缺损问题，请向购买书店调换。若书店售缺，请与本社发行部联系，联系及邮购电话：（010）88254888，88258888。

质量投诉请发邮件至 zlts@phei.com.cn，盗版侵权举报请发邮件至 dbqq@phei.com.cn。

本书咨询联系方式：（010）88254199，sjb@phei.com.cn。

本书献给我的家人、朋友、同事和一起合作过的伙伴们。

序

现代产品设计和开发的过程，涉及越来越多的学科和专业领域的知识，如当前各种电子产品强大的功能和精美的外观设计就是多学科综合的结果。为了满足市场需求、应对市场竞争压力，产品开发的周期越来越短，新技术更新的节奏越来越快，资金的投入和项目的潜在风险也越来越高。作为产品开发团队的项目经理、系统工程师和专业开发人员，应该如何开展复杂项目，以满足产品设计要求并最终实现产品的大批量生产？如何在有限的时间内保质保量地实现项目目标和最终的价值交付？毫无疑问，这些是产品开发团队面临的极具挑战的课题。

在从市场需求分析到产品量产交付的整个项目开发过程中，项目经理的工作内容既包括团队建设、技术协调、项目推进、风险管理、沟通管理、项目资源管理、项目预算管理和阶段评审点管理，又包括带领团队对项目开发过程中的各种问题做出决策和处理关键项目节点等。本书对项目开发过程进行了阶段性划分，并且在执行阶段之间穿插介绍了上述工作内容涉及的具体环节和过程，让读者更清楚地从各个执行阶段了解实际项目开发过程中具体执行步骤的含义和相关问题的应对策略。本书将项目开发过程划分为三个大的执行阶段和八个小的子阶段，采用阶段评审点的方式衔接各个子阶段，阐明每个执行阶段的执行重点和针对执行结果需要进行的团队评审环节，以达到提高项目执行的质量和效率、降低项目开发风险、加快产品上市速度的目的。

本书除了介绍项目开发过程中的关键阶段划分和设定阶段评审点的项目管理方法，还说明了在这一过程中的沟通管理、时间管理、风险管理、专利申请、复盘总结、个人绩效评判和棘手问题的处理方法等，希望能为项目经理和项目开发人员提供参考和启发，帮助想了解产品化项目管理却不知从哪入手的读者或有经验的专家从不同的角度看待这一过程，从而提高项目开发和交付的相关技能水平和执行效率。

本书基于作者从过去负责的众多产品化项目中获得的项目开发和管理经验，并结合作者对主流项目管理理论的思考和总结，主要面向项目经理、系统工程师、产品研发工程师、科技类产品公司的管理人员，以及对项目开发和管理方面感兴趣的读者。

目 录

第 1 部分 概述

第 2 部分 立项

第 3 部分 工程设计和验证

第 4 部分 生产交付和运维

第 5 部分 总结

第 1 部分

概述

道可道，非常道。

——老子

当我们细心观察日常生活中的事物时，会发现事物的发展往往有一定的规律可循，如日升日落、四季更迭变换、能量守恒定律、动植物的生老病死和水在大自然中的循环等。这些不以人的意志为转移的规律时时刻刻影响着人类的生活，只有认识、掌握并学会运用各种规律，才能更高效地得到期望的结果。

大自然的运行如此，人类社会的运行也是如此。从结绳记事、发明历法到创建近代量子力学理论，人类在社会实践中不断地认识和掌握各种规律，并且把这些规律运用到实际的社会实践中，从而不断地提高生产力、创造新事物、扩大认知范围、提升生活水平和产出新的社会价值。

同样，在项目管理领域更先进、更复杂的产品开发和交付实践中，人类不断地对产品的创造过程产生新的认知、总结新的规律，并利用这些认知、规律和积累的经验提升交付价值的能力。

本书基于前人的项目管理理论，并结合从产品开发实践中总结的经验和规律，提出了一种可以提升交付价值的项目管理方法，希望为读者带来一些启发，让读者对项目的管理更加顺畅和高效。

接下来，我将从三个方面介绍产品开发过程中“项目经理”这一职位的设定意义和技能要求，以及读者可以参考的项目管理方法和规律。

① 什么是产品化项目管理。

② 产品化项目管理的执行者。

③ 产品化项目管理的阶段性和特点。

第 1 章

什么是产品化项目管理

1.1 为什么需要项目管理

在有记载可考的历史长河中，人类不断发挥聪明才智，发明创造了各种各样的产品以满足日常工作和生活所需。随着对自身和自然世界认识的不断深入，人类社会涌现了越来越多的新学科和新专业领域，几乎没有人拥有足够多的时间和精力了解并掌握所有学科的知识。产品的设计也越来越复杂精细，一个产品的设计开发过程涉及的细分专业和新兴的知识领域越来越多，这需要能够组织、沟通、领导、协调众多专业开发人员的项目管理人员，尽快实现各种产品设计目标和价值交付。于是，人们在项目实践过程中创造了“项目管理”的学科和“项目经理”的职位，并要求项目经理能够在日趋复杂的项目中运用科学的管理方法，与开发团队一起实现项目目标。

在实际的项目开发过程中，即使一个项目可以由一个人完成，即一个人同时扮演了多个完成项目所需的现代化专业分工角色，也不意味着可以取消任何一个分工角色所承担的职责。

示例：我们可以把准备一顿午餐看作一个项目。这个项目可以由一个人完成，他需要确定几个人吃午餐、做几个菜、做什么菜，并按需采购食材、加工食材、开火做菜、摆盘开饭、完成饭后清洁。在这个过程中既包含确认客户需求的部分，即“做几个菜”和“做什么菜”，又包含采购、处理原材料、做菜和摆盘上菜的过程。

如果是一家能够同时容纳几十人甚至上百人就餐的饭店，为了提高做菜的效率和专业水平、丰富菜品种类，就会产生分工的需求，需要由不同的人在一系列备餐环节中分别承担不同的职责，此时需要由厨师长统筹、规划、协调各种人力和相应的分工，确保在规定的时间内满足客户的不同需求，同时不能发生长时间延误上菜的情况。厨师长承担了这次“午餐供应项目”的项目管理工作并履行了项目管理职责，即利用有限的人力和物力资源，在规定的时间内调配各种资源来服务更多的客户，并且让客户对菜品和服务质量感到满意，从而实现饭店收益的最大化。如果在这个过程中没有“厨师长”这一角色，那么将很难利用有限的人力和物力资源，在短时间内让大量客户享用喜欢的菜品并对菜品和各项服务感到满意。

项目经理在产品开发过程中面临的情况与饭店的厨师长类似。厨师长要在规定的时间内利用有限的人力和物力资源交付足够多的菜品，满足几十个甚至上百个客户的各种口味和服务需求。如果在规定的时间内无法交付，客户就会去其他饭店，如果味道不好或价格太贵也会失去竞争力，客户同样会逐渐减少到店的次数，最终导致饭店无法经营下去。

同理，一个项目团队中的专家可能来自不同的领域，如何协调好这些专家之间的关系并在规定的时间内设计出具有竞争力的产品，使项目团队的整体竞争力最大化，也需要一个能够领导项目团队奔向正确的项目目标、高效整合项目资源的项目经理，使项目可以正常地进行下去。

现代社会的产品竞争非常激烈，既要比拼质量、创新性和性价比，又要比拼上市时间，因为产品可能不会同时上市，但是很可能会同时退市。在这种情况下，只有抢到上市先机并设计出具有价格和技术优势的产品，才能得到市场上最大的一块蛋糕，从而获得更多的收益，实现项目价值的最大化。

简单地讲，现代化的社会分工决定了一个项目需要项目经理这一专门角色来完成项目资源的调配、重要信息的沟通、执行时间的把控、关键决策的制定和项目进度的推进。项目的涵盖范围可大可小、时间可长可短，越是人员多、周期长、涉及学科和领域众多的项目，需要的资源和时间越多，不确定性和风险也越高，这需要项目经理对项目开发时间、众多的项目参与人员和各种各样的项目资源进行协调和精细管理，从而高效实现项目目标。

1.2 产品化项目管理介绍

产品化项目管理，顾名思义，就是为了开发和设计特定产品而进行有目的的管理，其最终目的是在一定的时间和资源条件下，与团队共同合作，交付可以服务客户的产品。

示例：“特定产品”既可以是有形的实体，如一台电脑、一辆电动汽车、一架飞机，也可以是无形的虚拟物体，如一套能够在电脑或手机上显示实时天气的应用软件或导航地图等；“一定的时间”既可以是一个月也可以是几年，以产品的具体设计方式、复杂度和行业平均的经验时间为基准；“团队”既可能由一个人完成任务，也可能由几百人甚至上千人共同协作完成一个大工程；项目涉及的金额可能从几百元到上亿元不等。

产品化是将产品设计由概念逐步转变为实际产品或服务的过程。要想实现这一过程，靠的不仅是纸上的蓝图设计，也不仅是简简单单、按部就班地执行任务，还有各种实实在在的人力、物力、财力的投入，以及科学的管理方式和方法。计划一件事情很容易，真正动手做好一件事情却非常困难，该执行的步骤一步都不能少，既不能做得太多浪费资源，又不能做得太少导致无法满足实际的项目需求。在开发项目时，有许多非技术因素掺杂其中，既不能偏激、激进、冒风险，又不能消极等待拖延进度，要把握合理的尺度，挖掘事物深层次的矛盾、找出问题深层次的原因，最终化解矛盾、解决问题，得到各方面平衡协调的最优结果，从而实现产品的交付和项目价值的最大化。

图 1.1 所示为建一所平房的阶段划分，我将通过它说明在产品化项目管理中如何通过阶段划分实现项目目标。

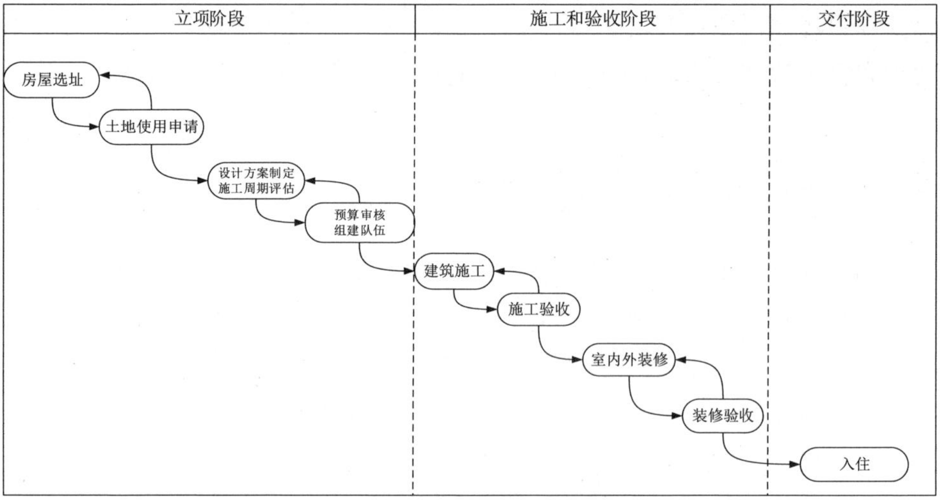

图 1.1 建一所平房的阶段划分

建平房的过程其实就是一个从提出需求到最终实现产品化的执行和管理过程，下面将对建房子的过程进行流程化演示，把一个相对简单的、建设独立平房的过程分为三大阶段和九个步骤。

1. 立项阶段

立项阶段的主要任务是确认需求并完成动工前的所有准备工作，也就是想好在什么地方建房子、建一所什么样的房子、计划花费多少钱、多长时间可以建好、什么时间入住、需要哪些专业人员共同完成这项任务等问题。

立项阶段包含以下四个步骤。

① 房屋选址：确认在什么地方建房、可以使用的建筑面积有多大。

② 土地使用申请：合规性审查需要确认所建房子使用的土地是否满足政府相关部门和法律法规的要求，只有在拿到允许建房的相关文件后才能动工。

③ 设计方案制定和施工周期评估：制定设计方案并根据具体方案评估工期进度。

④ 预算审核和组建队伍：审核预算和采购需求，在识别出关键成员后组建施工建设队伍。

2. 施工和验收阶段

施工和验收阶段的主要任务是完成建房子的具体工作，并且保证所建房子的质量、安全性和交付结果能够满足业主的要求。

施工和验收阶段包含以下四个步骤。

① 建筑施工：进行各项具体的建筑施工活动。

② 施工验收：对建筑施工的结果和质量进行评审和验收。

③ 室内外装修：根据业主的装修风格和需要进行室内外的装修活动。

④ 装修验收：对装修活动的结果和质量进行评审和验收。

3. 交付阶段

进入交付阶段标志着房子可以入住了，此阶段由施工团队向业主交付房屋，业主支付合同款项。

上述内容把整个建房子的过程分解为九个步骤，在具体执行时，还可以继续细化并分解出更多的工作任务、识别出更多的专业人员，参与从房屋设计到建筑完工的整个过程，并且评估所需的工作量。

表 1.1 简要地说明了房屋建设任务的具体分解内容，包括项目阶段、需要的专业人员、具体执行任务和所需工时估算。

表 1.1　房屋建设任务的具体分解内容

项 目 阶 段	需要的专业人员	具体执行任务	所需工时估算（人/天）
立项阶段	建筑工程师	根据需求设计图纸	××
立项阶段	工程造价评估人员	根据图纸评估造价	××
施工和验收阶段	质量人员	质量管控、验收	××
施工和验收阶段	泥瓦工	墙面、地面等施工	××
施工和验收阶段	木工	木工活	××
施工和验收阶段	钢筋工	钢筋骨架设计	××
施工和验收阶段	漆工	室内外粉刷	××
施工和验收阶段	电工	电气布线	××
施工和验收阶段	水暖工	水、气管道铺设	××
交付阶段	业主	支付款项	××

接下来介绍在进行任务分解后需要执行的具体建筑任务，可以将它们划分为如图 1.2 所示的五个任务阶段并按照顺序执行。

图 1.2　五个任务阶段

表 1.2 所示为五个任务阶段的简单介绍。

表 1.2　五个任务阶段的简单介绍

任 务 阶 段	简 单 介 绍
方案设计	建筑图纸设计，确定需要建多少层、占用多大面积、房间分布情况、房顶是平顶还是尖顶等
材料采购	各种工程所需材料的规划、采购和运输
基础工程	为房屋打地基
框架结构	砌砖墙、铺地面、梁柱水泥浇灌、楼梯施工、楼板施工等
水电装修	水电气的管道铺设、内外墙的粉刷，以及门窗、灯具、家电的设计和安装等

在实际的项目执行过程中，每一个阶段都需要通过评审环节确保当前的阶段结果与计划一致并能满足工程设计的质量要求。通过上文的例子，希望读者了解在项目执行的过程中，对执行阶段进行一定程度的任务分解和划分能够带来的管理方面的好处。

从这个简单的例子中可以看出，“建房子”这项任务包括很多工作环节和执行步骤，并且需要很多专业人员参与其中。那么在实际的建筑过程中，由谁来协调、整合具有这么多步骤和人员的具体项目活动呢？这需要一个可以对建房子的各项活动进行统筹规划的管理型人才，他也许不能掌握建房子所需的每一项技能，但是他知道如何协调各种专业人员圆满完成这项任务。他既可以是一个具有各种资源和人脉的包工头，也可以是一个能够组织大家一起完成这项任务的兼职泥瓦工或水电工等。总之，在建房子的过程中，需要有一个人将规划、协调、统筹管理的各个关键步骤关联起来，确保完成这项任务。

分享：从这个例子中可以看出，即使已经有了明确的阶段划分、任务分解和执行任务的具体工作步骤，也需要一个能够将这些步骤关联起来，并且对执行过程中遇到的具体问题从总体角度进行考虑和分析的角色。

这个按照一定的步骤、顺序和方法，组织具有不同技术背景的专业人员，完成从最初的提出需求到把房子交付给业主入住的过程，就是一个典型的产品化项目管理案例。

产品化项目管理流程化指的是，将完成产品开发的整个过程根据实际需要进行科学的阶段划分和项目任务分解，并对完成特定项目任务的结果制定评审点，确保各个执行阶段交付的结果能够满足产品设计和质量的目标要求，同时提升项目任务的执行效率、降低执行过程中的风险。

一套符合企业发展和运作规律的产品化项目管理流程是企业的长青之本。一方面，完善的流程能够让企业中各个单位的工作达到最佳的平衡点，实现高效的价值交付；另一方面，项目执行的流程不是一成不变的，而是一个需要持续改进和优化的过程，流程不能限制团队成员发挥创造性。

不只是建一所平房需要项目经理这样的角色，现代大型产品化项目的执行过程离不开各学科领域的人才，更离不开能够科学地协调、统筹各种资源并与团队共同制定高效决策的管理人才。在复杂的大型项目中，每一个子任务或子项目都需要由专职的项目管理人员确保执行结果能够满足产品要求。在日益复杂的项目开发过程中，项目管理这门学科不断地演进和完善，以便更好地为项目开发服务。

分享：我曾就职于多家世界五百强科技企业，在实际的项目开发实践中，我深刻地认识到这些企业持续创新并领先市场和行业的核心秘诀之一，就是建立了一套适合自己的产品化项目管理流程，在相同的资源投入下获得高于行业平均水平的各种效益产出，从而实现企业规模和业务的持续扩张、收益的不断增加和高效的价值交付。这些企业通过对实际项目积累的经验进行不断的分析、总结、流程化和归档处理，减小了在项目执行的过程中由人员流动、项目预算不足、项目临时变更和项目执行风险等给企业带来的冲击，对内外风险进行了良好的管控。

在实际的项目执行过程中，流程不但要文档化，而且要得到贯彻执行，还要随着管理的不断优化和技术的不断发展持续改进，这样才能充分发挥其巨大威力。本书特别冠以“产品化”之名的目的，也是强调从交付真实产品的实战角度写作本书，而不是科学探索研究或论文论述的角度。不过，这不意味着本书对理论领域没有参考价值，恰恰相反，本书陈述的内容是很多科学研究最终实现产品化和价值交付的关键。

本章小结

① 现代社会技术分工日益复杂、产品交付周期日益缩短，越来越需要“项目经理”这一角色提升团队的整体执行和沟通效率。

② 产品化项目管理的最终目的是高效地为客户创造价值。

③ 产品化项目管理需要科学的步骤和方法。

④ 优秀企业往往有一套适合自己的产品化项目管理流程，从而获得高于行业平均水平的效益产出。

⑤ 产品化项目管理过程不但要有流程，而且要得到贯彻执行并持续优化。

第 2 章

产品化项目管理的执行者

2.1 人人都在管理项目

在复杂产品的设计开发过程中，每一个参与设计开发的成员都承担了管理项目的工作，即人人都是项目管理者。主要原因是现代技术领域的细化和分工使单个专家很难掌握项目开发所需的所有专业领域的知识和技能，需要由掌握不同专业技能的专家自行对相应专业任务的执行进行管理，并对其所在专业技术领域的执行过程和最终输出结果负责。

在实际的项目执行过程中，各个专业领域的专家从自身擅长的专业角度出发，对其负责的任务进行有效管理，如果特定专业领域的部分项目工作需要通过外包方执行，那么同样需要团队中代表相应领域的专业人员对外包方交付的结果做出专业的判断，并且将其作为开发团队进行风险分析和判断交付结果质量的依据。从具体的专业角度来讲，每个人都在对自己负责的专业方向进行着一定程度的项目管理工作，也就是专业的事由专业的人管理，项目开发团队中的项目经理更倾向于从整体角度管理项目，而不仅是在某一个特定的专业技术领域进行管理。领域专家和项目经理的管理职责如图 2.1 所示。

项目经理的管理工作范围通常涵盖从提出需求到产品化批量生产的整个产品开发阶段，项目管理工作涉及确认需求、制订计划、调配资源，各种项目信息的汇总、分析、判断、决策，与内外部团队成员沟通，以及向管理层呈现和汇报项目状态等。从事这类项目管理工作的人员就是项目经理，项目经理要对所设计产品的技术有一定程度的了解，以便高效地带领团队交付符合客户期望的产品，不过这不意味着其可以代替团队中的专业成员对各自负责专业进行项目管理的作用和影响力。

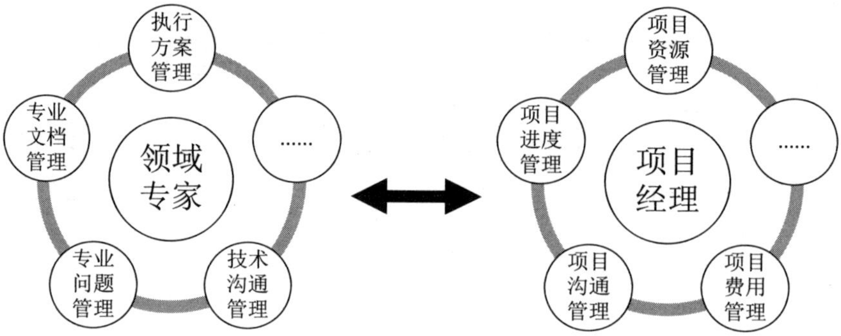

图 2.1 领域专家和项目经理的管理职责

不同公司由于组织架构、产品类型和开发性质不同，会有不同的专业研发方向和职位定义，本书中“产品化项目管理团队”的定义是对产品开发的整个过程负责的团队成员，包括专职的项目资源协调者或集技术管理和资源协调者于一身的项目经理。从产品化项目管理的角度来看，不同的公司或组织内部有不同的分工和职责定位，如果项目复杂且风险度较高，那么项目管理可以分为负责整个项目进度和资源统筹的项目经理，以及负责项目中具体技术方向的系统工程师或产品架构师，当然也有合二为一的情况，那样相关的专业技术管理会落实到具体功能部门的部门经理身上。本书将产品化项目管理过程中的项目负责人称为“项目经理”，其应该具备更全面的项目管理知识和技能，从而达到带领团队实现项目目标、成功交付产品的职位要求。

示例： 项目管理专业人士（Project Management Professional，PMP）的来源大致有以下两个方向。

① 特定项目管理职位的定向培养，也就是在校专门学习与管理相关的专业，毕业后直接从事项目管理方面的工作并在工作中通过实践锻炼成为项目管理专业人士，娴熟的理论、丰富的项目实践，以及对专业常识的了解和学习，让其能够很快上手执行项目。

② 早期从事特定的专业技术工作，后来发现自己比较擅长项目管理这种需要与内外部各类人员沟通并了解多学科知识的工作，从而转向这个职业发展方向的人士。

凡事没有绝对，只要对项目管理感兴趣并善于沟通和决策、对新技术感兴趣并乐于不断地学习和钻研，就有机会成为一名优秀的项目经理，我曾在过往的项目合作中遇见过许多从其他专业方向转入项目管理领域的优秀项目经理。

以上是项目经理的从业之路，无论是怎样踏入这个行业的，最终目的都是与团队一起完成挑战，交付能够服务客户的各种产品，从而创造价值并获得成就感。

2.2　项目管理所需知识和技能

从项目管理职业实践的需求来看，要想成为一名优秀的项目经理，需要在以下几个方面加强学习和训练，从而在实际的项目管理过程中更加游刃有余地应对各种可能遇到的问题和挑战。当然，团队中的其他成员也应该学习并掌握一定的项目管理知识和技巧，以便对自己负责的专业领域进行良好的管理。

图 2.2 所示为项目经理应当学习并掌握的能力，这些能力不但可以提高沟通和决策水平，而且可以让项目管理更加高效。下面我会对各种能力进行简单的说明，供读者参考。

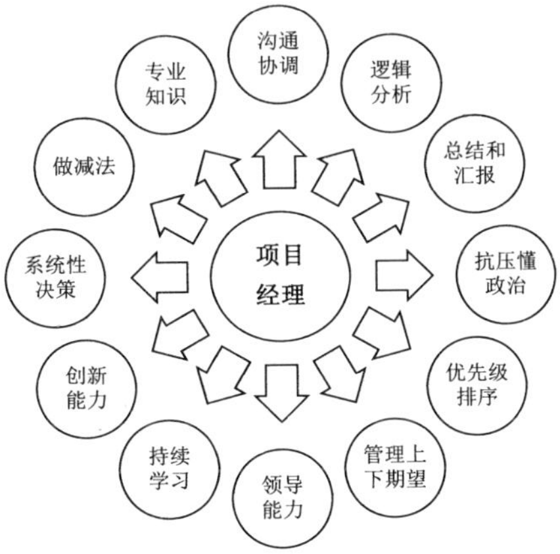

图 2.2　项目经理应当学习并掌握的能力

1．沟通协调能力

在项目执行的过程中，项目经理大部分的工作时间会用在与内外部团队进行沟通和协调上，要想获得项目的最新进展或从团队中获取有效的项目信息，需要与各种级别、年龄段和沟通风格的人打交道，根据具体情况进行资源的协调。不擅长沟通的人很难从内外部团队中及时获取有用的信息，而善于利用有效的信息高效协调资源的人会知道应该怎样合理地分配各种资源并推动项目前进。良好的沟通协调能力是成为项目经理的基本条件。

2．逻辑分析能力

较强的逻辑分析能力是高效谈判、沟通和解决问题的必备能力之一，特别是在项目中涉及多个部门共同执行任务且彼此有前后、依赖关系的情况下，或者在分析产品测试缺陷的时候，往往需要项目经理通过较强的逻辑分析能力区分彼此之间的关系，进而与团队一起找到解决问题的关键点。

3．总结和汇报能力

在各种项目信息汇总过来之后，项目经理需要组织团队判断哪些信息是有效的、哪些信息是无效的，把专业的工程语言和具体的问题通过简练的文字表述出来，让团队和管理层快速了解问题详情、问题的影响是什么、针对特定问题当前的解决方案和应对措施是什么，以及如果需要管理层提供帮助，那么需要什么样的帮助等。制作简练而明确的报告是一种需要项目经理持续修炼的能力。

4．抗压懂政治能力

在大型项目中，涉及的专业多、方向多、内外部人员多，各种组织和部门关注的关键绩效目标也可能不同，项目经理会随时收到从各个专业方向汇报过来的各种问题，需要针对这些问题及时组织团队进行响应和处理。除了项目进度方面的压力，还有沟通项目人员和协调资源等压力，在整个项目周期内，项目经理会承受巨大的工作和精神压力。如何应对需要及时处理多项任务的紧张压力并解决具体的项目问题？这需要项目经理的内心强大而坚定，懂得化解各种压力，并想办法将其转换为正向、积极的力量帮助自己处理难题。良好的心态也是项目经理需要具备并持续修炼的能力，这无论是在工作中还是在生活中都是非常有帮助的。

除了具体事务的压力，在实际的项目执行过程中还有来自非具体事务的政治问题和相应的处理压力，它们也决定了项目能否按时交付并最终获得成功。这要求项目经理了解一家公司或组织独特的文化氛围和行事方式，想办法达成其内部各种利益关系群体之间的共识，还要灵活运用各种因素以实现项目目标，有时对个别事件的处理不能从绝对的对错和有利无利考虑，可能满足某些关键关系人、组织或文化层面的需求就能获取重要资源，从而实现项目目标。

5. 优先级排序能力

在项目执行的过程中，特别是进入到测试验证阶段，可能会在短时间内暴露出产品设计或质量方面的各种缺陷和复杂问题。在时间和项目资源有限的条件下，项目经理要对问题的轻重缓急做出优先级排序，优先解决重要且紧急的问题，确保实现保质保量、按时交付的项目目标，而不是消耗大量资源处理看似紧急实则不重要的事情，成为被动处理各种事情的盲从执行者，导致资源浪费、项目交付推迟甚至失败。

6. 管理上下期望能力

管理上下期望可分为向上管理期望和向下管理期望。项目经理要学会向上管理领导的期望，既要满足管理层对执行层达成项目目标的期望，又要让管理层理解团队需要达成的目标属于什么样的性质。项目经理应思考如何达成目标甚至超过领导的期望，超过的部分可以体现在什么地方，以便为团队争取更好的绩效考核结果或积累有价值的收获和经验教训，而不应承诺不能达成的项目目标或交付结果。

向下管理期望指的是项目经理对团队达成项目目标和期望的设定，既不能要求过高也不能降低标准，这样可以让团队的输出保持在一个稳定而高效的区间，不会因为突发的项目变更导致整个团队的节奏混乱，或者成员交付的结果与项目经理期望的结果之间出现巨大的偏差。

7. 领导能力

领导能力指的是能够带领团队“打硬仗”的能力，也可以说是感染力。项目经理应该以身作则，不但要有感染团队成员的能力，而且要有感染老板或更高层领导的能力，让老板认可团队在遇到问题或挑战成功过程中的表现，认可团队交付结果的价值，增加团队在其心目中的分量，这也意味着获取更多有效资源的能力。

团队需要一个意志坚强的领头人，需要一个具备杀伐决断的魄力、能够在关键时刻解决问题并承担一定风险的项目经理，而不是一个在出现问题的时候先乱了阵脚的人。项目经理应该是最积极主动地推动项目前进的人，不过也不用事必躬亲，要懂得让专业的人做专业的事情，学会带领团队作战而不是个人英雄主义。有些项目经理可能有很强的专业背景，但是这不意味着他们要做本应属于专业工程师的事情，项目经理应该站在项目管理的角度看待、分析问题并带领团队解决问题，这才是最大的价值。领导能力是善于高效组织并充分利用团队合作的能力，项目经理应学会调兵遣将、组织协调、知人善任、人尽其才。

8．持续学习能力

产品开发的技术领域一直是一个迅速迭代和更新发展的领域，旧技术会不断地被新技术取代。项目经理要始终保持一种“空杯”的求知心态，不断拓宽自己的知识领域和产品视野，在与产品相关的专业领域不断深化，对自己不擅长的专业领域知识也要有一定程度的了解。

项目经理要修炼快速了解一门专业学科基本常识的能力，以便在与工程师的沟通中了解对方陈述内容的关键点，掌握快速检索新知识的能力，以便及时找到对自己有价值的资料，这在采用新技术进行新产品开发的项目中会起到非常重要的作用。掌握更多的知识或能够尽快搜索到有效的信息，会让项目经理在管理项目的过程中更高效地沟通，并且协助团队解决可能面临的各种问题。项目经理可以从同事、合作伙伴、竞争对手、参考文献、产品资料和项目执行的过程中不断学习，制定终身学习的目标。

9．创新能力

在高速发展的信息社会，成功的秘诀就是紧跟时代、快而准地发展。如何才能快起来？或者比竞争对手更快？这需要不断创新，不断从新的知识、解决方法和思维方式的角度处理项目开发过程中遇到的各种问题。

分享： 以下是项目经理需要不断修炼和加强的创新能力。

① 项目经理不能只做一件事情的传声筒，要有自己的想法并提出创新的解决方案。有些人觉得项目管理人员只要把项目状态收集起来报告给老板，或者按照安排好的项目计划每天追在工程师后面要结果就可以了。如果真的是这样，那么不需要项目经理同样可以完成项目，只做一个传声筒或按部就班执行计划的项目经理在项目中是没有价值的，没有价值就没有存在的必要。这就是为什么项目经理必须要创新、要为团队创造价值、要能帮助团队拧成一股绳，从而在各种信息中找出有价值的解决方案。

② 项目经理要敢于承担风险，勇于尝试新的方法和手段来解决在实际项目中遇到的各种问题。办法总比困难多，在项目遇到困难、团队成员因为各种风险犹豫不前的时候，项目经理要与团队一起对各种信息进行风险分析并制定方案，敢于做出决断，带领团队大胆尝试，这样往往会得到更好的结果。带领团队执行项目的过程，其实就是面对未知事物，通过团队在各个方面积极主动地行动从而获得大概率成功结果的过程。

③ 项目经理需要具备快速了解新领域的知识并与团队将其应用于项目实践的能力，以及快速掌握新的技术、方法、手段和各种产品形态的能力，不断在流程和方法上进行创新，只有这样才不会被快速发展的社会淘汰。

10．系统性决策能力

项目经理是整个项目的负责人，需要从项目整体的角度客观地看待和处理相关问题，从系统的角度分析什么样的决策对大局有利、对项目最终的交付结果有利，就按照什么方向前进，而不是纠结眼前利益的得失。在遇到具体问题的时候，项目经理要从宏观的角度考虑付出什么样的代价、获得什么样的整体回报等。

做出系统性决策的方法是从项目目标和整体风险的角度出发，与团队合作，不断激发团队的创造力，利用团队的力量，对具体问题从多个专业和标准流程的角度入手制定决策，从而降低各种风险。

11．做减法能力

当今社会信息泛滥，各种各样的信息如同爆炸一样从各个角度冲击着人们的认知。如何在工作和生活中高效处理碎片信息，进而从中获取真正有价值、有帮助的信息？这需要项目经理具备做减法的能力。在项目中，过多的无效信息反而会使分析问题的方向产生偏差，造成宝贵资源和时间的浪费，此时项目经理需要过滤对处理问题没有价值的信息，排除无关信息的干扰，保留有效信息，从而更快地抓住问题的关键。

执行的关键是辨别出在收集的所有信息中，哪些是对项目执行有益的信息、哪些是有害的噪音和干扰、哪些是既不会产生帮助也不会产生损害的内容。在排除了不必要的信息后，项目经理就可以利用有限的精力和项目资源处理关键问题了，不过还是要对所有信息进行记录和存档，并在必要的时候进行筛选和核查，以免遗漏不必要的关键信息。

12. 专业知识能力

很难想象一个对所开发的产品没有任何了解的项目经理，应该如何管理产品开发、抓住项目重点并带领项目团队朝着正确的方向前进。项目经理需要具备一定的专业知识，这样才能保证高效的沟通和大方向的正确性，即使这些专业知识是通过后天的不断学习积累的，也会对项目的开发和管理产生巨大的推动作用，对管理一个由各种专业人士构成的团队也是大有裨益的。

项目经理可以在时间允许的条件下学习一些先进的项目管理专业知识或考取相关证书，这样无论是对项目还是对未来的职业生涯都是很有帮助的。

总之，产品化项目管理既是一份很有挑战性的工作，也是一份与团队成员通过不懈努力共同取得成功后收获许多成就感的工作，还是一份需要不断学习、探索、总结和反思的工作。对于项目经理来说，具体需要什么能力或什么能力最重要，我想没有比实践更能让人清楚自己需要加强哪些方面的方法了。实践是最好的老师，它能告诉我们什么是对的、需要保持和增强，什么是错的、需要改进和修正。

2.3 项目经理的时间管理

管理学大师彼得·德鲁克说过“不能管理时间，便什么也不能管理”[1]，可见时间管理的重要性。作为项目经理，除了管理项目进度和各种事项，还要做好时间管理，这样才能圆满而高效地完成项目任务。时间管理适用于项目开发团队中的所有成员，对其他工作和生活也有益处。

> **分享：** 时间的特点如下。
>
> ① 时间无法因为人的主观意志而增加或减少。
>
> ② 时间无法像水一样储存，而是一直在流逝。
>
> ③ 时间无法被其他任何事物代替。
>
> ④ 时间无法倒流或挽回。

1. 个人时间管理

每个人一天的时间都是 24 小时，不会增加也不会减少，并且每个人的生命都是有上限的，长寿者也不过百年的寿命，如何管理好“时间”这种有限的资源是每个人都需要面对的问题。

2. 实际项目中可能出现的状况

在项目开发阶段，项目经理几乎每天都会被工作或生活中、计划内或计划外的各种状况围绕，有些状况是与技术相关的、有些状况是与管理相关的、有些状况是与沟通相关的，还有些状况会受到不相干事件的被动干扰，项目经理需要准备各种呈现项目状态的周报、月报、重要问题每日更新报告等，情况非常复杂。

项目经理在执行计划任务的过程中，有时会被突发事件打断，在这些事件中，有些是表面看似不重要实则真正蕴含潜在风险的事件，需要团队仔细识别；还有些时候，某些信息只有通过项目经理才能传递。如果在同一时间段内发生多起看似紧急的事件，那么很容易使项目经理为应对它们而手忙脚乱，进而造成项目管理的混乱。所以项目经理需要运用一些手段应对短期、紧急的工作，同时留出精力处理长远、重要的工作。

> **分享：** 针对实际项目中可能出现的状况，我的时间和精力分配方式如下。
>
> ① 随身带一个工作记事本，每天早上把当天需要完成的任务或事件列出来，须知“好记性不如烂笔头”的道理。
>
> ② 在列出需要执行的工作任务后，先按照轻重缓急进行优先级排序，再计划具体的执行步骤。如果发生意外事件或突发状况，或者没有完成某些任务，

也要记录下来，把所有事情整理为一个清单，每完成一件事情就在对应条目前打钩。

③ 每天早上翻阅前一天的清单，看看哪些没有完成的事情可以放在今天完成，重复执行上述步骤。

以上是在复杂状况下避免遗漏事件的有效手段，条目的数量和复杂度可以根据具体事件确定，一般通过一行简单的文字记录就可以制订一个具体任务的执行计划。

在项目开发的过程中，项目经理可以每周更新项目进度，查看实际进度与项目计划之间的差距，以及到某个项目节点的时候需要完成什么工作。实际操作和外部世界处于不断的运动变化之中，对已经计划好的事情也要不断做出调整，以便实现新的目标。在面对各种事件的时候，项目经理应该表现出对事件的决断和对项目正确发展方向的把握，要有对各种事件进行分级处理的能力，将与本职不相关的工作分配给相应的专业人员。

3．善于运用“重要紧急四象限”进行时间管理

如上文所述，时间管理的前提是首先对需要完成的所有事件了如指掌，然后根据事件的重要性和紧急程度进行排序，这样才能清晰地把握需要完成的核心事件，从而让投入的时间在项目中获得最大的收益。重要紧急四象限如图 2.3 所示。

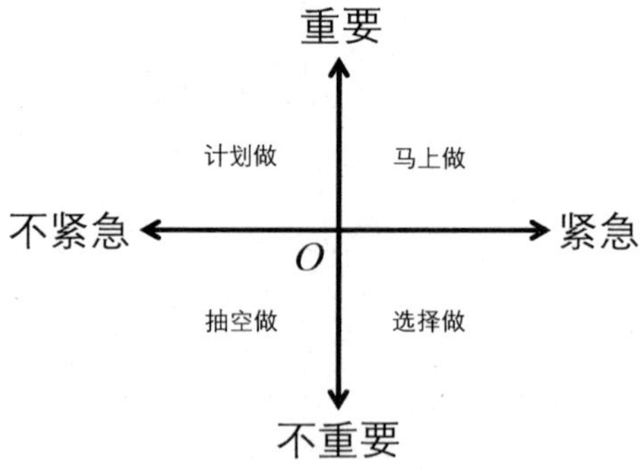

图 2.3　重要紧急四象限

4．职责分明，学会拒绝

有些项目经理或项目管理新手，特别是刚刚从某一专业的专家转变为项目经

理这一角色的人，可能会觉得有些事情自己冲上去解决是最快的，认为靠自己就能完成那些看似简单的事情，并且很有成就感。其实这是在浪费公司的资源和自己的时间，要么是项目经理的工作不够饱和，要么是把不应该做的事情做成了让大家认为就是项目经理应该做的事情。项目经理最大的价值是领导团队、协调资源，使项目收益最大化，而不是花费时间处理与本职工作不相干的事情，长此以往，会导致个人的时间被那些繁杂的事情占用，反而是对公司的不负责任。项目经理要懂得把事情分配给正确的人并在合适的时间得到想要的结果。

学会拒绝不是毫无理由地蛮横回绝，而是就事论事、有理有据地拒绝，是基于自己的职责、时间和精力进行思考后的理性回复。对于产品化管理者来讲，能够把开发执行的具体任务完成得最好的还是团队的专业成员，要合理利用宝贵的时间处理最重要的事情，让团队的整体发挥更高效、交付的结果更能满足客户需求，这才是项目经理应该花费时间和精力处理的有价值的事情。

5．多项目执行的时间管理方法

如果同时负责多个项目或支持多个外部客户，那么项目经理的大部分时间会被各种线上或线下的、正式或非正式的沟通占用，手头的事情随时有可能被各种沟通需求打断。应该如何应对多项目、多客户的情况呢？图 2.4 所示为多项目执行的时间管理方法。

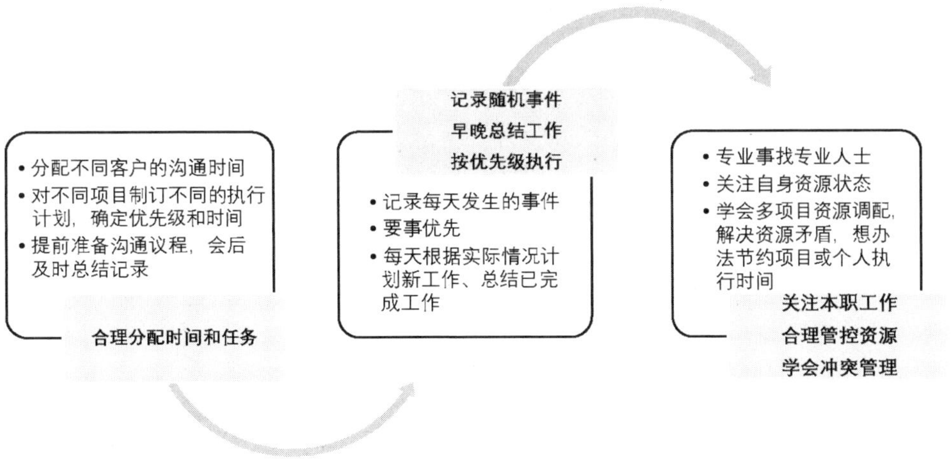

图 2.4　多项目执行的时间管理方法

分享：我曾经在同一时间段内支持过近两位数的外部客户，相关经验如下，供读者参考。

① 分配不同客户周会沟通的时间，提前做好各项准备工作并留出时间完成会后的总结报告。

② 在早晚两个时间段，分别抽出几分钟对当天计划的任务和执行的结果进行总结回顾，这样即使计划被打断，也能知道哪些任务没有执行或后续需要优先处理。

③ 有了新的消息，可以回复的马上回复并保留记录，如通过邮件回复进行确认，或者记录下来过后处理。

④ 对于不重要的问题可以记录下来，在方便的时间处理。

⑤ 对于非本职工作要懂得拒绝，非本专业问题应分配给合适的专家处理。

⑥ 如果工作任务饱和，那么项目经理要及时向管理层汇报并申请新资源，或者将一部分不重要的任务分配给其他相关人员，不要因无法及时处理项目任务而造成损失。

⑦ 学会冲突管理，多项目执行很可能发生时间等资源冲突的情况，项目经理要妥善处理各种冲突情况，如果发现处理问题所需资源超出个人授权或职责范围，应该及时上报。

6. 多项目执行的任务分配

多项目执行的本质，同样是时间和资源的协调分配、重要事件的优先级排序处理，以及充分的团队信任和授权。在通常情况下，项目经理主要关注重要、紧急且影响深远的事件，其他事件只要及时了解状态并授权团队中有关方面的专家解决即可。

如果项目执行偏离了计划且需要由项目经理进行相关资源的协调，那么这些事件就是工作中的重点，特别是帮助执行具体工作任务的专家获取所需的内外部资源，简单来讲就是“抓大放小”，学会适当授权，监督项目的发展情况，合理地计划处理各种事件的优先级顺序，如果发现责任人无法解决相关问题，就要及时借助合适的资源（如老板或更资深的专家）来解决。

分享： 在管理多个项目的过程中，除非进行项目集管理，否则项目经理关注的应该是多个项目的顶层进展，而不是具体的项目细节和执行过程。项目经理需要仔细评估同时支撑多个复杂项目开发管理的任务分配方式，这对项目经理的要求比较高，既要顾及项目开发本身的方方面面，又要顾及多个项目之间各种资源和进度的协调，着实不是一件新手或初级管理者能够应对的事情。因此在执行多项目或多任务的时候，公司应在早期评估项目经理有没有足够的时间和能力进行精细化管理，如果没有，那么应尽量让项目经理的精力集中在某一个特定项目上。

7. 时间管理概要

项目开发时间是一种有限的资源，在项目需求中有明确的交付时间点，这也是项目执行的关键考核指标之一。时间在项目开发的过程中是一种稀缺的资源，项目经理的时间管理高效与否直接影响着项目的进度和质量。

要想在项目执行的过程中管理好时间资源、让执行过程更加高效，以上实践分享和经验总结或许会对读者有一些帮助，简单来讲就是记录、计划、优先级排序、适时调整，完成项目经理职位规定的且最能对项目产生价值的工作。

本章小结

① 每一个参与产品开发的团队成员都在管理项目，都是项目管理者，也都需要学习一些项目管理的流程和知识，从而提高项目执行的效率。

② 项目经理和团队成员需要制定终身学习新知识的目标。

③ 项目经理要学会时间管理。

④ 多项目执行管理方法的关键是时间和资源的合理协调和分配。

⑤ 项目经理提高工作效率的小技巧：记录、计划工作并按照优先级有序执行，根据实际情况适时调整、更新。

第 3 章

产品化项目管理的阶段性和特点

产品在从收集需求到批量生产、上市这段时间内经历的开发过程就是产品化的执行过程。在这个过程中，不同的公司和产品类型需要执行的开发步骤、开发时涉及的细节和专业门类有所不同，不过在大框架的划分上有一些共通之处。从上文建一所平房的项目阶段划分和每一个阶段具体执行的子阶段任务中可以看出，在完成项目任务时划分各个阶段给项目执行带来的好处，以及这个例子在其他项目中可以借鉴的共通之处。

总的来看，不同行业对产品化项目管理的阶段划分稍有不同，不过大致相似，在逻辑设计上基本是通用且可以相互参考的，因此本书从一个共通的方向对产品化项目管理过程中的阶段进行划分，并在下文中按照这种划分方法一一细化。本书不特指开发某一款产品，而是通过介绍和说明这种共通的开发管理过程，让读者清楚地了解这一过程的共性，并提供一种可以作为指导和借鉴的划分方法。

产品化项目管理阶段划分的目的和意义如下。

① 科学而合理地划分项目阶段，确保团队在正确的阶段做正确的事情。

② 集中精力执行每个阶段的重点任务，提高项目执行的效率，加快产品上市的速度。

③ 改善资源分配、加快项目进度、降低研发费用、优化投入产出比。

④ 将先进的项目管理方法和手段应用于各个阶段，实现降本增效。

⑤ 让产品开发管理过程可度量且持续优化。

3.1 产品化项目管理的阶段划分

为了让读者更方便地理解产品化项目管理的阶段划分，并且将这种方法应用于更多的产品化项目领域，本书会提供一种共通的产品化项目管理阶段划分方法。读者可以基于这种划分方法，针对不同的产品开发特性或研发设计场景，根据实际情况进行相应的调整，不过整体流程仍然可以涵盖在本书划分的三大阶段之内，每个大的阶段可以根据实际需要细分为几个关键的子阶段，读者可以适当增减细分的关键子阶段，从而满足自身项目管理的需要。

本书将产品化项目管理划分为三大阶段的目的是贯彻多种产品开发理念。

理念一：从项目管理理念的角度出发，将传统的五个过程组[2]分为三大阶段，分别是启动和规划、执行和收尾、对项目全程进行监控，按照三大阶段执行项目，更重视最终价值的交付。

理念二：从三个设计角度出发，分为设计思考、任务计划、具体执行。

理念三：从三个做事角度出发，分为做正确的事、正确地做事、把正确的事情做大。

也可以从时间角度理解项目管理过程的划分理念，本书把整个项目分为以下三个阶段。

前期：立项阶段，前期关注产品化方向的正确性和计划的完备性。

中期：工程设计和验证阶段，中期关注产品化执行的准确性。

后期：生产交付和运维阶段，后期关注产品化上市、上量生产的实现过程。

图 3.1 所示为产品化项目管理的阶段划分。本书将产品化项目管理划分为三大阶段和对应的八个关键子阶段，并对其划分依据、流程执行的内容和步骤进行了详细的描述，方便读者从整体角度理解产品从开始的确认需求到最后的交付、维护过程的划分和需要注意的关键事项。下文会对每一个子阶段的意义、执行过程和执行方法等进行详细的说明。

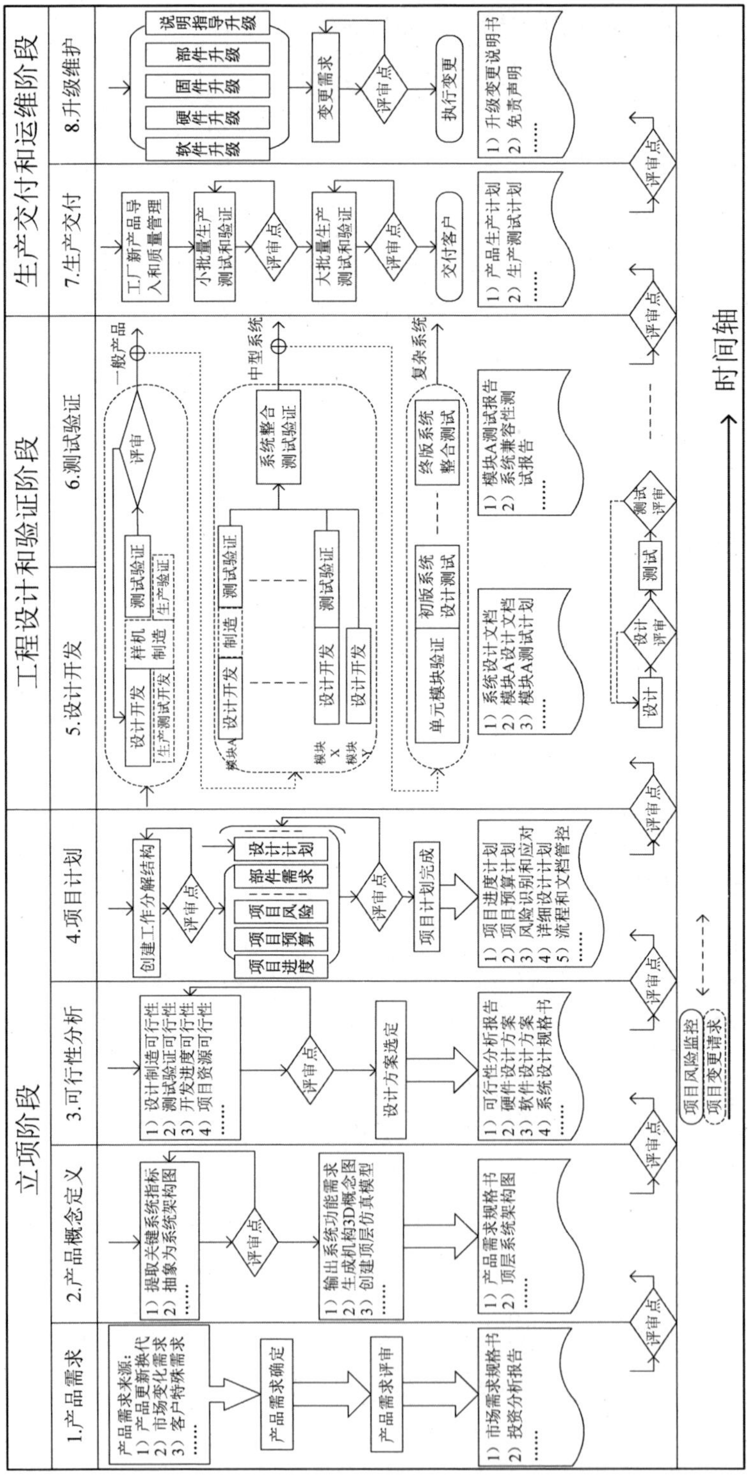

图 3.1 产品化项目管理的阶段划分

图 3.1 呈现了一个项目从开始提出需求到最后实现产品化的过程，从中可以看出，在项目执行过程的每个子阶段之间都设定了评审点，也定义了退出和准入的判断条件和评审标准，定义这些条件和标准是为了确保上一个阶段需要执行的任务已经完成或获得了风险可控的结论，从而让项目顺利进入下一个执行阶段，这就是项目管理过程中非常重要的阶段节点的评审机制。通过图 3.1 还可以看到，对项目风险监控和项目变更请求的管理贯穿整个项目执行的始终，它们也是在项目执行过程中需要重点关注的部分，我会在下文中进行详细的介绍和说明。

接下来将对每个大阶段及其子阶段的含义进行简要的介绍。

1. 立项阶段

这个阶段的主要工作活动包括项目前期市场需求的收集和评估、立项商业评估、产品设计概念定义、产品设计可行性分析、详细的项目执行计划和阶段退出评审的设计等。在这个阶段，如果市场对产品的需求有所变化，导致商机消失、当前技术条件无法满足技术评估关键指标、项目计划超出预算或上市时间无法满足市场需求，那么在真正投入大量的人力和材料费用进入下一阶段之前，可以确保公司的投入是有限且可控的，因为这个阶段的工作主要集中在项目计划和有限的人力资源投入上，前后端团队有机会了解和积累当前的市场需求、技术变化和技术发展趋势，评估过程中对知识和经验的积累和储备也可以应用到未来或相关的项目中。

立项阶段的主要任务是前端市场调查、技术可行性分析、估算最终方案的时间和投入产出比是否满足立项的要求等。

立项阶段包含四个子阶段，各自的主要内容和关注重点如表 3.1 所示。

表 3.1　立项阶段子阶段的主要内容和关注重点

子阶段名称	主要内容和关注重点
产品需求	收集市场、客户、产品规划或法律法规等团队的需求，完成需求分析、商业评估和分析、项目范围确定、输出市场需求规格书等工作
产品概念定义	根据需求定义产品的顶层设计、范围、功能、特性和架构框图等，输出产品需求规格书或 3D 概念图等文档
可行性分析	根据市场需求规格书和概念定义文档评估现有技术或方法能否满足产品需求和开发进度、开发预算等要求

续表

子阶段名称	主要内容和关注重点
项目计划	在完成可行性分析后，根据产品需求、概念定义文档将工作分解为可执行的最小单位并评估执行所需的工作量，敲定项目所需人力、资源和开发周期的详细方案，制订具体的项目执行计划

在项目前期的需求确认和计划阶段，主要的工作是确保团队真正理解客户需求、项目的计划周期从执行的角度来看是合理的、内外部团队对产品需求的认知是一致的，更重要的是确保项目从市场和商业的角度来看能够产生合理的收益。

2．工程设计和验证阶段

进入工程设计和验证阶段意味着项目按照计划开始了实际的工作，项目研发的大部分费用将在这个阶段产生，它包含设计开发和测试验证两个子阶段，所有的开发团队都会在这个阶段参与到项目的工程设计开发和产品测试验证的工作中。在工程设计和验证阶段，产品开发团队根据顶层系统架构图、可视的 3D 模型和产品需求规格书等文档设计出真正可以批量生产的产品，这个阶段中的项目执行和验证结果直接决定着项目最终的交付结果，也最考验项目经理的管理能力。

工程设计和验证阶段包含两个子阶段，各自的主要内容和关注重点如表 3.2 所示。

表 3.2　工程设计和验证阶段子阶段的主要内容和关注重点

子阶段名称	主要内容和关注重点
设计开发	整机系统、机构、硬件、软件和固件代码等单元模块的设计和开发
测试验证	产品单元模块测试、功能测试和验证、系统整合测试等与产品验证相关的工作

工程设计和验证阶段的主要工作是确保产品在设计开发和测试验证后能够满足市场需求，包括设计方面的功能和质量需求，以及产品的各项性能指标能够满足产品计划的需求，同时将开发进度和预算控制在合理的范围内，确保产品最终批量生产、上市的时间。

3．生产交付和运维阶段

对于生产交付和运维阶段，不同类型的产品有着不同的子阶段定义，如软件类产品没有工厂生产阶段，但是会有交付客户测试和后续的运维阶段。

生产阶段的重点包括已经通过工程设计和验证阶段的产品需要在工厂的大批量生产过程中做哪些准备、可能会遇到什么问题、如何在工厂的生产环境中解决与产品或生产制造相关的各种潜在问题。

在生产交付和运维阶段，项目经理还要考虑如果是在全球多个地区交付的产品，那么还需要做什么样的计划准备、备件如何处理、如何满足不同地区的生产和交付要求、需要向客户和现场人员提供什么样的文档和技术支持才能实现产品交付，以及市场宣传、销售和技术培训等工作需要做哪些准备等。

生产交付和运维阶段包含两个子阶段，各自的主要内容和关注重点如表 3.3 所示。

表 3.3　生产交付和运维阶段子阶段的主要内容和关注重点

子阶段名称	主要内容和关注重点
生产交付	与工厂生产相关的事项，包括生产前期的可行性评估、生产质量目标的设定、生产流程设计、测试程序和测试治具的早期识别和开发、小批量生产测试和验证、大批量生产测试和验证、产品的运输和交付过程等
升级维护	基于产品后期和量产化的需求变更对各种软硬件进行升级和维护处理

生产交付和运维阶段的主要工作是实现产品低成本、高效率、大批量生产，这是产品化项目管理的最后一个重点，既突出了“产品化”体现在产品被研发出来后可以实现大批量的生产和部署上，通过产品的批量生产创造更多的价值，又确保了整个项目管理过程的关注重点不仅是达到产品的各种功能和性能参数指标，还要实现批量化生产产品的目标。从项目执行的角度来看，产品批量化研发设计和生产阶段的原型机对技术可行性的要求更高、实现起来的难度更大，也更考验设计开发和生产制造团队的生产开发能力和项目后期的管理能力。

3.2　产品化项目管理的阶段重点

在产品化项目管理的不同阶段，项目经理和执行项目任务的团队需要关注的重点有所不同，下面对不同阶段需要关注的重点分别进行简要介绍。

1. 立项阶段：将精力集中在做正确的事上

在这个阶段，项目经理有机会与前端的客户、市场部门和产品规划部门等需求方接触，从而了解产品在公司产品项目集中的位置和客户对产品的规划、需求。项目经理要与团队的产品、架构和技术等核心人员紧密合作，与客户进行深入的沟通，深刻理解客户真正想要的是什么，从而针对其核心需求进行有效的产品概念定义、可行性分析和风险评估，完成制订计划、输出商业评估报告和计算投入产出比等工作。

如果没有抓住客户的核心需求、没有制订良好的设计和执行计划，那么即使设计出了产品，对于客户或产品的潜在需求方来讲也是一个没有价值的产品，并且不会为公司带来任何价值。在立项阶段，项目经理的工作是确保团队与客户达成一致，设计客户需要的产品，这个阶段的输出结果决定着项目的方向，只有做正确的事才能为客户和公司创造价值。

立项阶段评审的关注要点如表 3.4 所示。

表 3.4　立项阶段评审的关注要点

评 审 条 件	关 注 要 点
是否能做	首先对产品需求和概念进行技术评审，也就是业务需求的评审；然后对立项阶段的需求分解和规格进行评审；最后是总体方案的评审，也就是对系统设计、架构设计和概要设计进行总体评审。立项阶段各项评审的完善性、计划的完整性和评审结果将对最终的产品交付产生重要的影响
是否有价值	对项目的执行、设计、方案、风险和市场需求进行整体的评审，对于项目的期望成本和期望收入，团队的各个职责方向能否满足最初的市场需求并达到最终的设计目的，即实现销售盈利、品牌建设或产品线种类搭配等，当然最重要的是实现公司的商业目标

立项阶段的主要工作是确定项目团队的执行方向和计划方案，这个阶段没有具体的工程设计工作和人力投入以外的其他资源投入，这也是为了满足这个阶段主要任务和阶段设计的要求，即确定产品开发方向并有效控制前期资源投入。

2．工程设计和验证阶段：将精力集中在正确地做事上

这个阶段的工作重点是把项目执行的计划贯彻到底，项目经理需要把控项目执行中的每一个关键环节，用科学、正确的方法完成每一项工作和任务，同时确保项目的执行和验证结果能够满足产品功能、特性和质量的要求。

这个阶段的输出结果要保证产品设计的各项参数和指标能够满足产品规格书的各项要求，同时满足项目预算和开发周期的要求。

从项目管理的角度来看，在这个阶段，整个项目开发的内外部团队要紧密地沟通和协作，高效而完整地执行项目计划，把该做的事情做好、做正确，技术沟通、资源协调、进度推进、费用管控、产品设计和测试问题管理等都是项目经理需要关注的重点。

项目开发团队要确保每一个单元模块的设计和测试结果都能满足技术评审的要求、设计方案能够达到设计需求的标准、测试计划能够覆盖必要的测试范围、设计开发时间和测试验证时间能够满足项目进度和项目预算的要求、产品设计质量能够达到产品概念定义的指标、产品风险应对计划和执行的时间点能够满足需要并切实消除风险，确保不会产生新的研发和测试风险。

分享：在工程设计和验证阶段，项目经理要根据产品的设计特点和技术复杂程度合理制订项目执行的计划，如果某个研发测试环节无法实现项目目标，或者为了降低项目风险需要多个产品开发和测试环节，应确保每一个环节的项目管理都能实现设计层面的充分验证和全面评审。

工程设计和验证阶段是项目的具体执行阶段，应按照计划交付满足客户需求的设计结果，需要较强的执行力，同时考验团队解决各种实际工程问题的能力，强调团队协作和充分发挥团队智慧。

3. 生产交付和运维阶段：将精力集中在做大事上

即使立项阶段、工程设计和验证阶段圆满地完成了任务，也只能说团队完成了“做出产品样品”这件事情，而能否满足工厂大批量、高质量生产的要求，能否高效地满足订单要求并将产品交付到客户的手中，能否快速处理各种运维和升级问题并持续降低客户的运营和使用成本，才是衡量产品成功与否的关键，也就是能否把完成一件小事上升为做好一件大事，带给客户优质的产品和服务。在项目的最后阶段要集中精力把事情做大，销售更多的产品，给公司带来更大的收益，因为产品只有被大批量地销售出去服务更多的客户才能真正发挥自身的价值，并给团队带来巨大的成就感。

项目经理在生产交付和运维阶段的关注要点如表 3.5 所示。

表 3.5　项目经理在生产交付和运维阶段的关注要点

关 注 要 点	主 要 内 容
产品生产要求，工厂资源状态	产品设计能否满足工厂批量生产的各项技术要求和指标，批量生产流程是否完整，批量生产所需的各种人力、设备和场地等资源的准备情况
产品质量目标	产品批量生产的质量目标，小批量产品生产质量和大批量产品生产质量问题的追踪和处理，工厂质量管理标准和各项流程是否齐备，试生产环节的执行效率是否已经达到最优水平，工厂测试发现的问题是否在大批量生产前得到解决或制定了有效的规避措施
生产测试条件	生产测试所需的各种系统流程和软件文档是否已经准备就绪，是否达到满足项目质量或客户需求的覆盖率，批量生产所需的测试流程、测试治具和测试设备等是否已经齐备
销售地区	当前产品能否满足海外工厂生产组装的要求，物流能否满足全球供货的要求，其他地区的生产配送还需要满足什么条件或执行什么步骤等
运维支持	产品运维处理是否已经在流程设计和资源层面满足了产品的售后质量和相关升级需求，产品的系统升级等变更流程的管理是否完善等

这个阶段的关注要点是从一开始就要充分考虑产品的可制造性设计（Design for Manufactory，DFM），并且确保产品能够满足批量设计和制造的要求，解决产品在工厂中大规模生产的相关问题。总之，提高制造效率、降低制造成本、保证制造过程中的产品质量，是产品满足市场需求、实现大批量生产和盈利的关键。

分享： 项目管理流程建设方法的总结如下。

① 所有团队都要参与到流程建设的过程中并执行已经建设好的各项流程。

② 项目执行过程需要团队决策，所有的决策都应该基于团队，而不是基于个人。不过，在某些节点无法做出合理的决策时，项目经理要具备风险决策能力，不能让项目停滞不前，没有最优的方案可以先执行次优的方案，并实时监控方案执行的状态和结果，再根据实际情况进行下一步的团队决策。在关键时刻，项目经理或技术负责人要有决断能力。

③ 构建并加强交叉团队之间的关系，树立为满足客户需求而努力的共同目标，提高不同团队之间的协作效率。

④ 形成追求成功的团队文化，创造为了同一个目标共同奋斗的团队氛围。

4．变更需求管理

“变更”可以从两个方面理解，一个是产品需求变更，另一个是产品化项目管理阶段流程变更。

1）产品需求变更

在产品开发的过程中，产品需求的变更可能会发生在项目的任何阶段，变更的原因是多方面的，变更造成的影响也有大有小。在项目管理的流程中，变更贯彻整个项目的始终，直到产品退市为止。项目经理要对产品需求阶段的变更进行合理管控、认真评估和严格评审，将经评估确认可行的变更及时导入项目并纳入流程管控，对不合理或不符合当前条件的变更应及时拒绝，确保项目最终的成功交付。关于项目变更管理的内容会在下文进行更为详细的介绍和说明。

2）产品化项目管理阶段流程变更

经实践验证的流程通常是固定不变的，而执行流程的人是灵活变通的。流程应为获得项目成功服务，如果既有流程无法满足当前项目开发的需要，不能解决当下面临的各种新情况和新问题，项目经理就不应纠结流程本身，而应从项目的本质出发解决遇到的问题，即站在公司利益和客户的立场，分析如何解决问题、执行流程才能高效地创造价值。

分享：在什么样的条件下可以修改既有流程？

如果要对经过实践验证的开发流程做出新的变更修改，那么可以将其看作一个新的项目，项目经理要先仔细调查既有流程存在的问题是什么、为什么不适用于当前的产品开发，再启动流程变更的工作。

因为既有流程的变更可能会影响某些专业领域工作任务的执行和推进，所以只有充分证明新流程或新方法比既有流程效率更高，从全局来看更能节约各种成本，切实解决了既有流程中存在的、大家在实践中公认的问题，并且在所有团队成员确认可行后，才可以提交流程变更的申请。

5．阶段评审点的设置

产品开发不是一蹴而就的，它的成功是由一个个具体项目活动的正确执行、取得期望的结果，以及一连串有前后顺序或同时执行的活动任务综合而成的，也就是说要想获得整个项目的成功，必须确保项目中每一项活动任务的成功。然而，项目活动的执行结果不能等到最后一刻才确认，因为那个时候所有的结果都已经产生，没有机会对不正确的结果进行修正，所以要从每一个可分解的活动的输出结果入手，对项目阶段或环节的输出结果进行评审和确认，确保每一项活动任务的执行都是正确的并得到了期望的结果。对整个产品交付结果的评审，只有在前期是按照阶段评审的方式进行的，最终产品交付评审阶段的结果才是可信的。

分享：在产品开发的流程中，每一个大的阶段和子阶段在正式宣布开始和结束之前都要进行阶段评审的确认活动，实际上，在每一个可交付的项目活动中都应该设置对交付结果的评审过程，有些评审过程设置为个别专业内部的自查评审点，有些评审过程根据项目关键里程碑的时间点进行团队评审。

在项目中，每一个阶段的进入和退出都应设置专门的评审点，确保上一个阶段的任务已经达到预定的目标和足以使项目继续进行的标准；同样，在下一个阶段开始前，应确认所有的准备工作都已经完成且输入的结果能够满足开始新阶段活动任务的所有要求。

对产品开发的阶段划分和阶段评审点的设置能够让整个开发过程连贯、可控，正确执行阶段性任务是保证最终结果成功的必要条件，可以降低项目整体的执行风险，同时确保交付产品的质量。

6. 项目开发流程监控

这里的“监控”不但是对项目执行过程的监控，而且包括对整个项目开发流程的全程监控。这样做的目的是根据项目阶段的执行结果和项目流程的效果反馈，评审项目开发流程是否满足产品开发的要求、评审点评审内容的设置是否充分且合理。不是只有产品需要进行不断的创新和优化，流程也是如此，如果流程跟不上产品开发的要求，就会变成为了执行流程而执行流程的形式主义，这样不但不能支持和促进产品的开发，反而会对产品的开发有害。项目经理需要对项目开发流程进行监控和评审，反思、确认当前的阶段划分、评审点设置和项目管理方式等能否满足项目开发的要求，不断提高项目管理的质量和效率，确保项目的顺利进行和最终成功。

3.3 产品化项目管理阶段划分与项目管理知识体系指南的关系

产品化项目管理阶段划分与项目管理知识体系指南的关系并不重复或冲突，应根据实际的产品化项目开发过程实现价值交付。产品化项目管理阶段划分既是一种基于项目管理知识体系指南的创新，也是根据产品交付特点进行的、满足产品交付实际需求的阶段设计，还是经实践验证可行的、可借鉴的通用方法。

图 3.2 所示为产品化项目管理阶段划分与项目管理知识体系指南的关系，产品化项目管理阶段划分是项目管理知识体系指南的实践结果，是经证明可行的、针对交付产品和服务的管理流程。通过这种实践管理流程，项目经理能更清楚在实际的管理中应该如何运用项目管理知识体系指南。

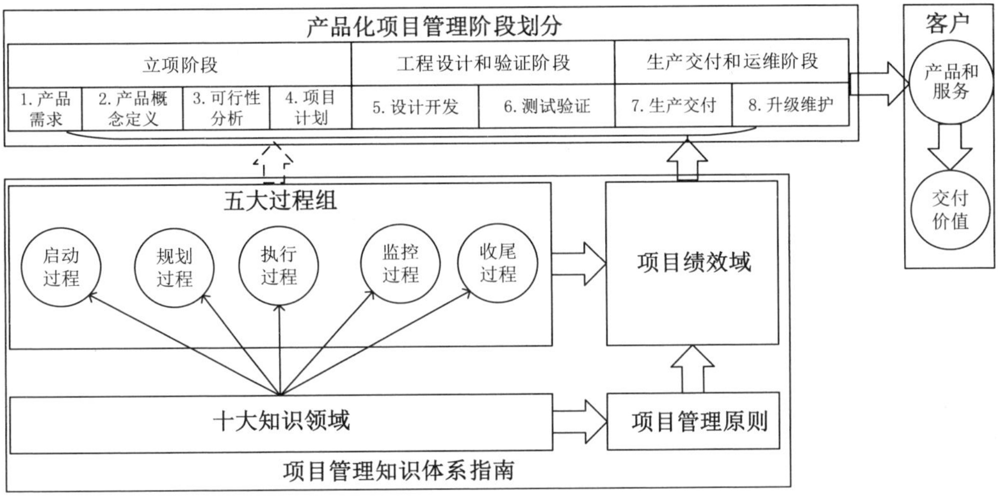

图 3.2　产品化项目管理阶段划分与项目管理知识体系指南的关系

本章小结

① 产品化项目管理阶段划分最重要的意义是确保团队在正确的时间做正确的事情，实现最终的价值交付目标。

② 立项阶段：将团队精力集中在做正确的事上。

③ 工程设计和验证阶段：将团队精力集中在正确地做事上。

④ 生产交付和运维阶段：将团队精力集中在做大事上。

⑤ 产品化项目管理阶段划分是项目管理知识体系指南的实践结果。

第 2 部分

立项

运筹帷幄之中，决胜千里之外。

——司马迁

公司或公司的分支业务部门能够在激烈的市场竞争中长期生存的主要原因是持续为客户提供各种各样的优质产品或服务，并在这样的活动中不断为客户创造价值，从而赚取利润，实现长期生存。如果一家公司的产品或服务不能满足客户需求并为客户创造价值，那么将无法赚取利润，这家公司也注定要从激烈的市场竞争中消失。

对于公司的管理者或产品规划部门的负责人来说，在决定启动项目之前一定要先问自己几个问题，如公司提供的产品或服务是不是客户真正需要的、能否为客户和公司创造价值等，这些是关系到公司发展甚至生死存亡的大事。

一个产品项目能否立项，是公司管理决策层根据市场调查和实际需求分析做出的决策结果，是与公司战略发展相关的方向性问题；一旦项目立项，具体的研发将由产品设计开发团队执行并最终实现市场需求的产品化。整个项目与公司研发执行和项目管理能力相关，前者负责做正确的事情，后者负责把事情做正确。

示例：一家公司可以有丰富的产品线组合，有些产品的定位是高端品牌，有些产品的定位是高性价比、大出货量，还有些产品的定位是为了满足公司产品线完整性的战略需要，这需要公司组建并培养一支涵盖众多技术领域的专家开发团队。一家公司也可以只有一款产品，也许这款产品只需要由一定的精英开发人员就能完成开发任务，不过只有一款产品的公司更要紧跟现代的技术发展趋势和大众对新技术潮流的追求，不断对产品进行改进、优化和创新。无论属于哪一种类型的公司，无论开发团队人数的多少，客户对产品的要求和标准都是相似的，即期望产品的价格低、质量高并能满足自己的需要。

无论产品在公司产品线中的定位如何，都不能影响开发团队按照相同或相似的产品开发流程和质量标准执行基于市场需求制订的项目计划。

如上文所述，立项阶段的核心理念是做正确的事情。如何理解“正确的事情”呢？我认为应该包含以下几个方面。

① 计划设计的产品能够满足客户的实际需求，是对客户有价值的产品。

② 计划设计的产品有明确的目标市场定位、上市时间要求、预估价格和预估销量，对于公司来讲是可盈利的、有价值的产品。

③ 计划设计的产品在技术上是可实现、有创新、有市场竞争力且可以大批量生产的。

④ 公司有足够的人力、物力和项目预算来获取产品开发所需的各种资源。

⑤ 项目经过各个专家团队从不同维度的分析确认是可执行的，并且制订了详细的执行计划。

综上所述，在立项阶段，项目经理需要从市场需求、商业分析、技术可行性、资源投入、管理水平和执行计划等几个维度与整个项目开发团队进行分析和确认，确保在项目初始阶段产品定位的方向是正确的、产品开发的技术可行性和团队设计能力是足够的、执行项目开发的管理水平是合格的、开发产品所需的各种资源和技术实现计划是齐全和完备的，从而满足公司产品战略定位的要求。

立项阶段的工作活动主要体现在各种规划、运筹和决策上，所有的分析和评估活动都是为了确保项目战略方向的正确性，在计划阶段识别出后续执行阶段可能遇到的风险，提前在人力和资源方面做好应对预案。

立项阶段包含四个子阶段，这样划分的目的主要是保证项目前期产品开发方向决策和开发计划的正确性；此外，在四个子阶段之间还设置了评审点，以及整个立项阶段对项目变更请求的管理。接下来，我会从以下几个方面详细说明在立项阶段的项目管理过程中需要特别关注的重点。

① 产品需求管理。

② 项目沟通管理。

③ 产品概念定义。

④ 可行性分析。

⑤ 项目计划管理。

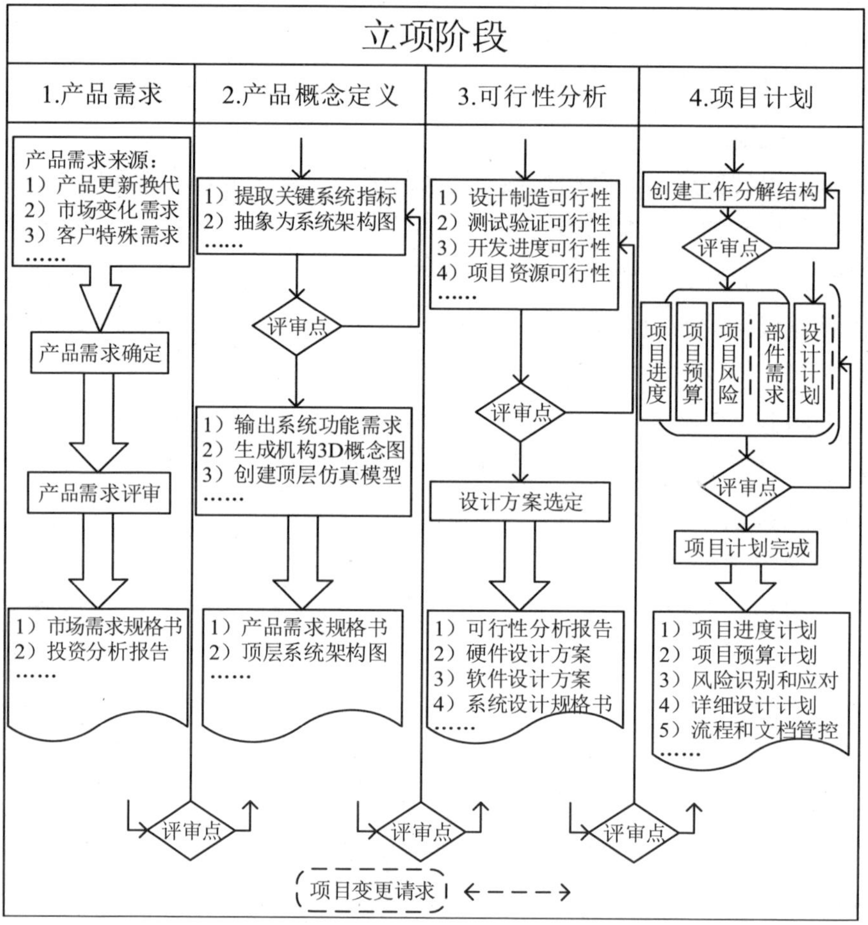
立项阶段
1.产品需求
2.产品概念定义
3.可行性分析
4.项目计划
产品需求来源：
1）产品更新换代
2）市场变化需求
3）客户特殊需求
……
产品需求确定
产品需求评审
1）市场需求规格书
2）投资分析报告
……
1）提取关键系统指标
2）抽象为系统架构图
……
评审点
1）输出系统功能需求
2）生成机构3D概念图
3）创建顶层仿真模型
……
1）产品需求规格书
2）顶层系统架构图
……
1）设计制造可行性
2）测试验证可行性
3）开发进度可行性
4）项目资源可行性
……
评审点
设计方案选定
1）可行性分析报告
2）硬件设计方案
3）软件设计方案
4）系统设计规格书
……
创建工作分解结构
评审点
项目进度
项目预算
项目风险
部件需求
设计计划
评审点
项目计划完成
1）项目进度计划
2）项目预算计划
3）风险识别和应对
4）详细设计计划
5）流程和文档管控
……
评审点
评审点
评审点
项目变更请求

第 4 章

产品需求管理

需求是无限的，而时间和资源是相对有限的，应该用有限的时间和资源满足特定的需求，从而为公司的生存发展创造价值。在某些资源受到限制时，公司应该对满足特定需求的项目进行管理，确认项目范围和边界，确保投入的资源能够满足产品设计的要求，既不能投入得太多造成浪费，也不能投入得太少导致不足以完成项目开发。

图 4.1 所示为产品需求管理流程，从中可以看出，产品需求管理包含产品需求来源、产品需求确定、产品需求评审和输出市场需求规格书等文档的环节，接下来我将对这几个关键环节进行详细的介绍和说明。

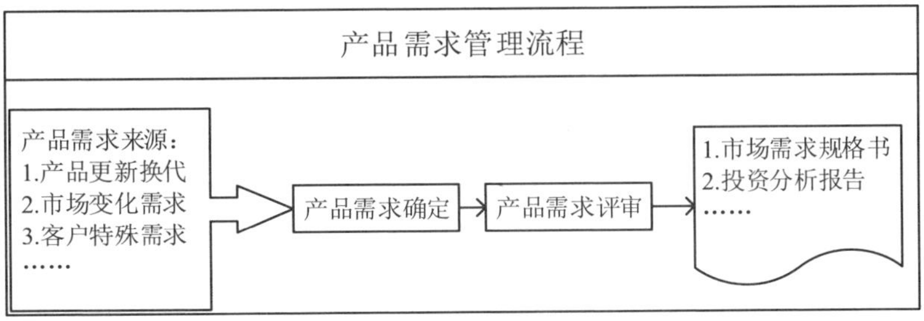

图 4.1　产品需求管理流程

不同公司的组织架构不同，有些公司的项目经理可能不会参与项目前期的需求收集和商业分析过程。其实，了解这些需求的来源和收集过程，能够帮助项目经理在与市场部门或客户进行技术沟通的时候，更加理解需求的业务背景和需求参数等指标的设置目的。

4.1 产品需求来源

现实中产品需求的来源往往是多方面、多维度的，大致可以分为以下几种类型，有助于项目经理缩小需求分析的范围。

示例：比较常见的产品需求来源如下。

① 产品更新换代：旧有的产品无法满足市场对新功能和新特性的需要，于是进行升级，或者开发出更具优势的产品，如更先进的半导体制程、性能更好的处理器、新型的大容量固态硬盘、由 PC 端转向移动端的开发应用等。

② 市场变化需求：政策、环境和观念变化，如放开三胎政策后市场对七座轿车的需求、对新型冠状病毒的消杀和非接触式快速测温的需求等。

③ 客户特殊需求：客户根据自身需要产生的、有别于大众的需求，或者强化产品某一特殊功能的需求，如针对客户的特殊应用场景对设备进行深度优化开发等。

④ 技术升级进步：技术的进步和革新会创造出新的技术应用，与过去的技术相比，新技术拥有更高的性价比或能够支持更多的产品功能，如 5G 技术的出现、新能源电池的应用和低成本、高强度的新型材料等。

1. 项目决策依据和产品项目范围的确定

公司高级管理人员在经过认真的分析和评估后决定启动一个新产品开发项目的驱动因素，可以概括为“公司有能力满足市场需求、能从产品的销售中获得足够的价值并保持收益的持续增长”。这里的“价值”既可以指长期价值或短期价值，又可以指盈利价值、名誉价值或公司战略计划的附加价值等，这些价值与公司的产品战略定位有关；这里的“能力”包含公司的组织能力、产品设计能力、产品管理能力和产品营销能力等，实际上是对能力范围的初步确定，也就是公司应该收集与自身能力范围或计划发展的能力范围相匹配的市场需求，现实中不存在能够将所有产品都设计开发并生产出来的“万能型”公司。

当某个潜在的产品需求被客户或产品市场部门提出来或识别出来后，接下来的工作就是收集关于该产品需求更具体、详细的信息，通常由公司的市场规划部门、战略规划部门和产品路线规划部门收集整理相关信息，或者直接由客户根据自身的业务需要提出具体需求并给出技术规格书和参数列表。

在现实生活中，人们有很多需求，对于公司的产品研发设计部门来讲，如何正确地识别和分析各种需求，在力所能及的范围内通过开发产品为社会创造价值并为公司带来盈利，是有关市场战略定位方向性选择的问题，选择正确的产品开发方向、做正确的事情是发展和盈利的法宝。

当公司根据自身的能力和战略规划确定了产品研发的大方向后，下一步的工作就是对某些细分的市场需求进行收集和分析，从中发现并把握商机，开发产品，从而获得收益。

2. 收集需求的方法

收集需求是产品开发的第一步，只有完成了这一步，公司才能基于正确的需求找到商机并确定正确的产品开发方向。以下是几种收集需求的方法。

1）一对一访谈

① 首先确认访谈对象，可以根据不同客户的业务类型识别潜在客户群体中的关键干系人，明确公司是对企业级产品的关键决策者或实际使用产品的人员进行针对性访谈，还是对消费类产品的使用者进行随机性访谈。

② 其次，通过与潜在客户进行一对一访谈了解客户对产品的各种需求，始终围绕产品的使用场景和需求目标讨论相关话题，如客户期望的产品特性或功能是什么，并尽量让讨论结果形成闭环。

③ 然后，针对已有的产品，了解客户在实际使用场景中的痛点、使用频率、使用偏好、常用功能和新功能需求等信息。

④ 最后，在访谈结束以后对访谈内容进行整理并输出、归档关键需求的分析报告，如果有多份一对一访谈的报告，可以通过对访谈报告的整体分析和对比找出共性需求进行重点分析和总结，作为后续市场需求规格书的关键内容。

2）市场和业务部门拜访客户或进行商务交流会议

① 首先，对拜访客户及其团队架构、职责分配等进行分析，确定拜访的主题。

② 其次，通过团队交流的方式了解客户对产品的整体需求，包括商务角度的需求（如时间点、产品业务场景、产品需求量级），以及对产品供应和质量的需求等信息。

③ 然后，了解客户在使用已有产品过程中的痛点，客户在多人访谈的场合更容易关注已有产品存在的共性问题，这类话题也更容易引起其团队中其他成员的共鸣，市场和业务部门需要对共性问题进行重点记录，并在会议后认真分析它们是不是真正的关键需求。

④ 最后，分析、整理和归档拜访客户的访谈报告。

3）技术部门参与客户访谈

① 对于技术类产品的需求，可以让技术部门的人员参与访谈过程，这样更容易从具体的技术角度准确了解客户对产品的需求，提高访谈效率和信息准确度。

② 在谈技术时不需要涉及过于具体的细节，因为这个环节只是收集需求，具体的实现方式可以在后续环节进行专业讨论。

③ 技术部门要抓住产品使用场景中的核心需求，对产品特性或重要的功能和参数进行深入的业务交流，分析这些功能和参数对产品指标的影响有多大，从而更好地确定市场需求规格书中需要达成的产品指标。

④ 在访谈后进行访谈报告的分析、整理和归档。

4）向客户介绍已有产品并了解其是否满足客户需求

① 有人曾用一个例子说明产品线的重要性："在向客户推销鞋子时，虽然客户不会买下所有鞋子，但是如果只摆出来一双鞋子，那么基本上这双鞋子也很难卖出去。"我们可以在恰当的时机向客户宣传、推销公司的产品系列，借助这个机会倾听客户是否对这些产品感到满意，以及他们当前的真正需求是什么、新产品能否满足他们的需求等。

② 在向客户介绍公司产品线规划的过程中，了解客户对未来产品的兴趣和需求等信息，识别出的客户兴趣点应尽量与实际的业务场景或客户计划在未来部署的业务对接，而不是单纯的个人技术偏好。

③ 在访谈后进行访谈报告的分析、整理和归档。

5）通过分析竞争对手的产品和公开资料了解自身产品的优劣势，为开发新产品找准市场需求

① 及时了解竞争对手产品的优劣势，好的地方向对方学习，不好的地方争取自己做得更好。

② 充分践行"人无我有、人有我优、人优我廉、人廉我转"的现代经营理念，

该理念说明了与竞争对手进行市场竞争的有效方法。

③ 发布竞品分析报告，明确竞争对手深受客户欢迎或具有设计优势的功能，将其作为在新产品设计中需要涵盖的要点。

6）通过了解业界的技术发展趋势和新的技术方法、功能特性，更高效、低成本地满足客户需求

① 紧跟业界的技术发展趋势，及时与主流的芯片厂商或技术领先的供应商进行技术交流，参加重要的研讨会，收集并研究最新的技术信息。

② 预测新技术的实现和应用会让未来产品形成的各种竞争优势，如成本低、性能好、供货风险小等。

③ 将分析报告作为市场需求规格书的蓝本。

7）根据新产品功能特性的差异化提出对新产品的要求

① 当前的产品设计越来越扁平化、趋同化，设计出具有差异化、独特性且对客户有价值的产品是提高竞争力的重要方式和手段。

② 产品市场部门和架构部门可以根据对相关领域的理解和预测，从解决客户以往痛点和问题的角度出发进行新产品的差异化设计，从而满足客户的实际需求。

③ 在实际的产品设计中，有些产品厂商可以通过与芯片供应商深度合作定义通用芯片的规格，如将产品厂商需要的独特功能特性直接设计在通用芯片中，只有该产品厂商能够从芯片供应商那里获取定制化功能特性的控制说明规格书，以此实现产品功能特性的差异化。

8）既可以通过当前产品材料或工艺的升级降低生产成本、提高价格竞争力，也可以针对旧有供应链的供应问题采用新的材料和手段

① 如果新的材料或工艺可以代替旧有的、成本高昂的材料或工艺，就可以提交产品升级申请，通过产品的价格竞争优势赢得更多的客户和市场份额。

② 提交产品升级申请需要由采购部门输入相关信息，为供应链相关环节的变化和更好的材料或工艺提供更多选择。

9）分析新兴市场和商机，设计满足新兴市场需求的产品

① 现有产品线的技术可以扩展到其他应用领域，从而满足新领域的需求，扩大产品的市场份额。

② 销售或业务部门通过对市场需求的深入挖掘，识别产品可能覆盖的更多新应用领域，针对这些领域在一定程度上添加产品设计功能以更好地满足市场需求。

10）明确客户的深度定制化产品需求

① 基于一定出货量级的深度定制化产品需求，是一种对特定使用场景有特殊要求的客户批量优化产品的需求，而非广义的产品通用特性，由于定制化的缘故，其生产成本可能比通用的产品更具价格竞争力。

② 相关部门应针对某些需要优化的功能或参数与客户进行深入讨论，确保在设计产品时客户的定制化需求能够得到充分的满足。

11）针对某些产品的设计变更提出硬件或软件升级改造的需求

对现有产品进行升级改造可以大大降低设计成本和风险，如果某些产品只需要更新一些单元模块，而不需要更改任何开模的外壳和其他机构部分，那么设计成本会大大降低，这也是一种合理的需求。

12）团队头脑风暴

① 在收集团队外部需求的同时，也可以在团队内部对产品需求进行头脑风暴，深入挖掘潜在的市场需求，让不同领域的专家参与其中，以便获得有价值的结果，市场、架构、开发、产品、营销和销售等部门人员共同参与，可以在确定新产品需求的过程中激发出能够满足终端使用者需求的优秀创意。

② 有些公司的研发部门为了满足自身的业务需求组成了独立的研发团队，这样该部门的“客户”就是公司内部其他有需求的部门，通过这种方法可以加深研发部门对产品的了解，从而让设计出来的产品更能满足实际需求或解决实际问题。

项目经理在收集需求的过程中需要关注产品可能涉及的方方面面，如期望上市时间、价格竞争优势、产品质量标准、潜在市场容量、售后服务方式、部署国家和地区、特定客户对产品的需求量级和对单个供应商能够分配的最大份额等，这些信息都是需求收集的重点，将成为后续制定决策的关键依据。

有些公司的项目经理可能不会参与前期收集需求的各种活动，不过要确保团队在完成相关收集活动后对收集的原始信息进行记录、整理和归档，以便进行后续的需求分析。

4.2 产品需求确定

公司在制定产品战略，特别是为了满足战略需要决定开发产品路线图中某个特定产品的时候，需要由市场部门或产品规划部门对即将开发的新产品进行详细的市场调查和分析，对新产品的技术发展趋势、市场规模大小和未来的成长空间、客户的产品路线图、期望的目标成本、预计的获利范围、投资回报率、竞争对手当前的市场占有和计划情况，以及客户的真实需求等相关资料进行全面的收集和评估，以便在产品上市的时候拥有明显的竞争优势。

市场或产品规划等部门应对收集的各种原始信息进行仔细分析并制定相应方案，确保在规划之初的产品方向是正确的。

本书仅从产品化项目管理的角度对批量生产产品的需求确定过程进行介绍和分析，其他类型的项目（如预研性非量产产品设计开发、科学探索类项目等）也可以参考这一过程评估产品需求的合理性，从而在满足产品需求后创造相应的价值。

分享：以下是为确定产品的市场需求需要回答的关键性问题，供读者参考。

① 为什么设计这个产品？为什么做这笔投资？产品在市场中的定位、优劣势和盈利点是什么？公司的技术优势是什么？满足了这个产品的市场需求能够使产品线中主要的产品系列获得更大的利润空间吗？

② 期望开发的产品与竞争对手的产品相比的竞争优势是什么？竞争对手分析和产品竞争力分析的结论是什么？谁是产品所在市场的头部玩家？针对竞争对手采取的竞争手段有哪些？产品能抢到多大的市场份额？

③ 产品销售的区域是全球还是指定区域？哪些区域是主打市场？目标市场潜在的全球份额是多少？

④ 这个产品在特定产品线中的定位是什么？采用这个定位的产品有哪些机会？

⑤ 客户期望的应用场景和应用方法是什么？产品可以与公司的哪些产品或其他公司的产品组合销售？

⑥ 产品的配置要求（包括对不同配置预估销量的分解和定价分析）是什么？

⑦ 产品的预估生命周期是多久？在这个生命周期内的年预估销量是多少？

⑧ 产品的预估目标市场份额和目标市场的年增长率是多少？

⑨ 根据历史经验预估的产品成本是多少？满足特定市场需求的产品期望价格定位和销售策略是什么？

⑩ 评估的产品成本、销量和收益是多少？对特定类型产品的开发和投资可能获得的价值回报（包括显性和隐性价值）是多少？

⑪ 产品的期望上市时间是什么时间？

1．产品需求范围的确定

在开始产品开发项目之前应对项目范围做一个明确的约束和定义，这样才能有效收敛项目执行的工作量、分解后续的工作任务并进行人力、物力和开发进度的评估。在这个环节，市场部门或产品规划部门需要与需求方或产品开发团队进行反复确认，如果双方对市场需求规格书的理解存在较大的偏差，那么设计出来的产品会与产品需求南辕北辙，无法满足客户需求，从而导致项目失败。

现实生活中没有一款产品能够满足所有客户的需求，每一款产品都应该拥有独特的市场定位，满足特定客户群体的需求。在实际的设计过程中，对于关键的设计指标，项目经理应在充分的市场调研后明确产品定位并设定最终的产品设计指标，全面考虑产品在满足各项指标前提下的综合性价比，而不是从单一指标出发进行衡量和设计。

分享：在项目范围确定和产品开发阶段，项目经理要特别注意对“项目镀金”和“项目蔓延”情况的管理。项目镀金一般是指为了取悦客户或满足设计者个人的技术偏好，对产品进行过度设计，造成设计开发浪费的情况；项目蔓延一般是指项目超出计划范围且没有得到及时制止或有效管控的情况。在整个项目开发的过程中，项目经理需要对这两种情况进行严格监控，这是有效收敛项目范围、合理控制项目进度和预算的关键。

高效地收集、分析和整理产品需求并对项目范围进行明确定义，是收敛项目和制订完备计划的前提条件。在项目开发的过程中，项目经理应特别注意对项目范围的定义，否则项目将会像一个无底洞一样，一直投入却无法完成，造成产品交付的重大风险和各种项目资源的损失。

可量化的项目范围如表 4.1 所示。

表 4.1 可量化的项目范围

项 目 范 围	主 要 内 容
时间范围	项目开发过程明确的开始和结束时间、项目执行阶段关键里程碑的时间点等
市场范围	产品的市场定位是高端、中端还是低端
性能范围	明确定义产品需要达到的性能指标的具体范围
功能范围	明确产品需要支持哪些具体功能
物理范围	产品的尺寸、质量和使用环境等

团队要利用自身的技术优势实现最高的性价比，如果团队在系统整合方面有很强的专业特长或很高的技术水平，就有能力在承担一定风险的前提下用更低的设计成本为客户提供相同的性能，如某些供应商有能力用层数更少的印刷电路板支持产品设计参考所需的高速信号性能，实现更高的性价比，从而在市场中保持特有的价格竞争优势或更高的利润率。这就是在相同产品设计参考条件范围内的差异化发挥，用比计划更低的设计成本满足产品的设计需求，这一点是区分项目执行范围和需求范围的关键。

市场和产品规划人员在定义产品的目标市场时，应确认产品需要支持的功能特性和配置要求，以便生成市场需求规格书中细化的需求条目。

2. 市场需求规格书的作用

市场部门如何将识别出来的需求传递给后端的研发团队呢？这些信息需要通过标准的流程和文档进行有效的传递，在这个环节，市场部门要把收集的各种需求信息进行文档化处理，输出一份市场需求规格书，有效传递具体的需求信息，以便在后续的需求分析等环节做好文档的交接。市场需求规格书是将产品需求从市场部门传递给后端的研发团队并转换为产品技术规格的主要文档，是实现前后端沟通的基本媒介。

3. 市场需求规格书的制定方法

1）参与制定市场需求规格书的人员

如果一家公司主打高科技产品，那么其市场需求规格书的主要内容来源倾向于通过技术的不断创新改进新产品的方案，从而设计出在市场中更有竞争力的高科技产品。其市场需求规格书一般由资深技术架构师和市场人员从产品的应用环境、技术创新和竞争力等几个方面制定，如处理器产品的设计主要依赖架构团队设计出业界领先的架构并采用最先进的半导体生产制程，以满足市场的性能要求，从而获得更高的处理器集成度、更好的运算性能和更高的性价比等优势，同时依赖市场人员的产品定位和竞争策略，通过获得更大的市场份额和收益推动公司进一步加大对新技术研发和创新的投入。

如果是一家品牌产品设计公司，那么其市场需求规格书的内容倾向于从品牌可信度、更高的性价比和系统创新整合的角度设计出更有竞争力的产品，具体可能会从系统架构、市场和供应链三个主要维度出发，根据产品的市场定位、系统整合的技术优势和性价比竞争力制定市场需求规格书，从而获得更大的市场竞争力。

如果一家公司是定制产品的方案提供商，那么其市场需求规格书会更倾向于解决特定客户的某些痛点或满足某些功能和性能参数的特定需求。客户往往不知道该以什么样的方式解决这些痛点，因此方案提供商首先需要与客户方的资深业务对接人员或技术人员对方案进行分析，然后根据工作任务的具体要求制定市场需求规格书、共同评估并撰写早期的产品需求规格书，最后交付能够解决客户痛点的产品。

2）市场需求规格书的制定过程

市场需求规格书的制定过程，实际上就是分析需求并进行需求场景和工程语言转换的过程，是把客户的需求（包括概念图形、参数设定、演示过程等）转换为工程语言的过程。

分享：从收集需求到分析需求，再到生成市场需求规格书，中间需要经过各种分析和筛选过程，如优先级排序和需求类型划分等。在市场需求规格书中所列的每一条具体需求描述的后面，都要明确注释该需求的优先级是必选项还是可选项。对于必选项，团队必须从技术设计的角度满足相关需求，如果无法满足就会影响产品的竞争力，团队要给出无法满足的具体原因和解释，如果发现一些不合理的、有悖于业界规范的需求也要明确给出解释和说明。市场需求规格书中的必选项定义了项目设计的基本范围，说明了技术实现的重要指标，明确了交付产品的价值大小，是满足市场需求的基本要求。在这个环节，项目经理会拿到文档化的市场需求并与研发团队确认设计范围，将需求转换为工程语言，以便进行后续技术实现、开发周期和相关费用的评估。

在整个项目前期，核心团队会从商业、技术、生产、成本和盈利等角度对市场需求规格书中的需求条目进行评估，项目经理在拿到市场需求规格书后，需要组织各个专业方向的专家进行具体的技术可行性评估，如果有条件，可以针对具体的技术和参数细节与需求方进行详细的沟通，确保团队充分理解需求方需要的功能、参数和产品特性等，并以标准文档的形式输出评估结果。

3）市场需求规格书的输出

不同公司可以针对不同的产品特性和参数特点输出相应的市场需求规格书，其内容应该明确体现对产品需求和相关范围的定义。

表 4.2 所示为未来家用火星飞船的市场需求规格书，读者可通过表 4.2 了解市场需求规格书大致需要的信息和内容分配方式。

表 4.2　未来家用火星飞船的市场需求规格书

功能单元	单元子类别	市场需求详细描述	需求等级（①必须满足；②建议满足；③可以满足）	产品开发执行部门反馈				补充
				A 部门	B 部门	……	X 部门	
能源动力	1.1	核动力推进	①	支持				
	1.2	太阳能辅助发电	②		支持			
	……							
外壳防护	2.1	承受太空温度变化	①				支持	
	2.2	能印刷定制图案	③			支持		固定大小
	……							
生命维护	3.1	满足生命支援	①			支持		
	3.2	能携带宠物	③			支持		减少乘客
	……							
其他功能	4.1	食品供应	①			支持		
	……							

以下是对家用火星飞船的需求进行分类和细化的说明。

（1）功能单元：对产品功能的大致分类，如表 4.2 中的能源动力、外壳防护等。

（2）单元子类别：对功能单元中相关功能的细化。

（3）市场需求详细描述：对具体市场需求的详细描述。

（4）需求等级：对市场需求的等级定义，包括以下三个等级。

① 必须满足（如果不满足就会失去客户）。

② 建议满足（希望未来可以满足，如果不满足就会失去一定的潜在客户）。

③ 可以满足（如果可以满足就会吸引更多的潜在客户）。

划分上述三个等级的目的是让团队在项目资源或技术能力有限的情况下，集中精力满足最重要的需求。

（5）产品开发执行部门反馈：在可行性评估后，针对具体需求能否得到满足，由相关领域的技术专家进行确认。

（6）补充：一般是对上述几项内容的补充说明或备注信息。

通过市场需求规格书，后端的产品开发团队可以比较清楚地了解市场对产品的需求是什么，从而大大提高市场前端与工程后端沟通的有效性。表 4.2 只是一个简单的格式和内容示例，在实际的项目中，市场团队和产品开发团队可以根据具体情况共同制定一份方便内部沟通的市场需求规格书。

分享：在很多情况下，“需求”其实是对很多细节的抽象化表达。项目经理在进行市场需求规格书的分析时，既需要与市场和产品规划部门沟通，也可能需要与实际的客户沟通，确认对方期望的功能或需求与工程师的理解是否一致，这就是对产品需求的调查和确认过程。需求源于在实际工作或生活中希望某些环节有更好的解决方案，如果解决方案创造的价值有限，那么意味着客户对产品的需求是有限的，产品在市场中的总价值也是有限的，因此项目经理需要进行投入产出比的商业评估。

4.3 产品需求评审

设置产品需求阶段的退出评审点，是为了确保产品需求的相关资料和信息能够达到进入下一个阶段的标准，并且针对信息得出的分析结论能够满足管理层进行项目评审的要求。

在这个环节，市场部门在准备好相关材料后，需要邀请公司的高级管理层参加评审会议，根据评审团队的分析结论做出是否批准该项目进入下一个阶段的关键决策。相关材料包括但不限于以下内容。

① 产品需求和范围的确定，包括产品定义、目标市场、上市时间、产品报价、预估销量和销售区域等。

② 产品市场调查和分析结果。

③ 目标市场和客户群体定义。

④ 竞争对手的产品优势分析报告。

⑤ 产品生命周期内的预估总价值和投入成本的分析报告。

产品需求阶段评审通过的标准如下。

① 对某一产品的立项经过了市场、产品规划和产品架构等部门的认真调查和分析评估，并且生成的评估报告经过了公司高级管理层的评审并批准通过。

② 定版并正式输出了市场需求规格书，作为连接前端和后端的标准文档。

如果项目经理在早期的产品需求阶段就参与了项目，那么对该阶段的了解和认识将有助于其后续与客户的沟通，了解需求的过程会让项目经理对项目的认识更加深刻。在这个环节，项目经理需要与市场团队等共同评审需求是否足够清晰真实、产品市场是否足够大和竞争对手的优劣势等，市场和规划人员要从商业的角度确定需求细节和满足需求后可能带来的收益。

产品需求评审主要是从产品的市场需求和商业的角度评判并决策是否需要开发某种特定产品，结合公司的产品战略，思考该产品与公司产品线的方向是否吻合，目标市场是不是公司要抢占的市场，公司要抢占多大的市场份额、产生多少盈利、创造多少价值，这些内容组成了决定项目是否有必要进入下一个阶段的评审点，其对下一个阶段输出的文档主要是市场需求规格书。

在需求确认的早期，项目经理要确保项目执行的方向是正确的、收集的信息和市场给出的数据是经得起实践检验的。在评审结束后，项目经理需要跟踪以下评审结果。

（1）如果产品需求阶段的评审结果是通过，就可以进入产品概念定义阶段。

（2）如果产品需求阶段的评审结果不满足此阶段的退出条件，那么有以下两种选择。

① 需求被拒绝，项目被取消，总结经验，解散团队。

② 更新需求并再次进行评审，应给出此次评审的结论和下一次评审的时间点。

在立项阶段，最重要的依然是上文提到的方向的正确性，如果方向错了，即使生产出符合要求的产品，也不能正确地满足市场需求，那么项目就是失败的。

本章小结

① 公司应该满足在能力范围内且对自身有价值的需求。

② 收集需求的方法有很多种，项目经理可以组合应用。

③ 对需求的确定需要从多个维度进行。

④ 市场需求规格书是实现产品交付的关键文档。

⑤ 产品需求评审需要团队决策。

第 5 章

项目沟通管理

在产品开发的过程中，项目经理是项目的核心沟通者和团队沟通质量的监控、协调者，从某种程度上讲，沟通质量的高低是决定项目在整个开发周期内能否顺利、高效完成的关键。简单来讲，项目管理是按照不同公司各自的标准开发流程进行的一次项目交付过程，标准开发流程提供的只是一个参考和指导框架，具体的执行过程仍然是围绕具体的项目开发活动展开的、全新的探索和最终实现项目目标的过程，这意味着看似接近的两个项目，实则可能经历了完全不同的沟通、协调和执行过程。

项目经理要通过不断的沟通确认每个项目活动是否按照计划执行，并且得到了期望的进展或阶段性结果，项目沟通管理是项目经理在项目执行过程中最基本的工作活动。

示例：当开发团队由几十人、上百人甚至更多不同专业领域的专家构成，并且需要在有限的时间内共同开发一个产品的时候，团队成员之间难免会存在各种认知分歧、理念冲突和执行结果的差异，如果不加以沟通、协调和处理，那么这些差异可能会导致最终交付的结果与初始需求之间存在偏差。项目经理需要在开发过程中与团队或成员进行不断的沟通和确认，如果发现实际执行与期望结果之间存在偏差，就要通过科学而人性化的沟通手段及时纠正或规避偏差可能会对实现项目目标造成的影响。

项目沟通管理可以分为以下两个部分。

① 沟通的目的和方法。

② 项目团队沟通要点。

5.1 沟通的目的和方法

在项目执行的过程中，沟通的目的可以是观点交换、产品信息分享、决策任务下达和执行结果反馈等。团队中的每一个成员在与其他成员合作的过程中都要充分认识到沟通的重要性，在沟通时得到的往往不是非黑即白的确定性结果，大多数情况下是介于两个极端之间的可能性结果，最终得到的结果取决于团队对项目的正确理解和不懈努力，很多事情不到最后一刻永远不知道结果。

分享：在实际项目中，项目的发起和最终结果的确认是团队成员通过大量的沟通完成的。除了受到客观事实和结果的影响，团队成员还可能会受到主观意识甚至错误观念的影响。不同的成员对客观的结果可能会有不同的主观理解和认知，所以团队成员在沟通时需要特别注意沟通的客观性和准确性，应该关注客观的结果，而不能将主观的想法和个人情绪掺杂到沟通过程中，也就是采用“对事不对人”的沟通方法。

人会产生主观情绪，而数据和事实结果不会产生情绪，项目经理应避免团队成员将个性和主观情绪掺杂到沟通过程中，从而影响沟通结果。在很多情况下，沟通的目的不只是解决技术问题，还要让对方认可自己、建立信任。项目经理应妥善处理团队成员的主观需求，了解背后的实情，以便解决问题并实现项目目标。

在项目中，团队的沟通主要通过以下两种方式进行。

① 口头沟通：通过当事人面对面交流、电话、视频会议和即时通信软件的语音通信等方式沟通。

② 书面沟通：通过电子邮件、电子文档和即时通信软件的文字通信等方式沟通。

项目经理主要的工作活动大多与落实沟通有关，沟通结果的好坏在某种程度上决定着项目管理结果的好坏。不只是官方的邮件沟通或正式的电话、会议沟通，围绕项目进行的所有正式和非正式的沟通都可以算作项目经理工作活动的一部分，在某些情况下，非正式沟通可能会让关键问题获得突破性进展或期望的结果。高效沟通是一种需要持续修炼才能提高的能力，项目经理和项目团队成员要在沟通上多下功夫，从而提高工作效率，达到事半功倍的效果。

分享：以下是一些日常工作和生活中的沟通技巧，供读者参考。

1）讲故事

这个技巧指的是把一件事情如同讲故事一样表述出来，让听众很容易就能听明白，可以快速理解你想传达的信息并抓住问题的关键。讲故事的方式会让听众在倾听的时候集中注意力，并且愿意与你沟通。

在沟通时切忌使用陈词滥调或重复相同的内容，这样容易让对方失去兴趣，导致沟通效果减弱。

2）通过邮件或文档标题清楚地表达主旨

高级管理者或项目团队成员每天可能有几十封甚至上百封邮件需要审阅，很多时候不一定能及时关注和处理每一封邮件。在这种情况下，简洁、清楚地表达主旨的邮件或文档标题是优先获得关注的关键。合理使用关键字、关键信息、关键时间点和紧急性标签等，可以让你的信息从大量信息中脱颖而出，优先得到处理。

3）通过高度精练的语言陈述观点

能用三句话把问题讲清楚的人，往往比发表长篇大论却抓不住重点的人更能吸引听众的注意力，从而获得继续沟通的机会并节约大家的时间，所以平时要锻炼自己用几句话陈述复杂问题和概括重点的能力。

4）口齿清晰地让现场或远程会议人员听清楚自己表述的内容

说话声音太小、有浓重的地方口音或过多的方言表述不太适合开会等正式的沟通场合。沟通的目的是让听众听清楚自己表述的内容，如果听众听不清楚甚至听不懂，那么如何沟通呢？

5）锻炼良好的英语听说读写能力

作为国际通用语言，英语在很多领域的沟通中占据着主导地位，无论是阅读技术资料，还是与以英语为母语的人进行技术沟通，英语都是技术人员必须掌握的一门语言。作为技术人员，要能看懂英语的技术类文档，在进行技术沟通时，英语读写能力也是一种必须具备的能力。

6）对他人取得的成绩进行肯定和赞美

我们要学会在他人取得成绩时进行真诚的赞美和褒扬。每个人都希望自己的贡献能够对他人、公司和社会产生价值，并且通过这些价值获得成就感，对他们的成绩和贡献进行肯定和赞美是一种心理鞭策，会持续激励他人创造更优秀的工作成果。

项目经理需要重点练习以下沟通技巧。

1. 谈判技巧

项目经理的沟通能力要求之一是会谈判，能够说服他人接受自己的正确观点。在整个项目过程中，谈判基本上是伴随项目始终的：项目经理在项目开始的时候要说服客户接受设计方案，在项目计划阶段要说服老板提供足够的项目资源，在寻求外界资源的时候要说服部件厂商免费提供足够的测试样品，在与供应厂商谈判的时候要说服对方接受自己的合理报价，在项目测试验证阶段要说服质量部门或测试验证部门理解并接受研发团队对特定问题的解决方案，如果产品在后期需要进行必要的升级，那么还要说服客户接受升级方案。

分享：谈判可以分为对内谈判和对外谈判。

对内谈判：运用结果导向原则处理项目问题，同时始终站在客户的角度思考，以双方愿意协商的问题为切入点解决分歧。如果产生的分歧不是双方的职位层级能够协商解决的，就要找到可以解决问题的正确对接人员。

对外谈判：运用双赢思维[3]，以公司利益为先，以项目结果为导向。在对外谈判的过程中，项目经理同样要快速识别对方是不是正确的谈判对象，如果不是，应先找到正确对象再谈判；如果项目经理的层级不够或需要额外的信息，应在协商之后把问题交给决策层来解决。

2. 既能“吆喝”也能“邀功”

项目经理既要能带领团队实现项目目标，又要能在内外部的公开沟通机会中为团队开发的产品“赚吆喝”，还要能在职责范围内为自己的团队争取各种项目资源和应得的福利，并在公司内部和高级管理层面前为团队成员的突出贡献和项目的优秀交付结果“刷脸”“邀功”，这样既能在各个层面起到宣传产品的作用，又能为团队成员带来成就感和荣誉感，还能间接地为将来获得项目的成功做好铺垫。

3. 学会冲突管理

在现实的工作和生活中，冲突不可避免。冲突有利有弊，项目经理应学会对冲突加以利用，让有效的冲突管理方法发挥更大的、正向的作用，积极推动项目朝着良性的方向前进，如更好的团队配合、更高效的项目执行等。

在团队执行项目的过程中，作为整个项目的推动者和协调者，项目经理必然会遇到各种各样的冲突，如文化冲突、资源冲突、目标冲突和个人行事风格冲突等。学会冲突管理，首先要了解产生冲突的原因，然后根据具体的原因从不同的利害角度入手，适当地权衡利弊，最终解决冲突。

分享：双赢思维、折中手段、制定规则和第三方决断等都是项目经理可以根据实际情况灵活采取的措施，根本原则是从项目目标和项目交付的角度出发，对项目有利的要执行，对项目不利的要想办法解决，同时尽量不伤害任何一方的利益。

总之，无论采用什么样的方法、技巧和手段，沟通的最终目的都是解决问题并得到想要的结果。项目经理在沟通过程中要始终抓住这个核心，其余的工作就是对具体细节的处理了。

5.2　项目团队沟通要点

产品开发的过程离不开与他人的配合和沟通，即使只需要一个人就能完成的项目，也要与客户进行沟通和互动。在大型项目中，参与开发设计的团队成员非常多，每个人都是负责各自领域的专家，不过相互之间可能会有一些技术领域上的重叠，如果对流程的定义不够清晰，那么很容易出现谁都不管的“灰色地带”。只有确保产品的每一个功能都是正常的，整个产品才能满足上市的要求。所以项目经理必须要与整个团队的所有成员紧密配合，找出“灰色地带”的漏洞并明确每个成员的职责范围，这样才能实现产品上市的目标。项目经理必须依靠团队实现项目目标，通过识别并组建团队、建立团队成员之间良好的沟通关系，以便实现项目目标。

1．识别项目团队成员

在立项阶段的前期，项目经理需要组建一个由产品市场部门、产品规划部门、系统架构师、系统工程师，以及各个研发部门的领导和资深专家组成的项目评估核心团队。前期的项目评估核心团队更注重产品的需求识别、概念定义、可行性分析、产品需求规格书的输出、项目执行计划的制订，以及对各项资源投入和风险的评估。在具体的执行过程中，随着对产品需求分析和识别的深入，项目团队会不断吸收相关专业人士参与项目的各项评估，所以在项目前期，团队成员的数量会随着产品需求的不同而发生增减。

图 5.1 所示为典型的计算机产品开发团队的构成。在产品开发的过程中，无论团队成员的职位高低、参与项目的时间长短，项目经理都要向所有团队成员树立一个共同的项目目标，那就是满足客户需求，同时尽可能实现低成本、高质量的产品设计并优先上市，以便抢占市场先机，为客户创造价值。

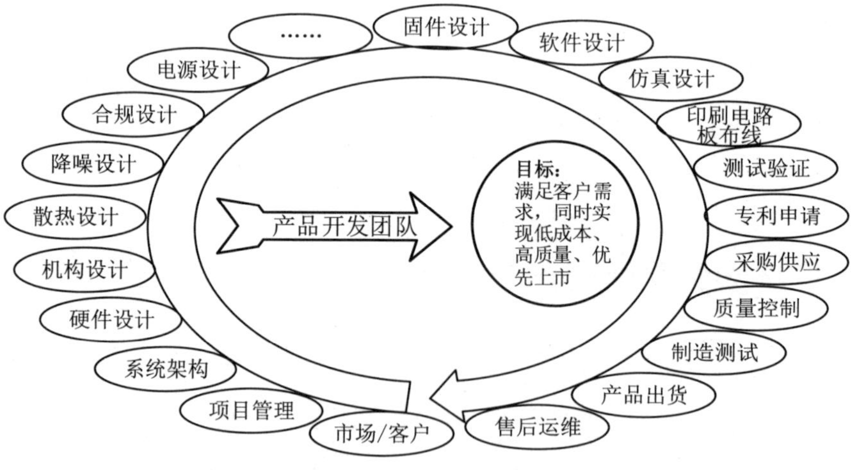

图 5.1 典型的计算机产品开发团队的构成

项目经理负责更新项目的关键干系人，定期维护团队成员列表并将其发送给关键干系人，方便团队成员之间的沟通。

示例：如果项目的执行模式中包含原始设备制造商（Original Equipment Manufacturer，OEM）或原始设计制造商（Original Design Manufacturer，ODM），那么这些外包成员同样是项目开发团队的重要组成部分，项目经理要在项目前期与其建立沟通关系，掌握关键成员的联系信息，并在完成招标后把相关的外包成员整合到团队成员列表中，方便内外部专业技术人员的沟通和后期的更新、维护管理。

2. 团队成员列表的构成

团队成员列表没有统一的格式，一般需要包含以下几类信息以满足基本的沟通需要，同时要包含团队成员的经理信息以满足特别问题的求助需要。

① 专业部门：按照公司对专业部门的划分原则列出产品开发涉及的专业部门类别。

② 工作职责：团队成员在专业部门内的具体专业领域。

③ 姓名：团队成员的姓名，可以按照惯例填写中英文信息。

④ 邮件地址：团队成员的电子邮件地址，方便建立邮件群组并满足内外部项目团队沟通相关信息的需要。

⑤ 办公地点：掌握团队成员的办公地点有助于确定合适的沟通方式，是当面沟通还是远程沟通更方便，这对识别虚拟团队成员也有非常重要的作用。

⑥ 电话号码：团队成员的固定电话号码或移动手机号码，方便成员之间点对点的电话沟通和紧急情况下的联系、通知，提高团队的应急沟通效率。

⑦ 直属领导姓名及其联系方式：个别项目信息或特殊问题需要通知特定团队成员的直属领导，在团队成员无法参与项目的情况下，也可以由其直属领导提供项目需要的资源和建议。

⑧ 其他相关信息可以根据项目和团队的需要进行增减。

表 5.1 所示为团队成员列表，供读者参考。

表 5.1 团队成员列表

专业部门	工作职责	姓名	邮件地址	办公地点	电话号码	直属领导姓名	直属领导电话号码	直属领导邮件地址
开发	电子工程师	××	×	深圳	×	××	×	×
开发	机构工程师	××	×	深圳	×	××	×	×
开发	固件工程师	××	×	北京	×	××	×	×
开发	项目经理	××	×	深圳	×	××	×	×
销售	销售人员	××	×	上海	×	××	×	×
运维	现场运维人员	××	×	上海	×	××	×	×

3．快速建立与团队成员的沟通关系

项目经理或项目技术负责人在组建新团队的时候，首先需要进行的工作就是尽快与团队成员建立沟通关系，加深彼此之间的了解和信任，为项目的高效运行打好沟通基础。

分享：建立沟通关系的较好突破点是从专业人员擅长的领域开启相关话题的讨论，这样既化解了没有共同话题的尴尬，又能让团队成员发挥自己的专长，切磋也好，请教也罢，从理解需求文档或技术问题的角度进行沟通，往往是建立搭档关系和沟通关系最快、最有效的方法。

当团队成员初步建立了良好的沟通关系后，接下来就是信任和磨合的过渡期。在这个时期，团队成员之间要坦诚相待，对项目中的问题进行专业、高效的沟通，对相关专业人员分配的任务和进度计划中规定的期限，也应该是多次协商之后达成一致的结果。在团队建设的最初阶段，项目经理一定要具备与团队成员快速建立沟通关系的能力。

4．利用团队力量识别项目风险、进行保密管控

在项目早期的评估阶段，为了确保可行性分析和风险识别的高效、正确性，应尽量吸收产品开发团队相关专业部门的管理人员或资深专家，但是过多人员了解项目信息可能会影响项目的保密性。对于这种情况，项目经理可以先请资深的架构师、系统工程师和相关领域的管理者对需求进行初步识别，再确定需要参与早期评估的相关专家，这样既对某些关键需求的可行性分析和风险识别有好处，又能把了解项目信息的干系人数量控制在一定的范围内，使项目早期的信息保密

性相对可控。

如果项目有保密的需要，那么项目经理应在早期做好项目信息的保密工作，让团队成员形成保密意识并随时注意相关的保密事项。

5．调动团队临时成员的积极性

由于一部分团队成员存在临时性、阶段性参与项目开发的情况，还有一部分团队成员因为各种缘故发生变更并由新成员执行前任成员遗留的项目任务，因此项目经理还需要与新成员快速建立新的沟通关系，确保其负责的任务能够如期完成。如何调动团队临时成员的积极性，使其高效完成项目计划的任务并积极处理项目开发和测试中遇到的种种相关问题，也是对项目经理沟通、协调和管理能力的考验。

分享：项目经理应该如何处理与团队临时成员的关系呢？以下几种方法供读者参考。

① 项目经理应及时与各个干系人建立沟通关系，针对每个人不同的沟通风格和习惯建立良好的关系，坦诚相待，以事实为依据进行合理的项目沟通，可以通过会议茶歇、咖啡时间或专门拜访等方式尽快建立沟通关系。

② 以德服人，如果在项目推进的过程中遇到临时成员无法解决问题、响应速度较慢或沟通困难等障碍，那么项目经理可以在与其进行沟通之后，咨询其上级经理是不是分配的任务不合理导致成员无法在特定时间内完成项目任务。

③ 充分利用公司既有的标准流程，以及在制订项目开发计划时确认的职责和交付结果的时间点，在周会或日报中点明哪个功能部门在什么时间点需要交付什么样的结果并抄送其上级经理。

④ 项目经理应对参与项目的临时成员在项目中的付出给予肯定，同时让其团队和上级经理感受到他们的付出对这个项目的重大贡献和影响，在适当的时机，可以在其团队或上级经理面前给予特别的赞扬。项目的成功是团队合作的结果，没有谁只靠自己就能兼顾复杂项目的方方面面，项目经理要同等对待每一个参与项目的临时成员，让他们为了实现项目目标而不断努力，与团队共同奋斗。

⑤ 为了减少沟通资源浪费、提高项目执行效率，项目经理应尽量避免临时变更成员，因为团队成员的变更或增减势必产生一个学习和了解的过程，而这个过程需要额外的时间和资源，所以项目经理要做好充分的评估和前期的准备。

6. 充分发挥专家和团队协作的力量

“老将出马，一个顶俩”。在项目早期，项目经理要尽快识别需要吸收哪些方面的资深专家并尽早确定关键团队成员的名单，根据该名单明确团队成员在项目开发过程中需要承担的职责，这样在产品概念定义和可行性分析阶段，就可以充分发挥资深专家丰富的项目实战经验优势了。

项目经理在整个项目中要充分发挥各个领域和研发方向专家的特长，同时积极调动团队的力量共同解决产品开发和测试过程中遇到的各种各样的问题。在很多情况下，团队之所以对遇到的问题没有头绪，可能是因为没有找到正确的专家或没有充分发挥团队协作的力量。

分享：这里的“专家”不局限于团队或公司内部，团队成员既可以向客户请教，也可以向有相关专业经验的任何人咨询，也许有些问题就像一层窗户纸，只需要他人的一些指点就可以解决。项目经理不能局限于团队内部的专家，还有很多公司甚至公司外部的专家可以进行请教和咨询。很多问题或许已经有答案了，我们的目的是找到答案并推动项目顺利前进，而不是花费时间和精力重复“造轮子”。

7. 与不同类型的项目团队沟通

由于不同公司的组织方式和规模不同，因此在开发新产品的过程中可能存在多种类型的团队，团队组织方式的不同将直接影响项目经理对项目的管理和推进。项目经理应该在立项之初从公司的高级管理层那里获得足够的项目授权，这样才能指挥若定。

示例：常见的项目团队类型如下。

1）项目型团队

① 构成：由一组稳定的团队开发、设计产品并完成后续产品生命周期

的维护。

② 特点：人员相对固定，基本上不存在新团队成员的磨合，相互之间比较熟悉和了解，可以直接沟通、工作，团队绩效考核指标一致。

③ 项目型团队的沟通相对容易，成员之间可以按照以往的磨合结果进行沟通，项目经理比较容易将精力集中在项目执行的细节和优化上。

2）职能型项目团队

① 构成：由多个职能部门抽调专业成员组成临时性项目团队，所有成员因项目而被临时组合在一起。

② 特点：在项目结束后团队就会解散，团队成员将被分配到其他项目团队中，后续的维护工作会交给其他部门完成。

③ 职能型项目团队的沟通相对复杂，需要协调团队之间和团队内部的各种信息和资源。

3）内外混合型项目团队

① 构成：当新项目需要与外部 ODM 或 OEM 合作交付产品时，内部团队要与外部供应商建立合作关系并确定合适的沟通方式。

② 特点：构成比较复杂的大型组织，实际上是由职能型项目团队和外部团队共同组成的产品开发团队。

③ 内外混合型项目团队的沟通比较复杂，项目经理需要在信息的有效沟通和协调上投入大量精力。

对于项目经理来讲，上述示例中的后两种项目团队类型是比较大的挑战，需要从零开始建立沟通关系和信任，最终实现紧密的合作和高效的输出。对于快速开发类型的项目，项目经理需要进行很多线上和线下、正式和非正式的沟通工作，才能高效推进项目执行并实现项目目标。

清晰的文档是与外界高效沟通的法宝。当完成设计和计划评估阶段的工作后，项目开发团队要严格执行既定的、文档化的计划，在此期间，项目经理的工作是对开发过程进行监控和沟通、对资源进行调配和整合，以及处理随时可能发生的、无法预测的各种问题。

上述工作都要在项目的立项阶段退出之前完成，这个阶段的主要任务就是确保团队充分理解客户需求并给出合理的评估。

项目经理不但是项目团队中对最终结果负责的人，而且要能带领和激励团队克服各种困难，交付令客户满意的产品。要想做到这一点，需要有清晰的项目目标。不过，在项目团队中可能存在团队成员的绩效构成和绩效考核标准有所差异的情况，不是每个团队成员都有与项目经理负责的项目相同的绩效权重，以及与项目经理一致的项目目标。要想实现最终的项目目标，项目经理需要深入挖掘团队中每个成员高效、高质量完成任务的条件，同时激励团队成员交付超出期望的结果，这样最终交付的产品才是极具竞争力的产品。

对于内外混合型项目团队，由于文化、地点、设计能力和团队成员的诸多不同之处，因此在合作和配合时需要一定的沟通技巧和手段，才能推动项目顺利前进并得到期望的结果。

分享：以下是管理内外混合型项目团队的几种方法。

1）明确项目范围、进度、规格、交付的产品和共同的项目目标

与外部团队合作，需要在项目早期明确项目范围、计划、目标和交付的具体产品等，并且把这些工作内容写入合同，白纸黑字地落实在条款上，还应在合同条款中规定费用的支付方式，是根据项目的阶段进展支付，还是在最终结果达成之后支付，这样能让团队成员具有相同的项目目标和绩效考核标准。

2）与供应商的对接项目经理建立良好的沟通关系

适当减少沟通接口会使沟通更有效率，项目经理更容易将精力集中在重要且紧急的工作上，也更容易有时间和精力深度思考项目内外的各种问题。在与供应商打交道的时候，应该让专业的人做专业的事情，让对方的项目经理管理并汇报当前的项目进展，同时与自己团队中的专家一起密切关注各个专业领域的开发和测试进展，让项目的整体状态既有实时的更新结果又有专业的监控手段。这需要项目经理与供应商的对接项目经理建立良好的沟通关系，商议问题的应对措施。

3）将合作伙伴看作团队成员并给予充分信任

如果大家需要相互配合才能实现共同的项目目标，那么项目经理应给予合作伙伴充分的信任，在项目信息的沟通和共享上公开、透明，确保流畅地传递

有价值的信息，充分识别真正的项目风险，找到问题的根本原因进而彻底解决问题。不过透明和信任不意味着不监督、不管理、不领导，而应让团队成员充分收集有价值的信息，帮助各位专家做出最好的决策，获得项目的成功。如果双方连信任都没有，还谈什么成功？反过来看，建立了信任关系的合作伙伴也不会害怕监督和公开讨论。

4）建立良好的沟通机制，明确问题的责任人和上升问题的渠道

在与合作伙伴确认商务合作的初期，项目经理应列出团队成员列表，在条件允许的情况下，合作双方的关键干系人最好能面对面地对项目进行整体的沟通。这样做，一是可以进一步建立互信的基础，二是可以考察对方的技术水平，并根据技术考察结果确定采取的沟通方式是引导型还是监控型。同时，项目经理要明确专业工程师在发现或遇到问题时的信息传递机制和问题的责任人，以及如果需要上升问题或向高级管理层寻求帮助，那么上升问题的渠道是什么。

5）利用自身资源和对第三方厂商的影响力给予合作伙伴必要的支持

在项目开发的过程中，当合作伙伴产生由特殊原因导致的、计划外的资源需求，或者需要从外部供应商那里获取资源和技术支持的时候，在充分沟通的前提下，项目经理应调取可用的内外部资源，给予合作伙伴必要的支持，从而加快项目进度或问题的处理、解决速度。

8. 与管理团队沟通

项目经理不但要与团队成员就项目状态进行各种确认和沟通，而且要清晰、准确、及时地定期向管理团队报告项目状态，从而获得必要的支持和帮助以确保项目的顺利进行。

如果在项目过程中需要高级管理团队介入并提供支持和帮助，那么项目经理在沟通前需要提前做好以下几项准备工作，以便获得良好的沟通结果并得到自己想要的支持和帮助。

① 项目经理应该明确需要沟通的具体内容和寻求什么样的帮助。

② 在与管理团队沟通之前，项目团队首先应对当前的问题进行深入思考并尝试各种方案，然后由项目经理带着结果与管理团队沟通。

③ 项目经理应用最简短、清晰的语言或文字描述清楚问题的本质或当前的进展，在寻求帮助的同时说明团队正在执行的计划是什么。

④ 如果职能型项目团队存在技术方面而不是资源方面的需求，那么相关的技术专家应在经过团队内部评估确实需要帮助的情况下向管理团队汇报。

⑤ 项目经理应说清楚问题的影响，如果得不到需要的帮助，那么相应的结果是什么。

⑥ 对于突发的重大问题要说清楚背景，及时上报并向管理团队更新状态，直至解决问题，让管理团队随时掌握问题的进展，以便提供相应的资源和帮助。

9. 虚拟团队的沟通和管理

随着全球化产业发展加快、全球化供应链格局日益成熟，大型项目中的所有参与人员很难全部来自同一个办公地点，在更多情况下，由来自不同城市、不同国家甚至不同时区的项目开发人员，共同组成一个不在同一办公地点却又共同协作的产品开发团队，即虚拟团队。在整个项目过程中，部分团队成员“只闻其声不见其人”，已经不是什么新鲜的事情了。

虚拟团队的出现是信息技术、通信技术、产业分工和全球化发展的必然结果，来自不同地区、不同文化背景、不同专业领域，使用不同语言的专家为了同一个项目目标而被联系在一起，共同协作、紧密配合，交付可以让全世界客户使用的产品，这体现了多元化趋向大统一的趋势；另外，在疫情导致人们出行受限的特殊情况下，团队的部分成员可能无法在办公室办公，也形成了类似虚拟团队的工作和沟通模式。

文化背景的多元、语言表述的差异、办公地点和时区的不同，给项目经理带来的沟通和管理挑战可想而知。虽然随着通信技术的发展，与以往的电话和邮件沟通相比，可视会议等沟通模式的出现带来了更好的体验，但是仍然没有办法解决所有的潜在沟通问题，团队成员和项目经理仍然需要克服很多沟通困难，以便实现项目目标。

分享：基于实践，我总结了以下几种有助于项目经理管理虚拟团队的方法，供读者参考。

1）创造见面机会

“见面三分情”，在项目一开始的时候，如果能创造一个让团队成员面对面交流的机会，将会极大地提升沟通效果。有过见面经历、一起讨论问题或吃饭喝茶、聊一些个人的兴趣爱好等，将极大地增进相互之间的了解，包括对彼此的地域文化、说话语气和沟通风格等的了解，有利于后续项目中的沟通和管理。

2）统一工程语言，输出工程文档

如果在项目团队中有使用不同母语的专家成员，那么应该统一项目沟通语言，可以根据公司文化或团队特点决定使用哪一种语言，统一语言的使用环境和场景包括但不限于会议、邮件和文档等。

在项目计划、开发、执行过程中的任何行动和结果，都要以输出正式文档为准则，并将标准的工程文档传达给整个团队，作为沟通和判断的依据，让所有的计划、方案、执行过程和最终结果都有据可依，从而有利于团队沟通和后期必要的回溯、确认、审查。

3）充分利用现代化的通信技术

远程办公要充分利用先进的通信技术开展项目的沟通和交流，如电子邮件、视频会议、共享桌面、共享文档空间，以及多人实时、共同操作即时通信软件等，这样可以极大地提高项目团队成员之间的沟通效率，及时获取最新的项目进展和各项执行结果。

4）确定明确的任务目标和详细的项目计划，将标准文档化

根据需求和评估结果确定明确的任务目标和详细的项目计划，文档化输出需要达成的各项结果和对应的标准。项目经理可以根据各项计划的进度与各个领域的专家进行确认和沟通，从而了解各个领域的项目进展或当前遇到的困难。

5）用数据或图表说话

项目经理在与团队成员之间进行沟通时，对于沟通材料，能用工程数据或图表，就尽量不要使用容易产生误解的语言和文字，有时候“一图胜千言”，标准化的数据最有说服力。

6）及时汇报进度和状态

充分利用项目周会和周报的机会，定期向项目团队成员和公司管理团队同

步虚拟团队的各项进展，让工程师及其上级经理了解并跟进当前的项目进度和状态，从而推动项目前进，提高执行质量。

10．在团队内外部学会讲政治

每一家公司都拥有独特的文化和传统，每一个团队都或多或少地拥有独特的管理风格，每一位客户的情况亦然，不同的部门或层级之间也可能存在这样或那样的冲突。在这种既要合作又要管理冲突的背景下，要想获得项目的成功，项目经理要在讲原则的同时学会讲政治。讲政治本身没有对错之分，而是对文化的不同理解，如果不能好好地协调、沟通，利用这些文化，可能会耗费很多资源和精力。以下是几种在项目执行的过程中可能出现的情况和对应的解决方式，供读者参考。

① 在项目执行的过程中，团队中的不同成员会有各自的关注重点，其方向可能不同甚至相悖，每个部门亦然。如果项目经理负责的项目在公司产品线中的权重较高，但是该项目在某些专业部门内部可能由于绩效考核分配等原因被设置成权重较低且资源分配较少，那么这样的资源分配必然会影响项目进度的正常推进，在这种情况下，项目经理需要尽快识别导致项目进度延迟的原因，并想办法解决资源权重冲突的问题。

上述情况对应的解决方式如下。

项目经理要想办法提高自己负责的项目在相关部门绩效考核中的权重，对相关组织和团队内部的管理风格和关注重点有所了解，找到利益的平衡点，从而在满足自身项目需要的同时兼顾相关组织或个人的关注重点。在组织内部往往有一个向心力的需求，即对整个组织实现绩效目标的需求，项目经理要找到能够提供所需资源的关键干系人，解决当前的项目资源和优先级问题。

在项目开发的过程中，项目经理要善于利用定期报告项目进度的机会，在有高级管理团队参加的会议上点名报告某些项目进度，通过这种方式引起相关部门的注意，从而起到一定程度的推动效果。

项目经理可以向领导咨询或与相应的专家沟通，从侧面了解受技术因素影响以外的项目进展和需要努力的方向。

② 项目经理的产品开发项目很重要，不过团队中的个别成员作为特定部门的专业人士在该项目中的表现对其个人而言可能更重要。这些“表现”可能与其在

团队中付出的努力和做出的贡献不成正比，这意味着个别成员可能会对执行结果产生反方向的作用或阻碍项目的进度，特别是某些对研发结果或评审点的决策有制衡权利的部门或个人，可能会在项目的评审点环节提出无法在短期内满足的需求，从而导致项目推迟。

上述情况对应的解决方式如下。

在这种情况下，项目经理可能需要优先沟通能够让项目按照评审要求退出的条件和限制，在满足个别成员表现欲的同时实现项目的计划目标，对事不对人。

在关键评审点环节，如果个别成员希望通过提出事前未经协商、同步的问题来得到高层的关注，项目经理应在项目进入关键评审点前的每一个关键里程碑与干系人充分沟通，争取在线下达成一致，满足干系人的合理要求并解答其疑问，在给予对方表现机会的同时达到让项目在评审点环节顺利退出的目的。

如果项目经理遇到的问题是自身无法解决的，那么应该在深入的调查后寻求上级领导的帮助和协调，如项目公共资源的分配和冲突问题，需要由上级领导评估项目资源冲突对其利益关系的影响并在协商之后达成一致。在这种情况下，项目经理要从管理层的角度看待问题，并从项目管理的角度解决问题。

③ 如果公司内部的两个产品项目在公共资源上存在竞争关系或需要进行协调，那么项目经理要如何争取资源？如何处理对方纯粹出于保护自己的动机而在项目一开始就霸占资源，甚至即使闲置也不分享资源的情况呢？

上述情况对应的解决方式如下。

在这个时候，项目经理可以先进行线下协商，如果协商不成，再将问题上升到高级管理层。

项目经理在解决这类问题的过程中不能拘泥于既有的流程，应采取对事不对人的处理方式，即使对方有情绪，也要坦诚地以事实为依据处理问题，这样才能为彼此的长期合作打好基础。在与他人合作时，大家有各自的目标和利益关系，如果能够识别并最大限度地兼顾他人的诉求，那么将与他人建立共识和信任关系，最终收获他人对自己的认可。对方在执行项目的过程中，能够清晰地感受到项目经理已经最大限度地满足了各方的诉求，并且努力让项目朝着实现目标的正确方向前进。

④ 项目团队成员在执行任务的过程中存在拖拉的现象，或者对其专业领域内

需要做出的决策百般推脱，不想承担任何责任和风险，从而推迟项目进度。

上述情况对应的解决方式如下。

项目经理可以先进行线下沟通，如果无效，再与其上级领导沟通。在项目执行的过程中，如果在团队内部或在与客户沟通时发生推脱责任的现象，那么项目经理应让团队成员排除所有的风险点并对所有的问题给出百分之百的保证。之所以遇到这种情况，往往是因为相应问题的对接人没有办法给出项目经理想要的风险和问题承诺，这个时候要找到能够做出相关决策的对接人来解决问题，不过前提是团队已经把问题和风险都分析清楚且没有其他开放性的细节需要继续讨论了。如果单纯是因为成员的积极性不高，那么项目经理要先找到其领导，了解是不是技术要求、项目任务是成员在能力范围和规定时间内无法完成的，要么增加资源，要么请成员积极配合项目的开发，按照项目计划完成需要执行的任务；如果是成员积极性以外的原因，那么项目经理要请求管理层协调资源，以便完成相应的任务。

上述情况属于技术沟通以外的领域，项目经理需要花费精力解决这些存在于团队内外部的“政治问题”，积极应对类似情况，最终实现项目的交付目标。

11. 在沟通中学会换位思考

试想自己是客户、部门高级经理或项目执行团队中某个专业领域的专家，应该如何沟通才能更高效地推进项目进度？在沟通中学会换位思考也是一种很好的管理团队的方式。

综上所述，项目沟通管理是一项考验项目经理综合能力的任务，项目经理需要始终与团队密切合作，时刻保持警觉和机敏的状态，不放过在项目执行过程中发生的任何可能影响项目内部和外部、短期和长期的事件，同时发挥团队的力量，运用团队的智慧来实现项目目标。

> 分享：以下是一些基于项目沟通管理实践的经验总结。
>
> ① 信任并授权团队成员，不过仍然需要检查。
>
> ② 每个人都是项目的负责人，培养团队成员对项目的责任感。
>
> ③ 不断激励团队成员，明确表达出相信他们能够成功。
>
> ④ 报告要简单明了。

⑤ 对项目过程和结果要大胆怀疑、小心求证。

⑥ 对具体问题提出明确要求并持续跟进。

⑦ 快速决策并执行，在执行过程中检查决策的正确性，而不是万事俱备才开始行动。

⑧ 穷尽一切合理的可能性，不过要确保它们可实践且合乎逻辑。

⑨ 团队会议要有计划和目标。

⑩ 时刻跟进项目状态。

本章小结

① 高效沟通是项目经理进行项目管理的重要手段。

② 对不同的沟通对象需要采取不同的沟通方式。

③ 沟通技能需要持续修炼。

④ 学会换位思考可以帮助项目经理更好地理解沟通对象的想法。

⑤ 重视非正式沟通、深刻理解公司文化和客户公司的文化，将极大地帮助项目经理获得良好的沟通结果。

第6章

产品概念定义

产品概念定义指的是，根据市场需求规格书等文档对各类需求中定义的产品规格、范围、功能和特性等，通过简练的文字、逻辑图、流程图或3D模型等方式进行概括的抽象描述。概括的抽象描述可以让团队成员或客户快速理解产品概念，形成直观的认知，并根据这一认知判断其描述的意图和内容是否满足了产品和客户的需求。产品概念的约束条件是市场需求规格书中的抽象描述，不过概念的产生过程往往是一个突破现状、发挥创造力和想象力的过程，甚至可以创造出需求方没有想到的可能性，或者与原始设计相比能够更好地满足需求的某种设计。因此，项目经理要在这个阶段充分调动整个团队的创造力，设计出更贴近客户需求的高价值产品。

示例：我们可以通过一个例子理解产品概念定义的过程。假如客户的需求只有一条文字描述，即“一种能盛水的容器”，在这样的约束条件下，我们可以设计出上百种形状各异的容器来满足“盛水”的需求，材料的选择也有许多种；当需求发生变化后，增加了一些条件，变为“一种能盛300mL开水的透明容器”，此时设计一个透明的玻璃水杯可以满足客户的实际需求；再增加一些条件，变为“一种能盛30L铁水的容器”，那么一个坩埚的设计方案应该更能满足客户的需求。

有时候“一图胜千言”，把约束条件高度抽象为一张表格、一套流程图、一幅系统架构框图或可视的 3D 机构图，可以更高效地传达产品设计的需求信息，方便产品开发团队进行沟通和交流。

团队在设计时不要只局限于一种方案，可以在产品概念定义阶段尽可能将约束条件抽象为各种可能的方案，至于究竟哪种方案更接近客户的真实需求、哪种方案的设计是最优的，还需要通过进一步的专业分析或与需求方沟通来确定。

图 6.1 所示为产品概念定义流程。

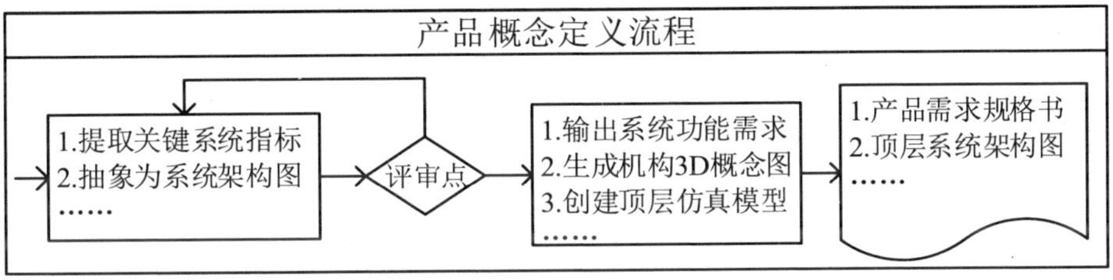

图 6.1 产品概念定义流程

从这个流程中可以看出，在产品概念定义阶段，项目团队要从市场需求规格书中提取关键的系统指标和参数，并且从系统设计的角度对需求进行抽象处理，或者创建相应的模型，在初步完成抽象处理和建模后，与需求方进行沟通和评审，确认抽象的系统设计和系统架构图满足或接近产品顶层设计的要求。如果顶层的系统设计环节通过了评审点，就可以按照流程输出相应的系统功能需求、机构 3D 概念图和顶层仿真模型等文档，作为进入下一个阶段的输入条件，完成产品概念定义阶段的任务。

6.1 产品概念定义的方法

产品概念定义的方法是指，在从需求输入到产品顶层概念设计的过程中，根据需求中的关键参数和指标设计出一个能够满足需求的、概念性的系统设计或逻辑模型，先从系统和功能的角度进行产品的顶层设计和规划，再对如何实现这些功能进行步骤划分，最后通过具体的技术方法或软硬件设计来实现。

示例：以下是对产品概念定义方法的说明。

1. 组织方法

① 由项目经理组织产品架构师、系统工程师和各个领域的资深专家组成核心小组，通过头脑风暴的方法根据需求进行产品概念的定义，并输出顶层设计框架或3D草图等设计文档。

② 研究市场上已有的类似产品并评价其优缺点。

③ 各方搜寻可能的方案，思考如何用最新的技术满足客户需求。

④ 挖掘出客户真正的需求和痛点是什么、最关注的产品特性或关键性能指标是什么，思考如何在不损害系统性能的前提下满足客户需求并兼顾产品的其他参数或功能特性。

2. 执行流程

① 列出影响系统设计的关键参数、功能要求和性能指标。

② 运用发散性思维，研究每一个参数或指标的实现方式并列举出具体的方法或技术，同时考虑相关的约束条件，排除无法系统性实现的方法。

③ 输出满足关键指标的系统架构图、机构3D概念图或顶层仿真模型，进行进一步的评估。

项目经理和团队可以在产品概念定义阶段采用以下方法。

① 明确客户或市场对产品的功能和性能指标的要求。

② 从设计原理和工程实践经验的角度评估这些要求，输出设计框图，并以框图为指导进行下一步的仿真、运算论证，或者利用简单的原型机搭建3D模型并进行评估。

对于复杂产品的设计，团队需要更具体的需求信息才能输出准确的概念方案，在开始设计时往往只有笼统的需求，客户不可能百分之百给出所有信息，随着方案设计过程的进行，团队会逐渐摸索出最优的方案。同样，团队不是只要得出一个概念方案就可以拿起工具开始工作了，应该尽可能多地收集需求，提供多个概念方案，并在这些方案中选择最优的方案继续进行收敛，最终确定一个更接近真实需求的产品概念的顶层设计方案。

如上所述，在产品概念定义阶段，团队需要根据产品需求及其确认过程输出产品需求规格书、顶层系统架构图和 3D 草图等设计文档。

产品需求规格书需要定义产品整体设计的关键需求、关键参数要求和关键功能描述，结合客户的使用场景说明产品的具体形态、主要配置系统和销售地区等信息，并根据具体的产品设计需求输出系统框图、机构概念图、逻辑图和流程图等可以描述关键需求信息的抽象表达方式，以便进行后续的可行性分析和执行方案的制定。

初始版本的产品需求规格书或产品系统规格书一般是由系统工程师、系统设计架构师和相关专业的专家根据产品需求编撰的，产品系统规格书会随着可行性分析阶段的完成、产品的不断开发和升级进行必要的版本更新，直至立项阶段退出的时候输出正式版本，作为整个项目团队各个专项开发标准的主要参考文档。产品系统规格书一般是内部的开发文档，不会对外发布，对外会以产品使用说明书的方式向终端客户介绍产品。

系统架构图、流程图或 3D 草图等也是设计团队进行有效沟通的重要文档，它们可以清晰明了地传达产品概念的顶层设计。总之，在产品概念定义阶段，团队可以根据具体需求决定输出什么样的设计文档。

6.2 产品概念定义阶段管理

1. 内外部信息的获取

在产品概念定义阶段，系统设计架构师和产品开发人员应广泛收集和研究内外部的各种技术信息，产品开发既不是重复地“造轮子”，也不是闭门造车，更不是空中楼阁，而是一个需要持续关注内外部信息的过程，是不断利用当前的技术、材料、方法和手段满足客户需求，通过提供有竞争力的产品和服务，最终为公司和客户创造价值的过程。在收集和分析信息的同时，团队成员要关注在相关市场和技术领域内是否已经有类似的成熟产品或技术方案可以参考和采用，这样可以大大降低项目的风险，加快产品上市的速度。

分享：项目经理要积极组织内外部专家介绍新产品、新技术、新算法、先进流程和平台解决方案等，并且让团队内部的信息高效共享，通过头脑风暴会议等方法，让产品概念定义更接近客户需求，更具有创新性。

2．设定交付概念定义的时间期限

项目经理应让产品概念定义的核心团队产生紧迫感。一开始，概念设计的方案可能不够具体，在这种情况下，项目经理应该抓住关键信息，高度抽象概念设计，让团队尽快有一个相对明确的概念，后期可以继续收敛。设定一个时间期限并定期与团队沟通进展，是推动项目前进并让团队产生紧迫感的有效手段，当然也要根据具体需求的复杂度把握一个合理的尺度，越复杂的产品需求，其概念设计的收敛速度越慢，花费的时间也越长，项目经理应根据具体产品进行合理的规划和定义。

3．交付多个概念定义

1）单团队、多概念择最优设计

如果团队有能力，那么可以同时交付多个概念定义，以便在后续进行可行性分析时确保方案的多样性，这样可以避免在一条路走不通的时候反复进行类似的工作。交付多个概念定义可以为开发团队创造更大的想象空间，选出更优的设计方案，让产品更具竞争力。

在产品概念定义阶段，项目经理要鼓励团队从不同的角度思考满足市场需求的方法，进而交付多个产品概念设计方案。

2）多团队、多概念择最优设计，并综合其他方案的优秀设计理念

如果有多个独立团队同时进行产品概念的定义，那么不同团队可能会对产品特性产生独特的理解，只有更创新的设计才能在关键指标上胜出，并且有机会在后期把其他团队提出的优秀设计理念同步到方案中，让产品的设计更有竞争力。

3）产品概念设计的择优方法

在产品概念定义阶段，团队需要输出多个产品概念设计，并且从多个概念设计中选择相对最优的设计，从而设计出更能满足客户需求的产品。产品概念设计的择优可以采用以下方法。

① 客户选择：由客户在多个产品概念设计中选择一个客户认为最能满足其实际需求的概念设计。

② 设计团队投票选择：由设计团队采用投票的方法选择最优的产品概念设计。

③ 根据设计性能和参数侧重点选择：采用关注关键指标和参数的方法，通过打分选出分数最高的产品概念设计。

4．产品概念定义阶段的评审原则

在产品概念定义阶段，团队始终是围绕产品需求的范围进行产品概念设计的，依靠团队中的系统设计架构师和相关领域的专家对需求进行抽象和收敛，并从技术的角度进行转化，最重要的是对需求的正确理解和提供多个概念设计方案。

团队专家在评审产品概念设计是否偏离了市场需求规格书中要求的范围时，需要从不同的角度审视产品概念设计是否涵盖了所有可能的方向，以及彼此之间是否存在任何矛盾的地方。在评审环节，如果客户可以参与进来，将会大大提高团队把控需求和要求的精准度，确保产品概念设计的关键参数和指标就是客户所需要的，因此让客户给出一些建议也是评审把关的一种有效方式。

在这个阶段，项目经理要抓住关键的概念设计信息，与团队一起选出最优的概念设计方案，并且与核心团队成员共同识别出需要参与项目开发的相关领域的专家，确保评审结果达到阶段退出的标准。

本章小结

① 产品概念定义指的是，根据市场需求规格书等文档对各类需求中定义的产品规格、范围、功能和特性等，通过简练的文字、逻辑图、流程图或 3D 模型等方式进行概括的抽象描述。

② 项目经理要积极提供各种条件，让团队在项目早期获得更多有价值的内外部信息，以便进行产品概念定义。

③ 项目经理需要设定合理的交付概念定义的时间期限，尽快收敛概念设计。

④ 项目经理需要鼓励团队交付多个概念定义并对设计方案进行择优排序。

⑤ 项目经理需要充分调动整个团队的创造力。

第7章

可行性分析

在明确了产品需求和产品概念定义的范围后，输出产品需求规格书、组建项目团队并选出产品概念顶层设计方案，项目经理就可以发动各个专业领域的专家进入可行性分析阶段了。可行性分析指的是，项目开发团队在市场期望的时间期限内，利用当前存在或已经实践过的技术、服务、资源和生产手段等，评估如何实现产品需求规格书中的功能或技术指标的过程。

在可行性分析阶段，团队不但要评估产品设计的技术需求，而且要从项目整体的交付需求角度进行评估。

示例：在可行性分析阶段，项目经理除了需要考虑技术需求，还要考虑交付需求。

① 可以在中国生产和销售的产品可能无法直接在美国的市场中销售，因为产品要满足不同国家和地区相关法律法规的要求（如产品安全规范、电磁兼容性测试、环保要求等）。即使客户在市场需求规格书中定义了某个地区，如果不进行相应的需求分析并在产品的设计实现和测试验证上满足相应地区的法律法规要求，那么从可行性的角度来看，该产品也是无法进入该地区的。

② 对于产品开发所需的时间无法满足上市要求、开发预算无法满足开发所需、产品成本超出客户预期而失去竞争力、虽有市场需求但市场规模无法支撑产品的投入等情况，项目经理要进行认真的评估。

在发生上述情况时，即使产品在技术层面可以实现，也无法实现盈利并达成公司或组织的终极目标。可见，分析可行性不能只从一个维度或方向出发，一个完整的项目绝不只是由技术或生产因素决定的，而是由很多复杂因素决定着项目的最终交付结果。项目经理应尽量在项目早期识别各种因素的影响并输出全面、完整的评估结果，具体的识别方法是依靠团队的力量进行识别，或者参考历史项目的开发数据。

图 7.1 所示为可行性分析流程。

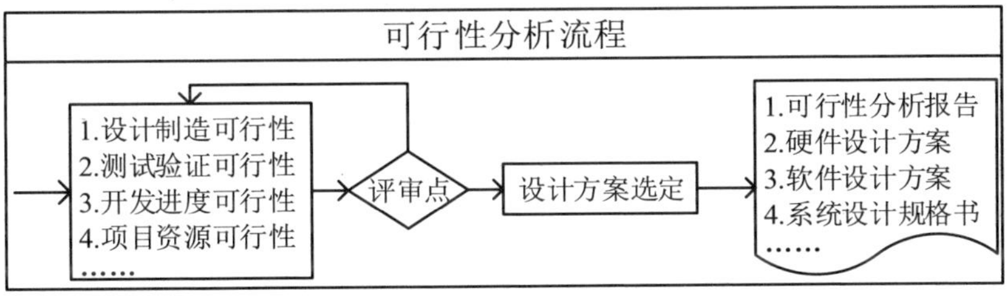

图 7.1　可行性分析流程

整个分析流程先从项目整体和系统的角度来评估，对具体需求进行划分和拆解，再由各个领域的专家对产品具体需求的设计实现、开发进度、测试方法、质量指标、采购可行性、生产制造可行性、运维难易程度和成本等进行综合评估，某些需求可能需要由多个交叉领域的专家共同评估实现的可行性。在这个阶段，项目经理需要和系统工程师一起组织项目团队中的相关专家进行技术可行性评估，确保没有遗漏各项需求的具体细节，特别是技术交叉领域容易产生死角或盲点的问题。

产品系统和单元模块的可行性分析结果非常重要，如果在前期没有对这部分工作进行充分的评估，那么在产品开发的后期可能会发生很多没有被原始计划覆盖的问题，这会大大拖延项目的执行进度并增加各种计划外的资源投入，需要反复更新评估方案，并且会直接影响到开发进度和开发费用，甚至导致整个项目无法顺利进行下去。

在可行性分析阶段，项目经理需要组织开发团队对产品需求规格书中的每一项具体需求进行科学而严谨的分析和评估，在这一过程中，可能需要以下几个部门同时或交叉执行具体的评估工作。

① 产品开发部门对产品需求进行技术可行性评估并给出评估结果。

② 测试部门对产品的测性可行性进行评估，以及对项目测试周期、测试进度和所需的测试人力、设备、物料等资源进行评估。

③ 质量部门组织整个项目团队对落实产品需求中每一项技术细节的风险等级进行初步的评估，即从质量风险的维度评估所有产品需求（如新技术的应用、独特的设计、与以往不同的设计细节、生产或测试中较难满足的要求等）的风险等级，并且与整个团队对所有风险进行针对性的等级分类和整理归档。

④ 项目经理要对复杂的项目活动进行工作任务分解，初步估算项目开发所需的人力和按照过往经验所需的开发周期。

⑤ 项目经理要根据各个部门的需求评估结果，推算可能需要的各种资源和费用，汇总并整理出具体的项目开发周期和所需的人力、资源、费用。

图 7.2 所示为评估最终开发方案的主要维度。

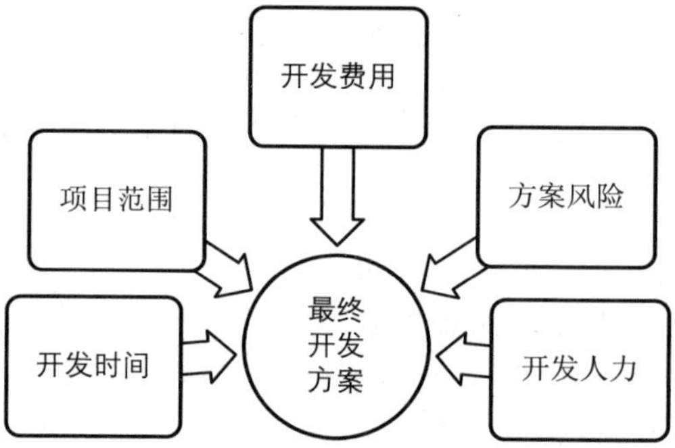

图 7.2 评估最终开发方案的主要维度

从图 7.2 中可以看出，项目经理需要在评估最终开发方案时均衡地考虑各种内外部限制条件，如方案比较容易但是费用超出预算，或者复杂的方案需要更多的人力资源，在考虑设计实现的同时兼顾项目的整体需求，这也属于上文所述要系统地、整体地看待项目执行过程中可能遇到的各种技术和非技术问题。

在由系统工程师牵头与各个专业部门完成技术可行性分析并输出可行性分析结果后，由项目经理对可行性分析结果和资料进行汇总。可行性分析阶段涉及的主要评估方向包括但不限于以下几个。

① 设计可行性评估。

② 测试可行性评估。

③ 开发进度、费用和资源可行性评估。

④ 产品专利申请。

7.1 设计可行性评估

设计可行性评估指的是，针对产品需求规格书和产品概念定义，从不同的专业技术角度进行设计可行性实现方法的分析，评估产品需求规格书中的每一项技术需求并给出评估结果。如果评估结果是"无法实现"或"只能实现部分功能"，那么团队需要给出无法全部实现的理由，并且评估无法完成关键指标对产品的影响。

设计可行性评估涵盖了产品设计开发可能涉及的所有专业类别和技术方向，项目经理和系统设计工程师需要对各个步骤和执行要点有所了解，持续跟踪并推动团队在有限的时间内输出设计可行性评估的结果。

示例：以下为电子类产品在设计可行性评估中可能涉及的相关专业领域。

（1）电子线路设计可行性评估。

（2）机构设计可行性评估。

（3）嵌入式固件设计可行性评估。

（4）软件设计可行性评估。

（5）直流和交流供电模块设计可行性评估。

（6）散热和降噪设计可行性评估。

（7）仿真设计可行性评估。

（8）电磁兼容性和安全规范可行性评估。

（9）环境和可靠性可行性评估。

（10）部件采购可行性评估。

（11）生产制造可行性评估。

（12）质量目标可行性评估。

（13）运维和现场服务可行性评估。

（14）其他与设计相关的评估。
① 竞品设计分析。
② 设计可行性的风险评估。
③ 多方案齐头并进选择最优方案。

如上所述，项目经理需要了解并追踪各个功能团队的评估进展和评估结果，确保团队在计划时间内完成各项评估任务。

以下是对通用产品评估方向的简要介绍。

1. 竞品设计分析

没有人能不依赖过往人类积累的知识，凭空设计出一款优秀的产品。在产品设计领域，最好的学习对象就是自己的竞争对手，既应该学习竞争对手的优点，因为它们已经被实践证明是优秀的设计；也应该学习竞争对手的缺点，因为它们也已经被实践证明是糟糕的设计。不过这不意味着照搬竞争对手的一切，而应充分吸收其过往的优秀设计经验，在这些经验的基础上规避一些可能存在的弊端，同时突破现有的设计瓶颈进行差异化的创新；当团队在产品设计过程中遇到了无法逾越的障碍时，也可以参考一下竞争对手是如何解决相关问题的，其解决方法同样可以给予团队一些启发。

竞品设计分析指的是，从多个维度对比分析业内多家产品的产品特性并输出分析报告，研究竞品和自家产品的设计特点和优劣势，以便制定改进措施或设计出超越竞争对手的产品。

分享：竞品设计分析的主要维度如下。
① 价格。
② 市场策略。
③ 覆盖的群体和范围。
④ 设计实现的方式（如软件、硬件等）。

在完成竞品设计分析后，团队要输出分析报告和相关的系统方案分析结果、产品优劣势分析比对结果等。

2. 设计可行性的风险评估

可行性评估需要输出对各种风险等级进行权衡后的评估结果，在每一项可行性评估的背后，都是对各种方案的优劣势、短期影响和长期影响等因素的综合考虑，从而得出一个可以接受的风险等级。因此在设计可行性评估的过程中，团队还要给出产品设计可能遭遇的风险、风险的影响，以及应对这些风险的预案和措施。

风险评估的方法有很多，如团队评估或打分等，团队要对识别出来的风险进行详细的记录并输出应对措施的可行性评估报告。

3. 多方案齐头并进选择最优方案

在设计可行性评估中，很多时候针对特定技术需求的设计路线或解决方案可能不止一种，项目经理应鼓励团队输出多种方案，因为设计可行性评估很可能是一个持续迭代的渐进过程，在评估过程中需要对各种方案进行反复评估和对比，才能选出一个从整体角度来看最优的方案。

设计可行性评估就是在各种满足产品设计需求的方案中，从整体的角度出发，对权重最高的关键参数和性能指标等进行反复评估、分析并选出满足整体需求的最优方案。

分享：在设计可行性评估中，多方案择优的参考方法如下。

① 客户选择：如果客户深度参与了产品研发过程，那么可以请客户对研发团队给出的设计方案做出选择。

② 研发投票：研发团队内部在深入的评估和讨论之后，通过投票决策的方式对设计方案排序。

③ 根据重点功能特性的实现方式对设计方案打分。

④ 限制条件下的次优方案选择：如某方案虽然很好，但是选型芯片无法批量采购，或者某方案的生产制造环节比较简单不过设计风险较高等。在这些情况下，团队可以选择兼顾量产产品和风险管控的次优方案。

7.2 测试可行性评估

在可行性分析阶段，团队要根据市场需求规格书中对产品测试的要求和产品研发设计过程中对测试验证覆盖率的要求，进行产品的可测性设计（Design for Test，DFT）评估。同时，团队不能只满足于市场需求规格书的功能要求，还要进行测试验证产品的功能和批量生产过程的质量可测性设计评估。

测试可行性评估的目的是充分考虑产品测试的要求，在产品设计开发之前就评估、规划好产品测试的具体要求，这样在产品进入测试验证阶段的时候，可以充分利用测试可行性评估的设计原理和测试验证手段，分析和处理在实际测试验证过程中遇到的各种问题，从而极大地提高解决问题的效率和产品的设计、生产质量。

项目经理在测试可行性评估中的主要工作，是推动产品开发团队和产品测试团队对产品的测试可行性进行有效的评估并输出相应的评估报告，从测试的角度保证产品的设计和生产质量，从而交付高质量的产品。

示例：团队需要从产品的功能特性、规格参数、性能指标和系统兼容性等多个角度输出测试可行性评估的评估方案，制订针对产品测试开发的各种计划，主要包括但不限于以下几个部分。

① 产品在各种使用场景中的测试覆盖率。

② 产品可测性设计与设计成本之间的冲突。

③ 产品可测性设计与研发、测试资源投入之间的关系。

④ 产品测试顺序和优先级的设定。

⑤ 产品在各种配置条件下的软硬件兼容性测试。

测试可行性评估可以分为以下三个阶段。

① 产品研发阶段的测试可行性评估。

② 产品生产阶段的测试可行性评估。

③ 产品在客户使用场景中的自检和故障诊断功能的评估。

第一个阶段的主要目的是尽量在成本可控的前提下兼顾产品可测试和可验证的需求，让产品在研发阶段就能得到足够多的测试验证，从而确保产品的设计质量；后两个阶段分别关注产品批量生产的测试验证，以及产品在客户使用场景中的自检和故障诊断功能。

1. 测试可行性的风险评估

测试可行性的风险评估指的是，对产品的测试覆盖率及其影响进行识别和评估，对已知的产品功能和特性进行测试覆盖范围的确认，明确如果某些功能或产品的某个部分无法被测试覆盖，那么可能带来的影响是什么、需要通过什么手段解决潜在的风险，从而实现产品的功能覆盖。

另外，对于没有识别到的风险，团队也要思考需要采取的应对措施和预案是什么，在系统整合测试验证环节需要通过什么方式实现产品的功能覆盖。

分享：在一般情况下，如果现有的测试手段无法覆盖所有的产品功能，那么可以采用整机压力测试、功能测试和系统整合测试等手段，根据整个研发阶段的产品数量和测试次数进行风险评估。不过这些方法和手段的实施需要从设计原理上着手，并且由各个专家进行风险评估和相应测试计划的制订、评审，最终输出评估报告和相关的测试方案。

2. 测试可行性评估方案的选择

为解决在满足产品的可测性设计需求时可能带来的一些问题和风险，设计者需要在设计开发的过程中从系统和全局的角度权衡利弊，包括但不限于以下几点。

① 因测试需要提高产品设计的复杂度，可能会造成新的、潜在的设计缺陷，从而影响产品质量。

② 如果为提高产品的测试覆盖率而产生新的设计、验证或制造成本，那么设计者应该权衡一下需要达到多高的覆盖率或多大的样本范围才能满足产品设计的质量要求，或者相关测试可以只在产品开发阶段进行，不需要在完成批量生产后再次从生产和自检的角度对产品进行确认。

③ 在测试实现产品功能覆盖的难度时，某些功能测试只有从系统的角度进行才能得到比较有参考性的结果，可能需要通过间接的方式进行相关功能和质量可信度的测试验证，这些都需要投入资源和时间，所以合理定义产品的质量指标、设计范围和质量要求的标准非常重要。

测试可行性评估的主要目的是确保产品的设计质量满足客户对产品功能的需求，以及在生产阶段确保产品的生产质量满足出货的要求，通过设计质量和生产质量两个角度的测试验证，大大提高产品在生命周期内的整体质量。

7.3 开发进度、费用和资源可行性评估

分析和制定项目开发进度，预估和统计开发费用，汇总和评估人力、测试物料等资源需求，以及与团队一起评估项目风险等工作是项目经理在可行性分析阶段的主要任务。

在这个阶段，项目经理需要提供项目开发进度、开发所需的预估费用和公司内外部的各种资源投入等。

1. 开发进度可行性评估

在开发进度可行性评估中，项目经理需要收集各个专业部门针对特定专业开发和测试进度的预估时间点，并且整理出一份项目开发进度时间表。

分享：以下是几种开发进度可行性评估的方法。

① 对于可参考类似产品的项目，项目经理可以根据历史经验和数据大致评估项目开发所需的时间，这里的“类似产品的项目”指的是在复杂度和产品类型上高度接近且可以类比的项目，如在评估盖一间新房所需的时间时，可以参考过往具有类似大小和格局的房屋建设所需的时间。

② 对只更新关键部件而不修改硬件设计的项目进行开发进度的评估，可以通过评估完成新部件各项测试所需的时间预估项目的开发进度，如更换一个模组单元或升级特定模组固件的时间。

③ 如果是对没有历史经验和数据可以参考的全新项目进行开发进度的评估，那么项目经理需要组织专家团队对产品的顶层设计和具体需求进行评估，即采用让专家团队评估的方法，由相关资深专家对项目开发过程的最长时间给出进度评估的结果，同时可以参考外部供应商提供的信息做出判断，将项目的开发进度设置在一个合理的范围内。

表 7.1 所示为平房建设进度的评估示例，从中可以看出，团队首先要对整个

项目进行阶段划分，然后将每个阶段分解为具体的执行步骤，最后由执行项目的相关专家根据实际建设的复杂度评估完成每一项任务所需的预估时间，汇总后的结果就是完成平房建设所需的大致时间。

表7.1 平房建设进度的评估示例

阶段划分	执行步骤	预估时间（天）	备注
立项阶段	房屋选址	7	
	土地申请使用	7～15	
	设计方案制定，施工周期评估	9～15	
	预算审核，组建队伍	7～14	可与设计方案制定步骤同步进行
施工和验收阶段	建筑施工	60～90	
	施工验收	3	可与建筑施工步骤同步进行
	室内外装修	30～60	
	装修验收	3	可与室内外装修步骤同步进行
交付阶段	入住	30～60	装修后散味

其他项目类型的开发进度可行性评估大致也是如此：首先是分析市场需求规格书中对产品上市时间的要求并划分阶段任务，然后分解每个阶段的项目执行活动并评估活动所需的工作量，根据项目团队反馈的预估开发时间进行执行步骤的排序，最后找出项目预估开发时间的关键路径，推算预估开发时间能否满足项目需求，如果常规的计划不能满足项目时间点的需求，那么是否可以通过其他的办法提前交付产品，列出相应的风险和实现这一目标依赖的各种前提条件。

在收集、整理好预估的项目开发进度后，项目经理要与团队再次进行确认，确认无误后输出顶层的项目开发进度计划。

2. 开发费用可行性评估

在整个项目开发的过程中，开发费用包括完成特定项目活动工作量所需的人力和物力等资源的投入：对于人力资源，可以通过人数乘以月薪的方式计算需要投入的费用；物力资源指的是完成项目开发需要投入的一次性研发费用，包括测试原型机或样机的材料、研发样机的生产、源代码授权、产品认证和物料等费用。

评估开发费用，需要针对不同类型的费用让相应的专家团队进行识别，请专家给出相关费用的预估数值，由项目经理汇总并在与团队完成评审之后发布出来。

3．开发资源可行性评估

在开发资源可行性评估中，项目经理既要争取各种内外部资源以满足项目的资源需求，又要解决评估过程所需的各种前期资源的投入和协调问题。项目经理要对项目所需的各种资源进行合理的掌控和分配，确保对各种资源的使用达到最佳状态，这样既能提高项目执行的效率，又能节约项目资源和各项开发费用的投入。

分享： 开发资源可行性评估包含以下几点。

① 项目的内外部开发工作和测试验证工作所需的人力资源。

② 产品测试所需各种零部件样品的协调和库存资源的协调。

③ 产品开发过程中开发、测试和验证等工具的需求情况，以及公司已有资源能否满足相关需求，如果需要采购，项目经理应给出合理的采购建议，或者通过其他方法获取。

④ 产品开发所需调试工具和设备的准备情况或采购计划。

项目经理需要在可行性分析阶段更新整个团队的成员列表，确保当前的人力资源能够满足项目全周期开发的人力资源需要，根据当前的状态，预估哪些部门在哪个阶段可能会出现人力资源紧张的情况，明确这种情况可能会对项目产生的影响，以及相应的短期预案和长期预案是什么。外包人力成本指的是，在整个项目开发的过程中，为完成特定项目活动的工作量，外包公司投入的人数乘以月薪所需的费用。

在这个阶段，项目经理还可以通过借用内部资源来降低产品开发的难度或节约项目的开发投入。例如，公司的其他开发部门已经开发过相近的产品设计或一部分功能和模块，或者有测试资源，或者有可以支持相应开发设计的调试设备等，项目经理可以请求公司的高级管理层协调、获取这些资源，这样无论是从项目开发进度的角度来看，还是从合理运用内外部资源的角度来看，都节约了公司的成本、降低了项目的风险，并且有助于提高公司的整体技术水平和产品研发能力。

4．发挥专家和团队的力量

在可行性评估中，没有人比专业领域的专家更了解其领域内各种技术和资源的开发需求，所以在评估项目开发进度、费用和资源的时候，需要由各个领域的专家提供完成特定领域内项目活动所需的时间、费用和相关配套资源。项目经理需要与每一个专家进行工作分解确认并满足相关专业领域的各种需求，汇总这些需求后得到的结果就是预估的执行项目所需。由专家进行评估会极大地提高估算数据的准确度，快速地为团队提供数据参考，便于进行前期的各项评估准备工作。

分享： 评估区间的选择方法如下。

在实际的评估过程中，由于评估工作的性质比较特殊，因此应该设置一个合理的评估区间，这样就会得出一个相对保守的数值和一个相对大胆的数值。因为是由各个专业的专家给出参考值的，所以项目经理还应该预估一个参考值以外的、最坏情况的估计值作为冗余设计的参考。在实际项目中究竟采用什么样的评估区间是合理的，要从项目整体的角度考虑，从资源、风险和参考区间等角度选择。

5. 可行性分析阶段评审

可行性分析阶段评审的主要目的是评估、确定产品需求和产品概念方案的可实现性，分析能否从技术层面上满足产品需求、满足产品需求需要付出的代价是什么、公司各领域的专业开发部门是否有能力实现产品的每一项功能并达到相关的性能和参数指标、如果利用公司资源无法达到部分指标那么是否可以借助外部资源，以及计划预算能否满足项目开发可行性的需求等，这些问题都需要在评审时进行讨论。

7.4 产品专利申请

产品只有不断创新才能持续赢得市场和客户的青睐，对于一家公司来讲，创新的产品不但是实现持续盈利的法宝，而且是基业长青的秘诀之一，可以让公司在激烈的市场竞争中保持领先地位。为了鼓励和保护创新，很多国家出台了各种与专利保护相关的法律法规。

在项目开发的过程中，项目经理既要不断挖掘产品价值，也要不断鼓励团队对产品设计进行创新并为优秀的设计提交专利申请。公司申请专利的好处是提升产品的竞争力、制造竞争壁垒和获得专利的授权收入等，从而不断为公司创造新的利润增长点；对个人而言，申请专利不但可以体现创新能力，而且可以让个人对产品的创新想法为客户创造实际的使用价值，并且申请专利的人员通常可以得到公司一定的奖励，在专利证书上还可以记载发明人的姓名。总之，申请专利不仅是一件名利双收的好事，还能让创新者的好点子创造更大的实际价值。

1. 专利权及其特点

专利权是由国务院专利行政部门依照法律规定，根据法定程序赋予专利权人的一种专有权利。

专利权概述如表 7.2 所示。

表 7.2　专利权概述

目　录	特　性	概　述
专利权特性	独占性	独占性也可以称为专有性或垄断性，即专利专属专利权人所有
	时间性	法律规定的保护期限
	地域性	对专利权的空间限制
专利类型	发明专利	发明人对产品、方法或其改进所提出的新的技术方案
	实用新型	发明人对产品的形状、结构或其结合所提出的适于实用的新的技术方案
	外观设计	发明人对产品的形状、图案或其结合，以及色彩与形状、图案的结合所做出的富有美感，并适用于工业应用的新设计
专利核心三要素	新颖性	该发明不属于现有技术，也没有任何单位或个人就同样的发明在申请日以前向国务院专利行政部门提出过申请，并记载在申请日以后公布的专利申请文件或公告的专利文件中
	创造性	与现有技术相比，该发明具有突出的实质性特点和显著的进步
	实用性	该发明能够制造或使用，并且能够产生积极效果
专利授予原则	先发明原则、先申请原则	

2. 如何申请专利

专利创新和申请的过程本身并不复杂，不过需要创新者在产品的开发设计中开动脑筋，捕捉为解决各种问题而迸发的思维闪光点，满足各种需求，从而在概念定义、产品评估分析、实际技术设计或解决具体技术问题的过程中，想出一个个好主意或解决方案，并从这些方案中评估、找出申请专利的可能。

专利申请流程如图 7.3 所示。

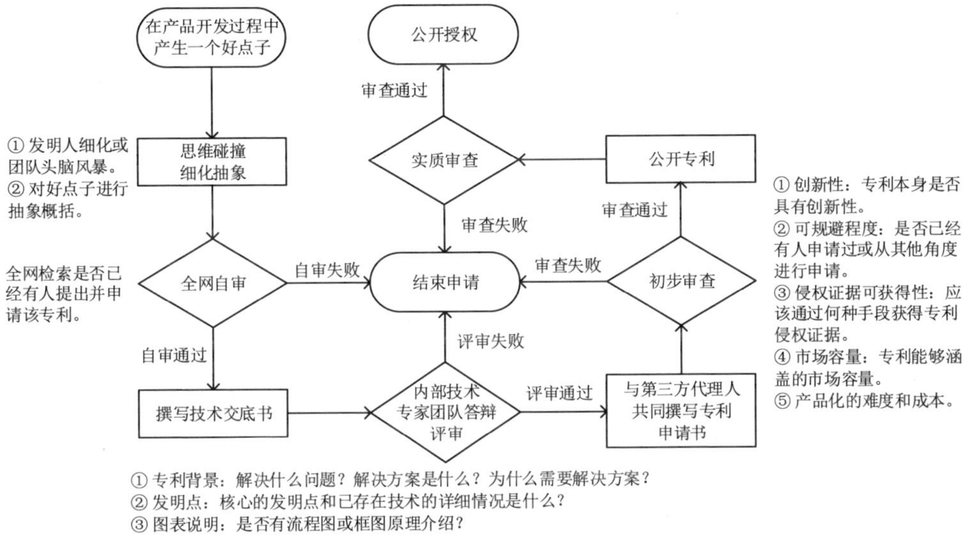

图 7.3　专利申请流程

分享：好点子的诞生场景。

在产品开发的任何阶段，都可能因为各种需求、评估、设计、验证和解决问题的方法而诞生好点子，酝酿出好的专利蓝本。

对产品专利点的发掘主要从技术角度进行，解决技术问题，可以围绕产品，不过不能局限于产品本身，应该打破思维束缚，以便提出更好的技术方案。好点子的诞生场景包括但不限于以下几种。

① 为满足产品需求而产生了好的想法或方案。

② 为解决产品开发过程中遇到的特殊问题，或者因看到了特别的现象而产生了新的解决方案。

③ 从现有的产品设计中产生了可以应用于未来产品的想法。

④ 专利既可以由个人申请，也可以是团队在设计方案或解决问题的过程中通过头脑风暴得到的结果，还可以是在产品设计的交叉领域合作产生的新成果。

除了上文提到的申请专利的各种优点，团队还要注意专利的特殊性可能对产品设计造成的潜在风险。

3. 产品专利审查

在可行性分析阶段甚至更早的产品概念定义阶段，团队就要对产品的设计方案进行专利审查，确保产品的技术方法或手段不存在侵犯相关领域技术专利的风险，或者针对某些专利壁垒采取相应的措施。

4. 侵犯专利的风险

如果产品在设计上或制造工艺上存在侵犯专利的风险，那么可能会对公司造成以下几种严重的后果。

① 公司需要赔偿侵犯专利权人的专利损失。

② 专利侵权将导致公司的产品无法上市和销售。

③ 专利侵权将对公司的名誉造成恶劣影响。

④ 专利侵权将间接地对公司的其他方面造成恶劣影响。

5. 规避专利的方法

在产品设计的过程中，项目经理既要鼓励团队积极进行发明创造，又要注意对产品设计方案中已有专利的规避，也就是说在团队的设计方案可能包含已经被他人申请过的专利技术时，应该另辟蹊径，通过其他方法解决团队面临的各种问题。

分享：规避专利的方法如下。

① 采用相近的科学原理，通过使用其他的实现方式规避专利。

② 对于产品存在的专利壁垒，可以通过购买专利的方式打破，这样既可以缩短产品的开发周期，又可以在一定程度上降低开发风险。

③ 专利交叉授权：专利权人双方进行专利的交叉授权，以此降低成本，实现双赢。

④ 供应商担保：由供应商提供没有专利侵犯风险的部件并签署保证书，以规避风险。

⑤ 专利失效：审查专利是否还在保护期内，如果专利已经失效，就可以安全地使用专利。

⑥ 放弃使用：为了规避专利，放弃产品的某些功能或通过其他方式代替。

⑦ 在产品公开之前再次进行专利审查。

在产品开发的过程中，项目经理要不断鼓励团队挖掘产品设计的专利点，有时候，工程师可能没有意识到自己的某些优秀设计或解决问题的方法是具有独特性和创新性的，可以更好地设计产品或满足各种需求。项目经理可以定期向团队宣讲，确认团队是否产生了一些新创意，并持续激发团队申请专利的热情。

本章小结

① 在可行性分析阶段，团队应该提供多个方案，如果最优方案受阻，那么可以对备选方案进行评估。

② 可行性评估应从多个维度进行，团队需要广泛收集各种内外部信息进行有效的评估。

③ 团队应在测试可行性评估中评估早期的产品质量风险。

④ 对开发进度、费用和资源的评估是项目经理的主要工作内容，应与团队合作共同评估，“拍脑袋”“拍大腿”不应该是项目经理的标准动作。

⑤ 积极鼓励团队成员申请更多的专利是一种实现多方收益并创造高价值的有效方法。

⑥ 在积极申请专利的同时，也要注意规避产品设计中可能存在的侵犯他人专利的风险。

第 8 章

项目计划管理

项目计划指的是，在完成产品需求确认、产品概念定义和可行性分析的基础上，进一步对整个项目的设计方案、执行计划、研发投入、开发进度、风险评估和应对方案等做一次全盘审查。这个阶段的重要工作是收敛可行性分析的结果，确定产品的设计方案，细化每个专业部门在项目进度中的执行计划和人力投入、物料样机的需求情况，在综合项目预估费用的基础上，结合市场需求规格书中的市场需求估算整个产品生命周期的销售量级和产品能为公司带来的收益，并根据所有的分析结果和具体的执行计划做出阶段评审点的决策。

项目计划管理流程如图 8.1 所示。在项目计划阶段，团队需要对可行性分析阶段输出的各个方案和计划进行选择，根据选择的方案创建工作分解结构，进一步细化所有的项目进度、项目预算、项目风险和部件需求等项目执行所需的环节和细项，同时输出相关的执行计划文档，为下一个阶段做好前期设计和资源规划的准备。

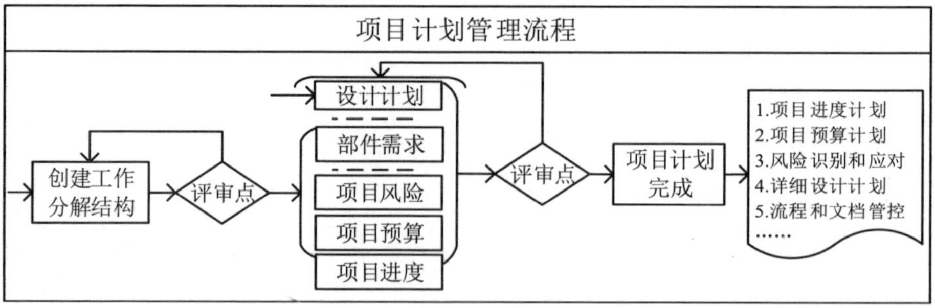

图 8.1　项目计划管理流程

在完成项目计划阶段的所有准备工作以后，项目会进入整个立项阶段的退出评审点，由公司的高级管理决策层根据团队对需求的把握和整个项目的投入产出、市场定位、技术实现、执行风险等，对项目进行一次全盘评审，根据评审结果决定项目是否进入下一个阶段。本章将对与阶段评审点管理和文档管控相关的重要项目管理方法进行介绍和说明。

8.1　项目管理的数字化实现

现代大型产品项目的开发和设计越来越依赖于各种数字化平台和流程管理软件，这些与项目管理有关的平台和软件的普及，极大地方便了项目管理、提高了信息传达的效率、拓展了项目经理管理项目的范围，并且让项目经理可以专注于项目管理过程中更有价值的沟通、协调和决策等环节，而不是很多重复性的、可由系统自动完成的工作。

需要澄清的一点是，数字化平台和流程管理软件本身并不能自动完成所有类型的产品开发流程，它们起到的只是辅助作用，依然需要由产品开发团队针对产品开发的特点进行阶段和流程的设计，以便满足实际的产品开发和应用需求，产品开发的核心依然是本书介绍的产品化项目管理的阶段划分和评审点等流程的具体设计。

项目管理工具大致可以分为以下几类。

1．技术资料和文档管理类

这类工具主要用于管理产品开发过程中所有与产品相关的技术资料，包括文件管理、源代码管理、设计图纸管理、各种元件规格书的档案管理和文档的各种权限设定等管理，让成员之间、不同功能单位之间和不同客户之间高效地协同合作，从而缩短开发时间、提升沟通质量、降低沟通成本。

这类工具可以对项目开发过程中的各种数据、流程和历史经验进行记录，实现组织资料的实时共享和交流，在一定程度上避免由于关键人员流动等原因造成项目无法继续执行或数据丢失的风险。

2. 项目任务跟踪管理类

这类工具是集各种测试、管理、研发问题和项目历史经验的积累、记录、保存为一体的综合性管理工具，主要用于产品问题追踪、讨论和管理，以及产品设计和验证经验的积累和分享，让设计团队和验证团队之间高效协作，持续积累设计和验证经验，从而有效提升产品设计品质、缩短开发时间。

项目任务跟踪管理系统是跟踪项目设计问题和缺陷的关键管控系统。在项目计划阶段，项目经理应在系统中创建需要开发的项目并把相关的项目成员添加进去，这样整个项目在开发过程中发现的任何与设计、验证相关的问题都可以被系统记录下来，实现精准管控，还可以在总结和复盘项目的各个阶段时根据记录的数据进行各种统计分析，以便掌握哪些领域存在问题和哪些问题对项目开发的影响最大等信息。

3. 人力资源管理类

这类工具可以通过对各个专案工程师工作日报、周报、月报等任务进度信息的收集和分析，跟踪工程师的日常作业情况，管理员工的工作量，统计实际的人力总投入成本、专案人力投入成本、部门人力资源分布和专案人力资源分布等管理指标，方便项目经理了解专案人力资源的分布状况，评估项目的人力资源需求。

4. 项目变更跟踪管理类

这类工具可以对项目执行阶段的所有变更需求进行跟踪和管控，让变更需求可控且流程化，每一个环节都需要关键执行人的电子审批和必要的陈述说明，只有在通过团队评估决策后，变更需求才能被正式纳入项目执行计划。

5. 物料状态管理系统

这类工具可以实时显示各种物料库存和当前可用物料的状态信息，通过研发物料状态管理系统，可以实现专案所需物料的库存查找、提交出库借用申请、物料入库、物料归还，以及与产品研发物料资源相关的查询和管控等功能，让项目经理在早期评估物料预算的时候了解哪些物料已经有库存，不需要进行额外的采购，或者哪些物料能够在相应阶段满足项目的使用需求等，从而实现物料的合理使用。

在项目计划阶段初期，项目经理需要在项目管理系统中提交创建新项目和对应项目资料存储空间的申请，经公司管理层审批后开通使用。项目经理应在开通新项目的账号和存储空间后及时添加项目团队成员，并且督促团队成员完成并按照计划发布相关文档。

在项目计划阶段，项目经理要为后期的项目执行做好所有的计划准备工作，确保计划的全面性和执行方案的完整性，与团队一起充分考虑项目执行过程中可能遇到的各种问题并做好相应的预案和计划。

8.2　评审点管理和文档管控

1．什么是评审点管理

为了确保项目的高效执行并对执行过程中的各种风险进行有效管控，本书将项目的整个执行流程划分为多个执行阶段，并且在每一个阶段之间的衔接点上设置了评审点，确保每个项目执行阶段和最终交付的结果都能满足项目任务的要求；在流程设置上，也在每一个大的执行阶段的衔接点上设置了项目主要阶段的评审点，并且制定了每一个阶段准入和退出的条件和标准，同时给出严格定义的标准文档形式。在项目管理的过程中，这些需要进行阶段准入或退出的评审点所对应的计划执行时间点被称为“关键里程碑”，对评审标准的制定和评审执行的管理就是评审点管理。

在实际的项目执行过程中，只有全部达到和满足了阶段评审点要求的标准和条件后，才可以进入团队评审阶段，根据实际的交付结果决定项目能否进入下一个执行阶段。这些跟踪项目执行状态和确认项目执行结果的环节就是项目执行过程中的评审点，对评审点的具体执行和决策结果的确认管理工作就是评审点管理。

在项目执行的过程中，项目经理要对每一个被划分出来的子阶段分别定义开发流程和执行任务的具体描述，以便清楚地了解每一个子阶段的重点任务是什么，以及在执行和验证阶段具体应该怎么做。

如上所述，在产品化项目管理流程中包含了各个阶段的评审点。评审点的设置可以分为以下两种类型。

① 项目具体活动任务执行结果评审点：对项目中具体活动任务的执行结果进

行评审，确保执行结果达到要求或满足相应的退出条件。

② 项目阶段执行结果评审点：在整个项目流程中的关键决策点或主要阶段之间做出的决策会对项目产生重大的影响，本书按照项目阶段划分，对每一个阶段的退出和下一个阶段的准入设置了评审点，确保项目的开发和质量满足产品设计的要求。

图 8.2 所示为项目执行评审点流程，它是项目阶段中子阶段之间的评审点流程，针对每一个子阶段执行的任务，按照项目执行评审点的各项标准，由相关领域的专家团队进行评审，可能会产生以下三种团队评审结果。

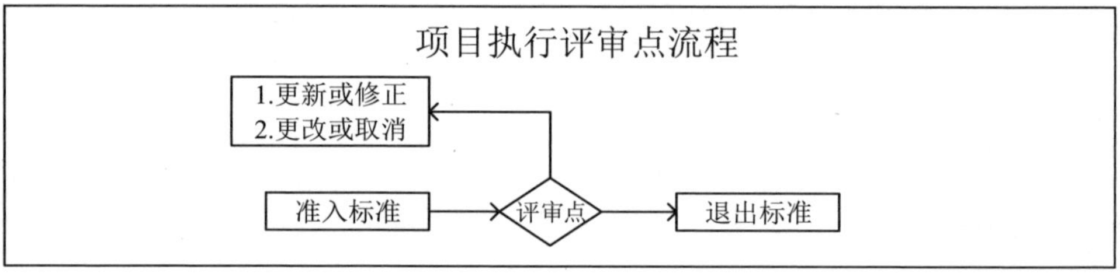

图 8.2　项目执行评审点流程

① 评审通过：项目活动的执行过程和交付结果达到了评审点设定的各项标准，可以进入下一个项目执行阶段。

② 评审不通过，需要更新或修正：项目活动的执行过程或交付结果达不到评审点预期的标准，需要进行更新或修正，并在合适的时间对更新或修正后的交付结果再次进行评审。

③ 评审不通过，需要更改或取消：项目活动的执行过程或交付结果达不到评审点预期的标准，需要通过其他计划实现项目目标。当前的计划经实践证明是不可行的或无法满足期望的要求，需要更改计划方向或直接取消项目，在产生新的结果后再次进行评审。

分享：项目经理应向团队成员树立一种理念，那就是每个成员都是项目中必不可少的创造者，更是项目执行的监督者和管理者，要对项目有一种主人翁的精神和责任感。项目的成功离不开团队成员的齐心协力和相互监督，这样才能保证最终的产品交付质量。在项目中，当任何成员发现执行过程或结果偏离了计划和应该达到的标准时，应该及时提出问题，让项目更加顺利和高效，这也是设置评审点的目的之一。

项目经理可以在项目执行过程中的任何一个阶段设置评审点，根据具体需要增减和执行流程，并且及时跟踪评审点后团队的状态。有时候，不需要等到所有执行结果都出来以后才开始进行评审，某些中间环节的执行结果可能已经预示了最终的执行结果，项目经理不能等到最后一刻再确认结果，而应在整个项目执行过程中时刻与团队保持紧密的联系和沟通，一旦发现偏离计划或可能造成风险的情况，就要立即与团队成员评估可能带来的后果和相应的解决方案，尽早预警、识别、处理可能发生的、偏离项目计划的情况，从而缩短解决问题的时间并节约项目资源。

图 8.3 所示为项目阶段评审点流程，它是项目阶段之间的评审点流程，针对每一个主要阶段的交付结果，按照项目阶段评审点的各项标准，由所有项目开发团队和管理团队进行评审，产生最终的评审结果。

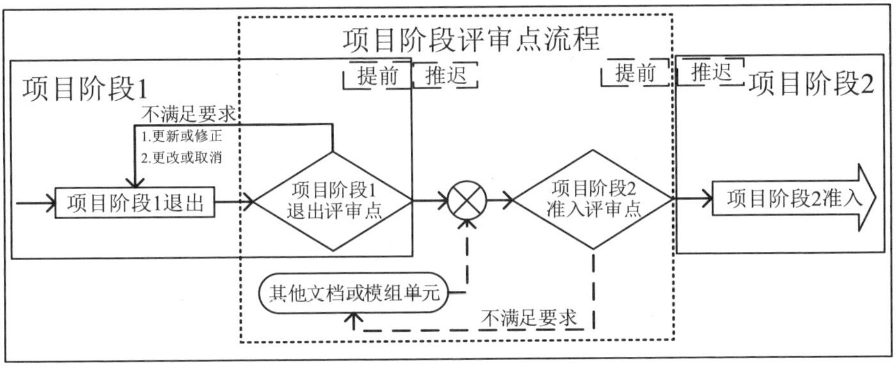

图 8.3　项目阶段评审点流程

下文将详细介绍项目阶段评审点流程及其具体的执行过程。在比较复杂的项目中，项目开发的整个流程可以划分为多个项目执行阶段，有时候，上一个阶段任务的完成并不意味着下一个阶段的任务可以马上开始，特别是在项目进入后期的系统整合测试或系统兼容性测试阶段时，还要考虑需要配置的其他零部件的到料等情况才能开始执行阶段任务。这说明了在项目管理的过程中，项目经理需要从整个系统和项目全局的角度进行协调、分析、决策和管控，从而如期实现整个项目的任务目标。

2．在评审点做出判断和决策的依据和标准

在项目的执行阶段之间设有项目阶段评审点，团队需要在评审点做出决策，团队决策的依据是产品设计需求和进入下一个阶段需要达到的各项标准，如各种文档、测试结果的检查清单和风险评估的结果等，再加上团队的意见，共同组成了评审点的决策结果。

示例：评审点的具体步骤如下。

1）分解阶段性目标

本书将项目执行流程划分为三大阶段，项目经理需要为每一个阶段制定阶段目标，包括立项阶段的目标、工程设计和验证阶段的目标、生产交付和运维阶段的目标。

2）对阶段性目标执行结果的评审决策

① 例如，立项阶段的目标是确定产品需求、对产品能够创造的价值进行商业评估、完成所有计划的制订和对团队的各种评估结果做出最终决策。

② 如果需求不明确、利润不明显、没有足够的预算、因项目进度达不到期望的上市时间而失去商机等，那么决策的结果必然是否定的，或者需要由市场和开发团队反复进行更新确认。

3）明确定义进入特定项目阶段的各种条件，以便做出相应阶段的评审决策

例如，项目即将进入系统整合测试验证阶段，如果相关的测试计划、测试物料、测试人员和测试设备中的任何一个条件无法在测试开始前得到满足，就会导致测试验证无法进行，如果团队基于当前的条件无法制定任何解决方案，没有办法进入阶段评审点，那么团队的决策也必然是无法执行的。

进行项目阶段评审点管理的关键是各种流程和标准所依托的指导文档的齐备，以及实现了各种评审文档和执行任务列表中的活动目标，通过文档化工作实现了对执行过程和各种经验数据的积累。

下面我会详细介绍针对不同的阶段评审点，团队需要输入和输出的文档类型、制定依据、使用方法、评审方式和存储方法等。

3. 文档需求和管控

数字化、信息化、网络化快速发展的现代社会，在新产品的开发和执行过程中，对于与产品相关的各种需求、设计、问题描述、开发数据和执行结果等，有海量的信息和数据需要进行收集和管理，因此，为了实现有效的沟通和管理，对项目中各种信息和数据进行文档化、流程化管理的理念贯穿项目的始终。“文档化”不局限于纸质文档，还包括电子格式文档等多种呈现方式，它要求团队对与项目相关的所有资料进行文档化处理、权限管理和统一归档。

在项目计划阶段，团队需要输出产品的需求文档以实现对各种需求信息的沟通和传递，并且作为其他项目执行活动的输入文件。项目经理应该明确要求，无论是公司的市场部门、产品规划部门，还是客户提出的产品需求，都要采用标准文档的输出形式，对其期望设计的产品功能、参数和规格等使用明确的描述和说明，使需求得到文档化管理并最终转化为实际的、可以向客户交付的产品。项目开发团队也要根据文档内容对产品的具体需求进行相应的评估和回复，这样，整个阶段的数据和流程就实现了文档化管理，为正确、准确地执行项目奠定了基础。

4. 项目文档类型

在项目开发的过程中，所有与产品相关的、需要沟通和交流的信息或数据，都要以标准文档的输出为基准进行有效的传达，如技术需求、参数和规格等，只有文档化的形式才能让各种信息和数据有据可依，这也是团队高效沟通和共同探讨的基础。

表 8.1 所示为电子类产品在产品化项目管理过程中所需的项目文档类型。不同的公司可以制定不同的文档类型和分类标准，以及针对阶段评审点制定各个阶段准入和退出文档的标准，具体内容可以参考以往的项目经验，或者根据自身的实际情况进行开发和设计。这些标准应该由整个团队共同制定或由公司内部各个领域的专家制定，并且要得到严格遵守，这样才能确保项目最终的成功。

表 8.1　电子类产品在产品化项目管理过程中所需的项目文档类型

项目文档类型	描　　述	备　　注
项目管理类	产品规格书、成员列表、进度、预算等	确定文档格式
软件、固件类	设计规格书、方案、源代码、开发进度等	
测试类	各个阶段的测试计划、测试报告等	
系统、电子设计类	设计规格书、线路图、检查文档、物料表等	确定开发工具
电源设计类	设计规格书、线路图、检查文档等	
机构设计类	2D 图、3D 图、物料表等	确定开发工具
安全规范认证类	测试计划、测试报告等	
散热设计类	仿真结果、设计规格书等	
……	……	

5．文档的命名规则和历史版本记录

在项目执行的过程中，为了方便对文档的沟通和管理，需要确定统一的文档命名规则。下面我会给出一些文档命名规则的示例，具体的格式和排版可以根据行业标准或公司内部的要求来确定，不过文档表达的信息最好可以直接从文档名中体现出来，这是一种提高效率、方便管理的有效方法。

文档命名规则的示例如下。

① 专案名称：项目的内外部代号或名称。

② 开发阶段：项目所处的阶段信息。

③ 发布部门：文档归属部门。

④ 概要内容：文档类型。

⑤ 文档版本和日期：发布文档的版本和日期信息。

表 8.2 所示为文档命名的示例。当看到“太湖-测试阶段-硬件-主机电路图-V5-2081/09”的文档名时，按照上文的命名规则，很容易就能理解这份文档包含的主要信息是什么。

表 8.2　文档命名的示例

专案名称	开发阶段	发布部门	概要内容	文档版本	发布日期
太湖	测试阶段	硬件	主机电路图	V5	2081-09

对文档变更的记录也是文档管控的重要组成部分，应该作为文档管控的关键内容之一。文档内容变更格式的参考如下。

① 文档的历史版本。

② 文档历史版本的发布日期。

③ 文档历史版本的内容概要。

④ 更新人。

⑤ 评审人。

表 8.3 所示为文档历史版本记录的示例。采用类似的记录方法可以让看到文档的人知道当前发布的版本和历史版本更新的主要内容是什么，不同的历史版本由谁更新和评审等，确保文档更新内容的可追溯性。

表 8.3　文档历史版本记录的示例

历史版本	发布日期	内容概要	更新人	评审人
V0.1	2081-06-01	草稿模板	技术人员 A	技术主管
V0.5	2081-06-05	主题框架	技术人员 A	技术主管
V0.8	2081-06-15	主要内容更新	技术人员 A	技术主管
V1.0	2081-07-01	正式发布	技术人员 A	技术主管
V2.0	2081-08-01	更新××	技术人员 B	技术主管
……	……	……	……	……

6．项目文档的使用方法

项目文档是项目团队成员之间或团队与外部客户之间的沟通媒介，这意味着针对不同领域，不同文档的使用场景和范围各不相同。

有些文档（如市场需求规格书、系统设计说明书、项目顶层进度计划等）需要发布给所有的团队成员，并且确保相关专业领域的成员能够充分理解文档对其领域的影响，所以在制作文档的时候要考虑面对的群体，以及文档内容、信息的公开性、准确性和易读性，方便团队成员理解。

对某些特定专业领域的开发、设计和测试，一般会输出专业性较强的技术文档或报告，不需要对所有的项目团队成员或非特定专业领域的专家公开。在这些专业性较强的文档中，应该在文档的首页进行明确的概要陈述或直接说明结论性内容。如果项目经理或团队成员需要了解项目活动的执行进度和执行结果，那么可以通过与各专业领域的负责人沟通来获取相应的进度和结果。

7．项目文档的评审方式

简单来讲，项目文档的评审方式遵循“专业的人做专业的事情”这一原则，对于需要评审的文档，由特定领域的专家或项目团队进行评审，避免发生团队成员“既当运动员又当裁判员”的情况。

分享： 项目文档的具体评审方式如下。

① 同行评审：由同专业的不同专家对文档进行检查和确认。

② 评审人终审：文档被提交给评审人后，由评审人对文档内容进行终审，只有通过终审才能正式发布。

③ 读者或客户反馈更新：如果在发布文档后收到了读者或客户的反馈或疑问，需要更新内容，那么团队应在发布下一个版本的文档前对相应内容进行更新和评审，并且对更新内容的部门简要说明更新的目的。

④ 评审后通过签字正式确认反馈：无论是同行评审还是评审人终审，都要在评审后签字确认，确保评审的确定性和有效性。

8．立项阶段对项目文档的跟踪

在立项阶段，对项目文档的跟踪，由项目团队中的项目经理、系统工程师和各个领域的专家主导完成，这部分工作首先是对市场或产品部门的产品需求、产品概念定义阶段的概念设计和可行性分析阶段的各种评估方案进行选择并完成具体工作任务的分解，然后由各个方向的专家对任务分解进行分析和评估并输出详细的执行步骤，最后由系统工程师将各个专家的反馈整合为产品系统规格书或原型机、概念机的设计报告，并且完成对产品需求风险分析报告的整合和发布。

文档管控是产品化项目管理过程中的关键环节，是项目经理进行项目管理的重要信息载体和检验执行结果的方法，在整个项目中应当特别重视各种文档的齐全和完整，确保项目按照期望的方向前进并最终获得期望的结果。

8.3 开发进度制定

项目经理是项目开发进度的主要负责人，监控和管理项目开发进度是项目经理的主要职责之一，它既是确保项目如期交付的关键因素，也是项目经理工作的重要考核指标之一。

关于项目开发进度计划的制订工作，需要项目开发团队从产品概念定义阶段就开始进行，经过可行性分析阶段和项目计划阶段的进一步细化、分析之后，得到完成项目开发所需的全部时间，通过时间尺度对完成整个项目中的每一项工作任务进行合理的预估，最后汇总为一份详细的、具有较高可信度的项目开发进度计划。对于复杂度不同的项目，项目经理可以采用不同的工具和方式收集、管理并呈现项目的开发进度：如果是简单的项目，可以直接通过表格的方式呈现项目的开发进度；如果是需要同时管理较多项目任务的复杂项目，那么对开发进度的管理可以借助更专业的管理软件和工具。

1. 制定开发进度的主要数据来源

制定开发进度的主要数据来源如下。

① 参照公司过往相似项目的成功经验和历史数据，也就是通过类比的方法制定项目开发进度，这样可以在大致的项目开发周期和开发预算上有所参考，准确度也相对较高。

② 根据产品的具体需求信息和项目开发的主要阶段制定开发进度，项目经理分别与各个专业的资深专家和部门经理对其需要执行的工作任务进行详细的分解，根据分解、评估的完成时间制定项目开发进度。

③ 在项目前期无法明确项目范围的情况下，进行迭代式或螺旋式的探索开发，也就是对科研性、探索性的项目可以分阶段地推进项目进度，优先完成可预估范围的项目活动。

2. 制定开发进度的步骤

制定开发进度的步骤如下。

① 明确产品需求，确定项目范围。

② 分解项目涉及的专业领域。

③ 创建具体专业领域的工作分解结构。

④ 排列工作活动的顺序。

⑤ 估算完成工作活动需要的时间。

⑥ 汇总所有部门的反馈，制订项目开发进度计划。

在经过产品需求阶段、产品概念定义阶段和可行性分析阶段之后，项目经理基本上明确了项目涉及的专业领域和相关的专家成员，此时可以与相关的专家成员合作，创建具体专业领域的工作分解结构并估算完成相关工作需要的时间和其他依赖条件，收集估算记录并对记录数据进行文档化处理。

图 8.4 所示为计算机系统涉及特定专业领域的分解示例，从中可以看出设计和开发计算机系统涉及的主要专业领域，以及在每一个主要专业领域中识别出来的细分专业领域，后续的工作就是与细分专业领域的专家进行进一步的工作分解，直至将项目分解为能够管控的最小工作活动，在分解的同时排列好工作活动之间的顺序或依赖关系，最后将估算完成工作活动需要的时间信息收集起来并汇总到项目开发进度计划中。

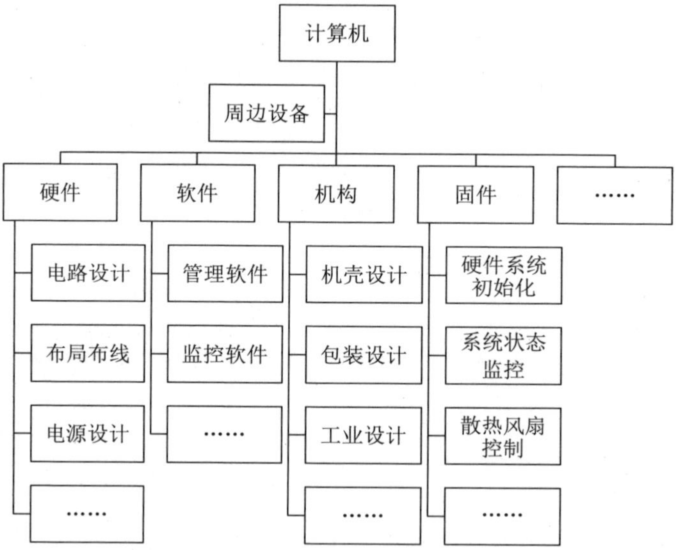

图 8.4　计算机系统涉及特定专业领域的分解示例

图 8.5 所示为计算机类项目的开发进度计划，该计划详细列举了执行整个项目需要完成的三个大阶段和八个子阶段，并且将每一个阶段的项目活动细分为最小的工作任务，还在每一个最小工作任务后面标注了完成该任务需要的时间和执行单位，以及为了完成任务需要关注的依赖条件或项目活动。

	Task Name	工期	开始时间	完成时间	前置	执行单位
1	**项目开发进度计划**	**318 days**	**2081年1月1日**	**2082年3月20日**		
2	**立项阶段**	**64 days**	**2081年1月1日**	**2081年3月31日**		
3	**产品需求**	**14 days**	**2081年1月1日**	**2081年1月20日**		
7	**产品概念定义**	**15 days**	**2081年2月3日**	**2081年2月21日**		
11	**可行性分析**	**17 days**	**2081年2月24日**	**2081年3月18日**		
12	**技术可行性分析**	**16 days**	**2081年2月24日**	**2081年3月17日**		
13	系统设计可行性分析及报告	16 days	2081年2月24日	2081年3月17日		系统工程师、研发团队
14	硬件设计可行性分析及报告	16 days	2081年2月24日	2081年3月17日		硬件研发
15	机构设计可行性分析及报告	16 days	2081年2月24日	2081年3月17日		机构研发
16	固件设计可行性分析及报告	16 days	2081年2月24日	2081年3月17日		固件研发
17	软件设计可行性分析及报告	16 days	2081年2月24日	2081年3月17日		软件研发
18	散热降噪可行性分析及报告	16 days	2081年2月24日	2081年3月17日		散热研发
19	电源设计可行性分析及报告	16 days	2081年2月24日	2081年3月17日		电源研发
20	工厂生产及测试可行性分析报告	16 days	2081年2月24日	2081年3月17日		制造专家
21	进度可行性分析及报告	16 days	2081年2月24日	2081年3月17日		项目经理
22	成本可行性分析及报告	16 days	2081年2月24日	2081年3月17日		项目经理
23	项目资源可行性分析及报告	16 days	2081年2月24日	2081年3月17日		项目经理
24	可行性分析评审点	1 day	2081年3月18日	2081年3月18日	23	
25	**项目计划**	**9 days**	**2081年3月19日**	**2081年3月31日**		
41	**工程设计和验证阶段**	**219 days**	**2081年4月1日**	**2082年1月30日**		
42	**设计开发**	**87 days**	**2081年4月1日**	**2081年7月30日**		
43	**电路设计开发**	**87 days**	**2081年4月1日**	**2081年7月30日**		
44	设计线路图	22 days	2081年4月1日	2081年4月30日		硬件及电源
45	电路板布局布线	26 days	2081年4月21日	2081年5月26日		硬件及电源
46	线路图及线路板检查修正	6 days	2081年5月19日	2081年5月26日		硬件及电源
47	发布硬件设计版图	1 day	2081年5月26日	2081年5月26日		硬件及电源
48	发布物料清单	1 day	2081年5月26日	2081年5月26日		硬件及电源
49	印刷电路板加工生产	20 days	2081年5月26日	2081年6月20日		外部厂商
50	电路板生产、首件开机、运输	23 days	2081年6月23日	2081年7月23日	49	工厂、硬件及电源
51	关键功能测试	21 days	2081年6月25日	2081年7月23日		硬件及电源
52	**机构设计开发**	**59 days**	**2081年4月1日**	**2081年6月20日**		
57	**固件开发**	**59 days**	**2081年4月1日**	**2081年6月20日**		
60	**软件开发**	**55 days**	**2081年5月15日**	**2081年7月30日**		
63	**测试验证**	43 days	2081年8月1日	2081年9月30日	42	
64	设计修正	28 days	2081年10月1日	2081年11月7日	63	
65	整合验证	60 days	2081年11月10日	2082年1月30日	64	
66	**生产交付和运维阶段**	**35 days**	**2082年2月2日**	**2082年3月20日**		

图 8.5 计算机类项目的开发进度计划

项目开发进度计划是项目经理在实际项目工作中的重要参考依据。通过这份计划，项目经理可以掌控和协调整个项目的开发进度，尽早识别如果某项任务发生了计划外的情况，那么可能会对下一步即将执行的任务产生什么样的影响，从整个项目的开发进度来看会对项目交付产生什么样的影响等，通过对项目整体进度的跟踪，评估为了解决当前面临的问题还有哪些资源可以调用，以便快速解决问题。

分享：在评估项目进度的过程中还有一点需要特别注意，那就是评估项目进度的前提是工作量和人力资源已经确定，因为项目进度的一部分因素与具体工作活动的工作量大小和参与项目的人力资源多少存在关联，这些因素是在进度计划中无法呈现出来的隐性因素。项目经理在与团队评估项目进度时要特别注意这一点，如果盲目参照过往项目的历史经验，不思考实际的依赖条件和限制因素，那么历史经验很可能会变为误导因素或不准确的参考，导致错误的评估结果。

项目开发进度计划是推进项目开发进度的主要参考依据，所有的项目团队成员都要确保各自负责的分解工作任务、完成时间与项目经理达成一致，确认项目目标是可执行、可实现的，并且对承诺的交付时间负责。

3．开发进度的呈现方式

项目开发进度计划中可能有多达几百行的活动内容列表，这样的呈现方式不方便向内外部项目开发团队和高级管理团队直观地汇报项目的阶段进展和具体状态。如果需要向项目开发团队呈现或向高级管理团队汇报开发进度，那么可以采用关键里程碑列表或甘特图的方式，这些方式可以简要地呈现当前项目的阶段进展是否正常和具体阶段的活动信息等，比较清楚地说明开发进度的关键问题并提高对关键问题的沟通效率。

表 8.4 所示为项目开发关键里程碑节点跟踪表，该表是对项目开发进度计划的简单呈现。关键里程碑节点跟踪表通过表格的方式呈现了整个项目开发阶段中几个关键里程碑节点的计划日期，以及优先级较高且位于关键路径中的具体事件的时间信息，按照具体事件的日期顺序依次列出哪些事件已经完成、哪些事件正在进行和哪些事件将要发生，还备注了历史事件的异常原因等信息，可以比较简要地呈现项目状态，只需要占用报告中的一小部分空间就可以传达很多重要的开发进度信息，适合向整个项目开发团队或高级管理团队呈现关键信息。

表 8.4　项目开发关键里程碑节点跟踪表

关键里程碑节点	计划日期	实际日期	备注
项目启动	2081-01-01	2081-01-01	—
产品需求确定	2081-01-20	2081-01-20	—
产品概念定义完成	2081-02-21	2081-02-21	—
可行性分析报告	2081-03-17	2081-03-17	—
项目正式立项	2081-03-31	2081-03-31	—
主板出图	2081-05-26	2081-05-26	—
机构出图	2081-05-30	2081-05-30	—
开机版本固件发布	2081-06-15	2081-06-15	—
样机硬件生产	2081-06-23	2081-06-24	物料延迟

续表

关键里程碑节点	计 划 日 期	实 际 日 期	备　注
进入产品测试验证	2081-08-01	2081-08-01	—
退出产品测试验证	2081-10-25	当前阶段执行中	—
软件整合版本发布	2081-11-01		
进入系统整合测试	2081-11-08		
退出系统整合测试	2082-01-30		
批量生产	2082-02-01		
产品上市	2082-03-11		

图 8.6 所示为通过甘特图方式呈现的项目开发进度计划，从中可以看出每个专业部门在整个项目周期内所需执行关键任务的简要描述和相关任务对应的开始、结束、持续时间。通过甘特图呈现项目开发进度计划，能够相对容易地把项目开发过程中的关键事件，事件开始、结束、持续的时间信息，以及各个事件彼此之间的前后执行顺序、依赖条件和关联信息清晰地表达出来，方便项目经理与整个项目开发团队进行项目状态的追踪和管理，以及向高级管理团队汇报项目的开发进度。

在如图 8.6 所示的甘特图中，最左侧的第一列标出了每一行代表的含义，包括时间轴、产品开发阶段和子阶段的定义、评审点、参与项目开发的几个技术和测试部门等；右侧的每一行以项目执行阶段的顺序和时间轴年、月、周为度量，指出团队在每个阶段的特定时间内需要执行的任务，每一个深色方块表示具体任务在整个项目时间轴上持续的时间，同时在深色方块后面标注了关键事件；在阶段性的项目时间点上添加了评审点标识，以便让大家明确阶段评审点的时间；另外，有些专业部门的工作任务活动存在并行的情况，有些任务活动则有着明显的前后依赖关系，比较容易辨识出进行下一项项目活动的时间点，以及某些项目活动在当前时间点的执行情况是否与计划吻合、是否存在超前或滞后的现象，针对某一阶段执行过程中对项目进度存在影响的事件，也可以判断其影响或关联的下一个事件是什么等。通过甘特图的方式，项目开发团队可以清楚地了解项目开发进度。

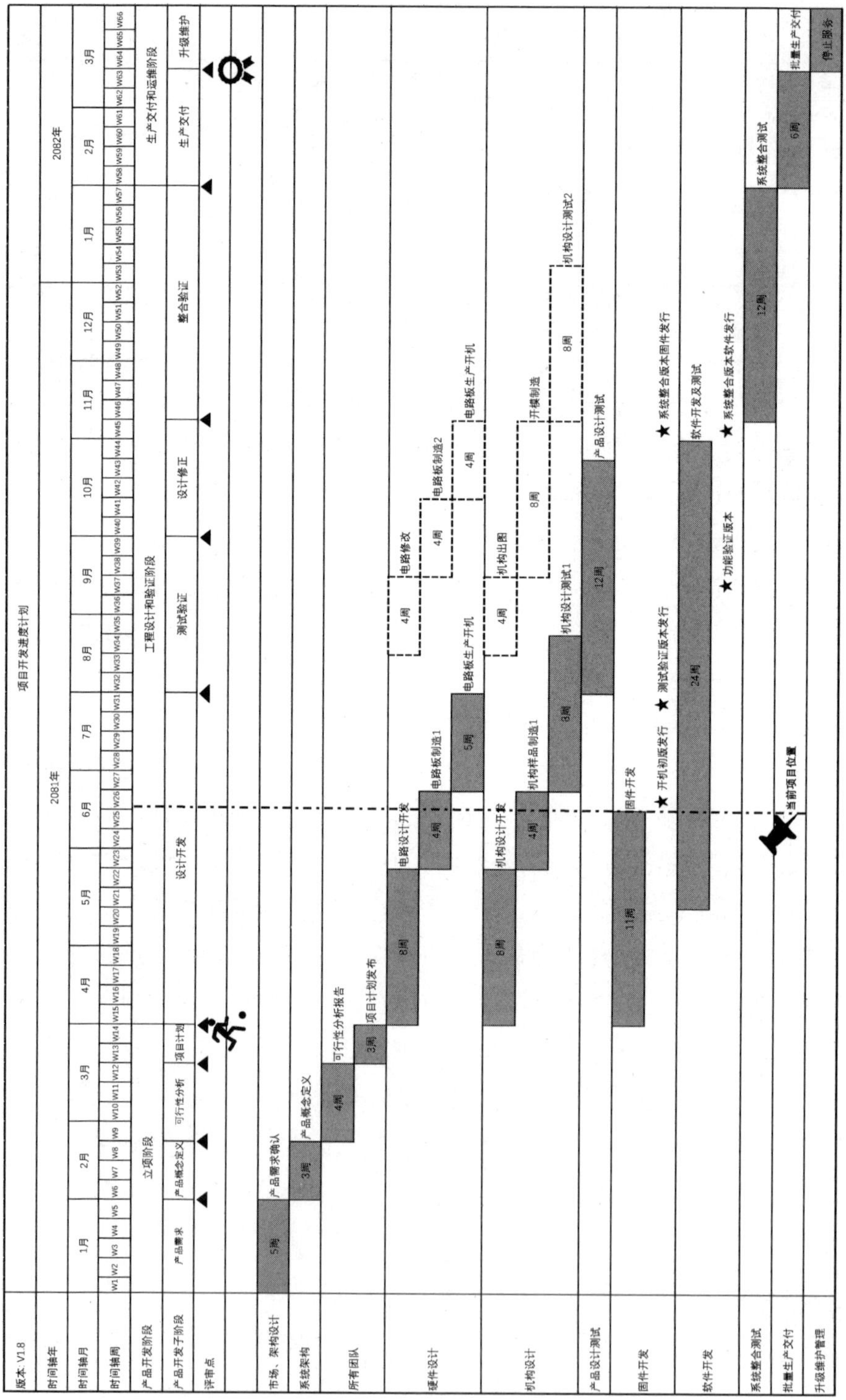

图 8.6　通过甘特图方式呈现的项目开发进度计划

分享： 采用甘特图的方式呈现项目进度，比关键里程碑节点跟踪表更具直观性，可以通过进度条的位置和长短粗略估计项目的整体状态，以及哪些部门在特定的时间点会处于哪个产品开发阶段，易于对项目整体形成全面而客观的认识，直观地观察到当前项目处于什么阶段、什么时间点，以及在当前阶段有哪些部门正在执行什么样的项目任务等。

仔细观察，从图 8.6 中还可以看到用虚线方框表示的、可能进行多次开发和测试的阶段。在实际的项目执行过程中，由于产品设计的复杂度较高需要进行多次设计验证，或者为了降低项目的设计和进度风险，允许某些阶段发生多次修正和测试。这种对开发进度的管理方式在模式上没有特别的创新，只是需要项目经理在项目计划阶段安排好相关的时间点并尽量使项目资源的调配是相对优化的。

4．关键路径分析

在收集并汇总项目开发进度信息之后，项目经理需要根据这些信息生成顶层进度计划，接下来的工作是从顶层进度计划中识别出项目执行的关键路径并对关键路径进行分析，看看有没有机会在现有的资源条件下做出合理的优化，从而缩短项目开发时间，实现产品的快速上市。

关键路径是完成项目所需的一系列执行任务组合中耗时最长的路径。项目经理应尽早识别出关键路径，在项目管理的过程中时刻关注关键路径上的执行任务，积极主动地思考能否在一定条件下通过推进关键路径上的执行任务加快项目进度，从而提前完成项目。

同时，项目经理还需要注意是否会因为某些原因造成项目的关键路径发生改变，及时与团队合作制定应对措施，确保项目的整体进度与计划一致，或者可以在一定的可控条件下按照计划的时间点交付产品。

在如图 8.7 所示的项目开发进度计划关键路径中，黑色粗线条展示了完成项目所需执行任务的关键路径，也就是完成项目需要的最短时间。接下来我会从两个方面分析关键路径的确定方法。

① 在项目执行过程的特定时间内，唯一独立且串行执行的项目任务是关键路径上的任务。从图 8.7 中可以看出，在项目的立项阶段、生产交付和运维阶段不存在并行的任务，所有任务都是独立并按照时间顺序依次执行的，所以这两个阶

段中的项目任务路径是项目执行过程中的关键路径，任何一项独立任务的延后都可能造成整个项目开发周期的延迟。

② 通过图 8.7 可以观察到，在工程设计和验证阶段，有几项工作任务是并行执行的，项目经理需要识别出在这个阶段所有并行和串行的任务中，哪些是有明确的先后关系和依赖关系的工作任务，这是确定关键路径的重要方法。从图 8.7 中还可以看出，如果要进入测试验证阶段，那么在此之前的所有任务中最后完成的是“电路板生产开机”，所以在并行执行的三个任务（电路板生产开机、机构设计测试 1、软件开发及测试）中，“电路板生产开机”是最关键的任务，其他任务只要按照计划时间完成就不会阻碍项目进入测试验证阶段。利用类似的方法，可以从更详细的项目开发进度计划中找到影响项目完成速度的所有任务，从而画出项目开发进度的关键路径并给予特别关注。

在识别关键路径的过程中，如果项目存在并行的任务，那么关键路径可能不止一条，在识别关键路径时，需要特别关注与并行项目任务的开始、结束时间相同的任务，确认这些任务是否会影响项目的整体进度。

分享：推进项目进度的方法如下。

如果在项目开发的过程中发生意外造成项目延迟，或者在测试时因解决缺陷问题导致项目延迟，使项目关键路径上的任务无法在计划时间内完成，那么项目经理应思考如何推进项目进度以解决延迟的问题，一般可以采取赶工或快速跟进的方法。

① 赶工：通过增加资源的方法压缩工期。

具体的实现方法是通过增加人力和物力加快项目进度。例如在盖房子的时候，原本只有一组人砌墙，后来为了赶工，采用四组人同时砌四面墙壁的方式加快项目进度。

② 快速跟进：将原本串行开展的项目活动改为并行开展，从而达到推进项目进度的目的。

具体的实现方法是通过修改活动的顺序加快项目进度。例如，在产品处于测试验证阶段时就开始撰写并发布产品手册，缩短产品的上市时间。

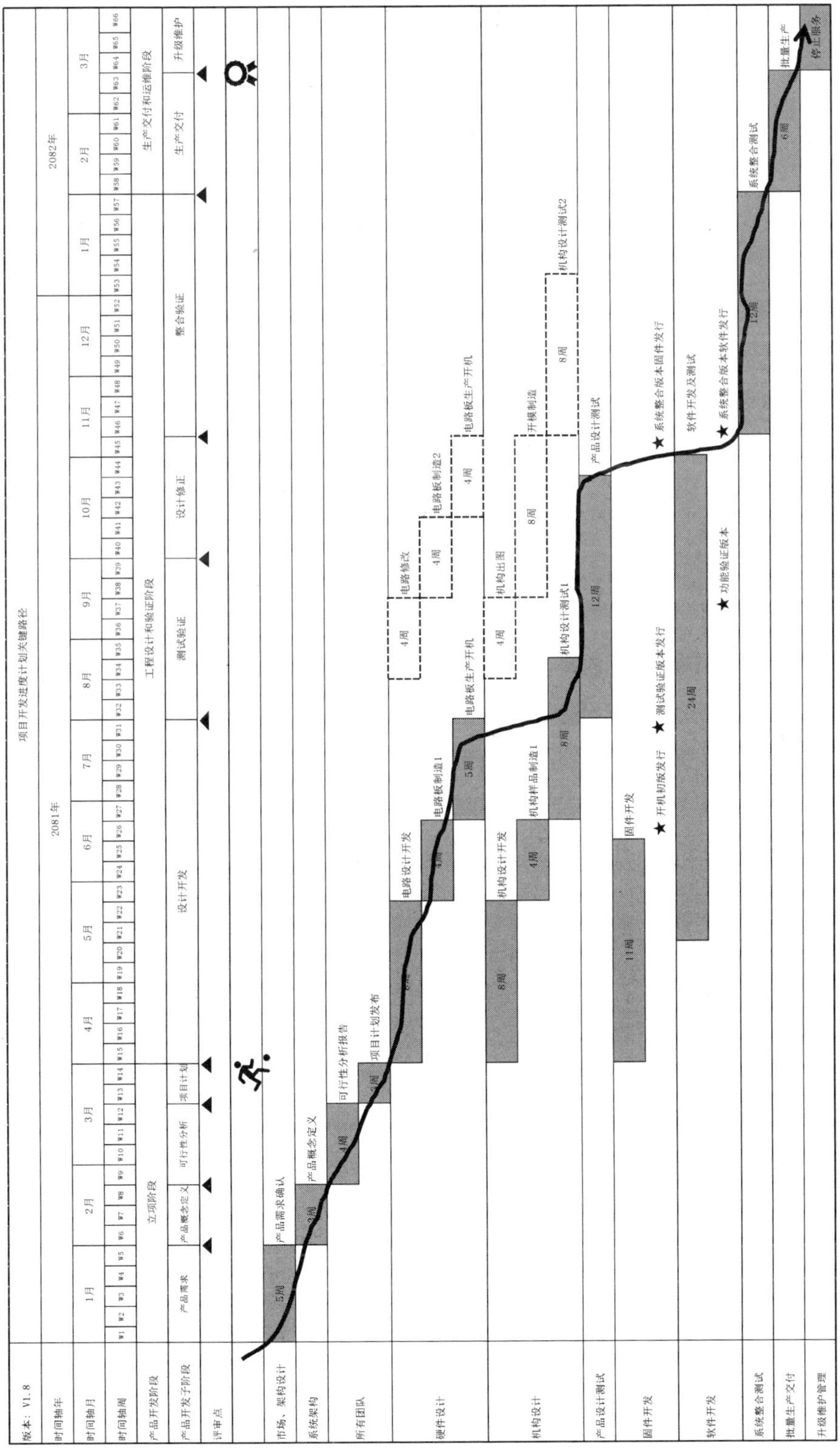

图 8.7　项目开发进度计划关键路径

5．对项目开发进度的风险管控

在完成项目开发进度计划之后，项目经理应确保每一个专业团队的成员都十分清楚所在团队需要按照共同制订的项目开发进度计划，在什么时间点执行什么样的任务、交付什么样的工作成果，并且在执行任何一项任务的前、中、后期阶段积极地与团队成员进行沟通和确认，以便及时识别各种可能影响项目进度的风险。

示例：上文提到为了加快项目进度可以采取两种推进方法，不过无论采取哪一种方法，都会带来一定的风险。

① 赶工的风险：在盖房子的例子中，为了赶工，采用四组人同时砌四面墙壁的方式，可能会因为沟通不畅导致工人在砌墙的时候使用不同的砌墙方法，有的工人横着摆放砖，有的工人则采用竖着摆放砖的方式，造成施工风格的不统一。

② 快速跟进的风险：在产品测试验证阶段就开始撰写并发布产品手册，可能会因为在后期发现新问题而不得不删除一些原计划中的功能，导致已经发布出去的手册作废或需要进行补充说明。

无论采取什么样的方式加快项目进度，都可能带来潜在的风险。项目经理在决定加快项目进度的时候，应评估其必要性和整个团队对相关方案的风险承受能力。

在制订项目开发进度计划的过程中，项目经理应进行风险等级评估，并为应对项目开发进度风险制定项目开发进度风险应对方案，对于不同风险，可以参考的应对方案如下。

① 当设计产品没有任何过往项目经验可以参考的时候，项目经理需要与团队的专家成员预估可能完成项目的时间，并且为应对各种突发事件进行项目开发进度的风险等级评估，从而决定在应对方案中预留多少时间，确保可以应对各种风险和意外事件并顺利完成项目。

② 当设计产品有可类比的执行流程或可参考的进度时间储备参数的时候，项目经理同样要考察过往项目进度时间储备参数的设计依据是什么、是否适用于当

前的产品等，不能不经过思考直接照抄，过度相信历史经验而不考虑当前的实际情况很可能会吃大亏，项目经理应确保团队的每一个决策都是有据可依且可以帮助实现项目目标的。

分享： 在制订项目开发进度计划的时候，项目经理不能照本宣科，那样既失去了项目经理的存在价值，又丢失了项目管理的精髓。项目管理本身就是应对各种不确定事件的过程，需要随时关注在可接受的风险条件下可以推进项目进度的各种机会。要想妥善地应对项目中遇到的各种不确定事件和问题，项目经理需要将项目开发进度计划作为关键参考，对具体问题进行具体分析，积极地组织和带领团队的专家成员共同找出最佳的解决手段和方法，灵活地运用项目开发进度计划。

在项目开发进度计划中一般不包括节假日，只计算工作日，如果项目比较紧急或需要通过奖励让团队成员加快项目进度，那么项目经理可以合理利用一定的节假日时间以满足项目开发进度的需要。不过需要注意的一点是，有时候加班和赶工可能会产生与预期相反的效果。在项目执行的过程中，项目经理既要考虑员工的守时、敬业等积极因素，也要考虑员工的疲劳、新手的适应时间和低级错误等消极因素可能对项目造成的不利影响。不是所有的方法和手段都是解决实际问题的“灵丹妙药”，在遇到困难的时候，除了学会积极主动地寻找解决办法，项目经理还要学会运用团队的智慧和力量共同解决各种问题。

6．项目开发进度计划的评审

在完成项目开发进度计划之后，项目经理需要与团队成员对计划进行评审，检查市场需求规格书中交付产品的时间与团队评估的时间是否吻合，若不吻合则需要给出合理的理由，或者争取获得特别的资源审批，从而在特定条件下让项目开发进度与市场需求保持一致。

8.4 开发费用估算

“好的开始等于成功的一半”。如果采用业界通用的二八法则，那么在估算可借鉴过往经验的项目预算时，从立项到真正决定开始执行项目，在这段大约占用项目开发周期二成时间内的决策、估算和方案，几乎决定了整个项目费用去向的八成。从某种程度上讲，在项目计划阶段，能否通过严谨而认真的论证得出正确的预算结果，决定着执行阶段费用管理的水平和质量。

项目开发费用管理是项目经理的主要工作职责之一。从研发的角度来看，在立项阶段大致需要进行以下四个方面的开发费用估算，根据当前的设计方案、技术评估、测试评估和历史经验积累，由项目经理和各个功能模块、测试领域的资深专家评估项目所需的各项费用。

1）物料费用

设计阶段需要的各种样品物料和配套测试物料等费用。

2）一次性工程费用

模具开模、源代码授权、工厂生产加工、租用测试实验室和咨询培训等费用。

3）人力费用

项目过程中的内外部人力资源费用。

4）其他费用

项目过程中的物料运输、人员差旅和团队建设等费用。

表 8.5 所示为开发费用的类别，下面我会分别对不同类别开发费用的构成和估算方法进行简要的介绍和说明。

表 8.5　开发费用的类别

费用类别	类别子项	说　明
物料费用	研发所需的物料	机箱、机壳、线路板等
	测试所需的配套物料	配套测试的处理器、硬盘、内存等
一次性工程费用	产品认证	电磁兼容性、安全规范测试等
	工厂生产加工	开线费、载具、测试治具等
	外包测试开发	信号测试外包、软件测试外包的设备和场地等
	源代码授权	固件源代码等
	咨询培训	技术咨询、技能培训等
	模具开模	机构设计的各种模具等
人力费用	研发和测试人力	—
	工厂人力	—
	外包人力	设计外包人力、测试外包人力等

续表

费用类别	类别子项	说　明
其他费用	物料运输	—
	人员差旅	—
	团队建设	—

1. 物料费用

对于不同的产品设计，如果是软硬件结合的实物类产品，那么会产生各种与硬件实物相关的费用，若是纯软件类产品则可以省略这部分费用。在研发与硬件相关的产品时，不可避免地要对所设计产品的原型机、样机和配套部件等周边物料进行各种功能测试和系统兼容性测试，所以这部分费用也必不可少。

物料费用的构成包括样品物料和配套测试物料等费用，项目经理可以进行分类管理和统计汇总。

① 样品物料：用于整个产品开发验证阶段的产品测试样机，复杂产品的开发验证一般需要分为多个阶段，不同阶段的测试样机等物料需求有所不同，应分别收集和统计不同阶段的物料需求并制订相关的费用计划。

② 产品周边配件：用于满足产品功能测试和兼容性测试需求而采购的各种组成系统的周边配件，如在电脑的开发验证过程中需要额外采购处理器和硬盘等配件。

③ 耗材：其他需要在项目中使用的耗材，如运输或邮寄各种样机使用的包装等消耗类物料。

样品物料费用指的是研发产品样品的费用，在整个产品研发的过程中，所有的样品物料都用于内部的产品开发和测试，不能对外出售，所以这部分费用应该计算到项目的物料费用中。

表 8.6 所示为产品开发和测试所需的物料，从中可以看出，整个项目团队为了满足产品开发和测试的需求，需要对所需产品样机和配套部件的数量进行收集和统计，将结果作为估算产品开发和测试阶段物料费用的主要参考。项目经理也可以按照这个方式估算整个项目的物料需求，与团队的各个成员和相关领域的专家合作，共同评估和确定整个项目所需的物料费用。

表 8.6　产品开发和测试所需的物料

单位：个

所需部门		系统开发	硬件部门	板级电源	系统电源	固件开发	机构开发	散热开发	包装验证	结构验证	产品测试	安规测试	……	总数
部件名称	产品样机	×	×	×	×	×	×	×	×	×	×	×	×	××
	处理器 1	×	×	×	×	×	×	×	×	×	×	×	×	××
	内存 1	×	×	×	×	×	×	×	×	×	×	×	×	××
	硬盘 1	×	×	×	×	×	×	×	×	×	×	×	×	××
	电源 1	×	×	×	×	×	×	×	×	×	×	×	×	××
	网卡 1	×	×	×	×	×	×	×	×	×	×	×	×	××
	……	×	×	×	×	×	×	×	×	×	×	×	×	××

在统计完整个项目所需的样品物料和配套测试等物料后，项目经理就可以根据统计结果计算所需物料的数量和费用了。

分享：项目经理可以参考以下几种方法估算物料费用。

① 对于市场中批量生产的成熟物料配件，可以到市场中或向相关的采购专家询价。

② 对于新平台、新技术需要配置、测试的物料，可能在市场中采购不到，在这种情况下，可以从相应的供应商那里获得一定的样品支援，以满足产品兼容性测试等需求。

③ 对于产品样机，需要根据实际设计与产品研发团队、相应的采购专家共同估算。

项目经理需要对物料费用的详细构成进行汇总报告和细项拆分，确保所需的物料数量是合理的，经得起评审点会议上可能提出的各种疑问，与团队一起根据项目开发的条件和实际情况进行具体数量的评估。

2．一次性工程费用

一次性工程费用（Non-recurring Engineering，NRE）指的是在产品开发的过程中一次性投入的工程费用。

1）一次性工程费用的识别方法

一次性工程费用，是项目经理从产品需求阶段到项目计划阶段的过程中，在整个项目团队的范围内识别、收集和汇总后得到的费用结果。在整个立项阶段，项目经理需要与各个专家确认所有产品自身测试或工厂制造中存在的一次性工程费用的潜在需求。

2）一次性工程费用的大致分类

① 产品认证的费用。

② 采购新测试设备的费用。

③ 租用测试实验室的费用。

④ 源代码授权或软件授权的费用。

⑤ 工厂所需各种生产和测试治具的费用。

⑥ 外壳或结构件开模的费用。

⑦ 为仿真或建模而租用或采购新型服务器的费用。

3）一次性工程费用的评估方法

对一次性工程费用的评估需要由项目团队中的专家开展，先与采购方面的专家协商之后再与供应商谈判，确保供应商给出的报价在合理的范围内。

分享： 项目经理也可以参考以下几个建议评估一次性工程费用。

① 参考历史经验数据。

② 咨询相关领域的资深专家确认报价的合理范围。

③ 向多家供应商询价，评估业界合理的费用范围。

④ 对供应商的报价细项进行拆解，由专家分析其是否合理。

3. 人力费用

项目开发过程中的人力费用指的是所有参与项目的人力会产生的花费，主要由以下三部分构成。

① 公司内部特定项目开发和测试阶段产生的人力费用。

② 项目开发过程中产品在工厂进行生产加工产生的人力费用。

③ 项目开发过程中涉及的外包给第三方人力资源产生的人力费用。

评估人力费用，需要项目经理在项目计划阶段充分识别公司内部所有参与项目开发和测试的成员并登记在册，对于工厂人力和第三方人力资源，可以通过整体打包的方式进行统计和管理，项目经理只要找到负责统计和管理相关人力资源的正确对接人就可以了，外部人力资源的费用也要通过团队评审的方式进行合理的评估。

1）人力费用的评估方法

对项目人力费用的评估，即对市场需求规格书中的项目范围进行工作分解，进而评估所需的相应工作量，以及每个部门需要投入的人力资源、需要哪些职能部门的成员在哪个阶段加入项目等，这部分工作可以重复使用项目开发进度计划。也就是说，在估算项目开发费用时，对人力费用的评估实际上是与对开发进度的评估相关联的，两者的差别是前者会在开发进度的时间轴上添加执行项目任务所需的人力，评估人力费用也可以理解为评估项目的工作量。

表 8.7 所示为人/月需求评估表，该表将项目周期按照月份划分为不同的阶段，由项目经理与项目中的所有参与部门合作评估不同的阶段需要投入的人力资源，并将汇总结果作为整个项目所需投入人力资源的参考。

表 8.7　人/月需求评估表

		计划（月）			V1.×
		立项阶段	工程设计和验证阶段	生产交付和运维阶段	
		3	10	2	开发部门费用汇总（人/月）
执行角色（个）	市场人员	1	—	—	1
	架构师	1	—	—	1
	项目经理	1	1	1	3
	系统工程师	1	1	1	3
	机构工程师	×	×	×	×
	硬件电子工程师	×	×	×	×
	硬件线路板工程师	×	×	×	×
	信号仿真工程师	×	×	×	×
	硬件电源工程师	×	×	×	×
	固件工程师方向 A	×	×	×	×
	固件工程师方向 B	×	×	×	×
	软件工程师	×	×	×	×
	散热工程师	×	×	×	×
	产品测试工程师	×	×	×	×

续表

		计划（月）			V1.×
		立项阶段	工程设计和验证阶段	生产交付和运维阶段	
		3	10	2	开发部门费用汇总（人/月）
执行角色（个）	电源工程师	×	×	×	×
	工厂测试工程师	×	×	×	×
	产品质量工程师	×	×	×	×
	……	×	×	×	×
	项目阶段费用汇总（人/月）	××	××	××	×××

具体的人力费用评估方法：将整个项目开发周期内各个专业部门完成项目活动的总工作量换算为单个人员完成相应工作量所需的总月份数，乘以相关人员的月薪等参数。

分享：项目经理不只是项目过程中的信息收集者，还是信息的分析者和决策者，应该仔细分析各个功能模块的专家对完成特定工作量所给出的人力资源评估结果是否合理，如在立项阶段增加了工厂测试的人力资源就是不合理的，或者仅借助过往项目的成功经验数据评估完成某项项目活动所需的人力资源，而没有考虑到该活动采用了未经验证的新技术，在这种情况下，也需要根据新技术的风险重新评估完成活动的时间是否合理。

对于类似的情况，项目经理都可以与相关的负责人进行讨论，一方面，可以确保项目资源的合理利用，另一方面，充分的前期准备可以帮助项目经理在决策评审的过程中及时回复高级管理层关于人力资源的各种合理问题。作为项目的管理者，项目经理要对项目在什么时间需要什么样的人力、需要多少人力参与和大致参与多长时间等问题有一个清晰的理解和合理的判断，同时思考当前的技术方案是否有用时更短的替代方案，如某部门的人力资源不够，是否可以将该部门的部分工作外包出去，从时间、费用、管理投入和执行风险等角度进行讨论并找出最优方案。

2）外包人力费用的评估方法

如果在项目开发的过程中，部分开发或测试的具体工作是通过外包人力资源完成的，那么项目经理也应按照表 8.7 的格式和方法进行外包人力资源的评估，并且将汇总数据作为整个项目人力费用的一部分。在拿到外包的评估结果后，项目经理应与团队内部相关领域的专家共同分析、判断外包给出的工作量、人力费用报价与其实际承担的工作量是否吻合，若偏多或偏少则应找到具体原因，如是不是外包没有真正理解其工作任务等。

4. 其他费用

其他费用指的是与物料运输、人员差旅、团队建设、海关清关等相关的周边费用，项目经理可以根据项目计划或参考过往历史经验进行评估。

5. 为应对风险而预留的储备费用

在项目开发的过程中，项目经理需要考虑各种已知或未知的风险，在评估项目预算的时候制定针对各种不确定性风险的应对策略，预留一定的应急储备预算，以便在项目费用超出计划的情况下通过储备费用解决风险，这也是一项确保项目成功的关键措施。至于究竟预留多少储备费用是合理的，需要项目经理根据过往的项目经验和风险的不确定性进行衡量，这体现了项目经理的风险应对能力和管理项目费用的熟练程度。

6. 开发费用的评审和项目审批

开发费用是在立项阶段退出时需要进行评估的重要因素，也是直接决定项目能否获得审批的关键因素之一。

表 8.8 所示为开发费用汇总表，项目经理应在项目计划阶段与相关团队成员确认该表的数据，以便在项目评审点会议上得到管理层的审批。

表 8.8　开发费用汇总表

费用类别	费用（元）	备注
物料费用	××	研发所需的物料
		测试所需的配套物料
一次性工程费用	××	产品认证
		工厂生产加工
		外包测试开发
		源代码授权
		咨询培训
		模具开模

续表

费用类别	费用（元）	备　注
人力费用	××	研发和测试人力
		工厂人力
		外包人力
其他费用	××	物料运输
		人员差旅
		团队建设
汇总费用	×××	

在实际的项目开发过程中，项目经理必须对项目费用的使用情况进行严格的监控，一旦发现实际费用可能超出计划预算，就应进行风险评估，确认在完成某些工作活动之前是否有足够的费用支撑项目的最终交付，如果费用不够，那么缺口有多大、补救的措施是什么。项目经理应该提前计划，不能等到费用超支之后再进行评估和补救。如果费用超支，项目经理就要进行费用变更，给出充分的理由说明费用超支的原因是什么、公司是否有应对的资金储备等，以便得到高级经理的审批。总之，只要是与费用有关的事情，项目经理就要万分仔细，确保每一笔费用的支出都是有理有据的。

8.5　研发物料管理

产品进入开发和测试阶段的关键条件之一，是所有物料都能在开发和测试之前按照计划送达工厂库房或测试团队，确保所有物料准时到达是控制项目进度的关键任务之一。项目经理不但要关注与正在进行的所有工作有关的物料情况，而且要关注需要提前很长时间准备齐全的与开发、测试有关的各种物料的备料状况。

示例：例如，项目经理在项目计划阶段初期的某个时间点识别到一种可能在一个月或更长时间之后才会用到的物料资源，应在该时间点提前了解并想办法协调、预留该物料资源，避免发生在最后关头才发现没有资源可用的情况。由于关键物料采购或申请的交货周期一般比较长，因此只要在项目正式立项、项目资金能够动用以后就可以提前下单采购，这样能够规避交货周期波动对采购物料造成的影响。

1．对物料需求的识别和相应的准备

从拿到市场需求规格书的那一刻起，项目经理就要开始整理、识别开发和测试所需的物料清单，随着物料需求的进一步明确，还要及时确定关键物料需求并更新物料清单，在项目得到正式审批后下单采购相应的开发和测试物料。

项目经理或物料采购负责人要逐项追踪研发物料的采购情况，确保所有的物料都能在开发或测试之前到齐，如果发现某些物料存在到料延期或采购困难等情况，应该马上启动预案或替代计划。在这个环节，项目经理需要与采购商或供应商进行大量的沟通和协商，或者通过直接与采购商或供应商的对接人协调来解决问题，或者以样品的方式满足测试需要，或者采取借用的方式满足项目需要，或者请对方与其总部协调优先发货等，总之，利用一切方法实现到料目标、满足项目需要。

分享：项目经理应该充分利用公司、项目和客户的资源来实现项目目标，并且始终要强调这种合作模式是一种双赢的模式，因为如果产品实现量产，那么率先经过验证的部件或配件必然会拥有占领市场的先机优势，或者由于最早上市而获得最长时间的市场收益，所以大多数供应商是比较愿意配合项目的，前提是项目经理要努力争取、不断尝试，因为并非所有供应商都知道项目经理负责的项目有这样的需求。

2．长周期物料的风险采购

对于在评估过程中识别到某些关键物料存在长周期采购或交付的情况，项目经理需要进行风险采购的评估，把风险采购的需求和需要预先支付的费用解释清楚，并且制定风险应对方案，如果项目取消或因计划变更而不再需要已经采购回来的物料，那么应对方案可以是让其他相关项目使用已经采购回来的物料，或者为未来有相关物料需求的产品做准备。长周期物料的风险采购是一种积极应对项目风险的有效措施。

3．物料状态追踪

对电子产品的物料状态追踪，通常包括从硬件设计所需的各种电子元器件到机构设计所需的机构物料的配备，再到系统整合测试阶段各种测试物料的采购和

追踪。项目经理应将整个项目的物料状态追踪作为高优先级事件进行处理，与物料相关的问题通常不是技术问题而是资源协调问题，项目经理随时需要处理各种不可预测的外部情况，对于备料过程中可能发生的各种情况，应与团队合作制定可行的解决方案，从而满足项目需要。

4．研发物料管理的关键点

研发物料管理看似简单，实则是项目开发过程中耗费项目经理较多时间和精力的项目活动，其主要的困难点在于物料类型的多而杂，并且这是一个需要不断与外部不同的供应商或采购商沟通交流才能实现目标的过程。与外部有关的因素往往是项目经理和项目团队无法控制的，其风险性也比较高，项目经理能做到的就是控制和协调内部因素，尽量从项目整体的角度出发，将不可控因素对计划造成的影响最小化，积极主动地尝试各种方法满足项目开发的需要。为应对外部的不可控因素，项目经理应善于利用公司内部的各种资源对项目施加一定的影响，如借助公司高层的资源实现一部分物料的样品优先供应或加急处理，或者利用公司采购部门与供应商的良好合作关系满足项目的某些物料需求等。

分享：项目经理要时刻对外部的不可控因素保持高度警惕，一旦发生不可控事件，就要与团队一起迅速制定应对策略并积极应对，让外部的不可控因素对项目开发过程的影响最小化。有时候，看似简单的问题，解决起来往往是非常困难的，不起眼的细节可能会导致项目的重大变更，对项目造成巨大的影响，因此项目经理在处理细节问题时应当慎之又慎。

8.6　项目风险管理

风险，顾名思义，是因未发生事物的发展带有随机性和不确定性，从而存在偏离规划目标的可能性。不是所有风险都对项目有威胁，在某些情况下，风险也意味着存在更大机会的可能性，如果善加利用，可能会产生正向、积极的收益。

公司决定根据市场需求研发一款产品的过程，实际上就是一种通过投资和具体的项目活动交付相应的产品，并且期望通过销售该产品产生特定收益的行为，这也是公司追求的主要商业目标。既然是投资现在并期望未来收益的行为，就不可避免地存在由各种各样的不确定性带来的风险。

示例：在项目开发的整个过程中充满了各种计划外的情况，包括但不限于以下几种。

① 客户在项目执行阶段变更需求。

② 供应商在产品经过可行性分析后发布了性能更好的配件。

③ 团队在测试阶段发现了重大设计问题，需要变更产品的关键性能参数。

④ 工厂在生产测试的过程中发现了物料质量问题。

⑤ 测试中发现的问题无法在规定时间内形成闭环导致项目进度延误。

⑥ 产品样品到达实验室后发现了组装配合问题。

要想及时应对各种潜在风险，让各种风险造成的负面损失最小化、正面收益最大化，项目经理和项目团队需要针对各种风险建立一套有效的管理方法和应对流程，对风险进行科学的管理。

风险管理是一种对可预知的、一定会发生的问题或不可预知的、可能会发生的问题所带来的威胁和机会的应对策略。在实际的项目执行过程中，为了更好地实现项目目标，项目经理应对存在威胁的风险进行处理，从而减小其对项目的各种负面影响，同时理性评估并善加利用风险中可能存在的机会，争取交付比原计划效果更好的项目结果。

图 8.8 所示为项目风险管理流程，从中可以看出，项目风险是存在于项目开发周期的整个过程中的，项目经理需要在这一过程中对各种风险进行有效的识别和持续监控，系统地进行风险分析，制定有效的风险应对方案，并且实时跟踪执行风险应对方案后的项目状态。

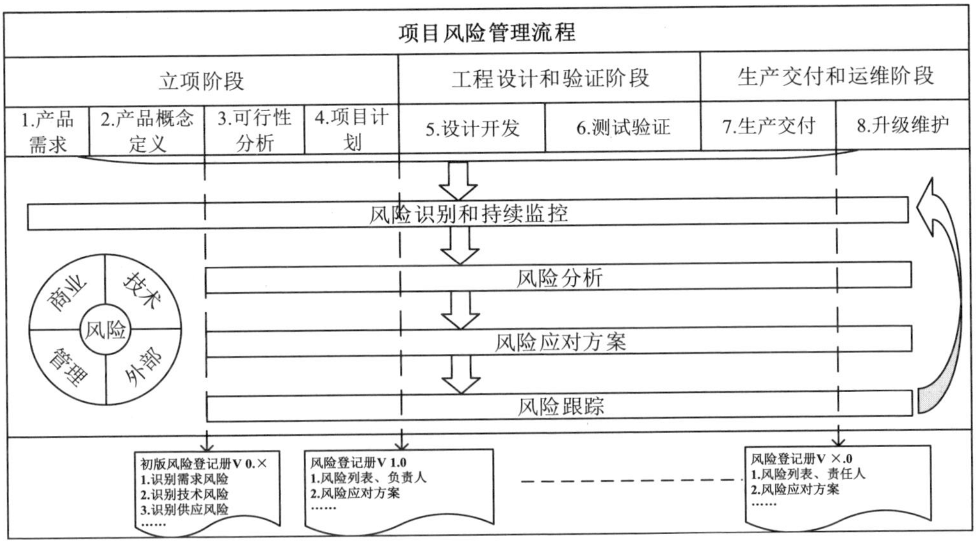

图 8.8　项目风险管理流程

1. 风险的来源

在项目开发的过程中，从项目执行阶段的顺序和内外部关系的角度来看，风险的来源主要包括以下四个方面。[2]

1）外部风险：立项阶段来自外部的商业风险

例如：客户的可靠性、合同条款等。

2）内部风险：执行阶段来自技术的风险

例如：技术和工艺的可行性、技术实现方法等。

3）内部风险：整个执行阶段来自项目管理方法和流程的风险

例如：项目管理水平、产品生产管理水平等。

4）外部风险：整个执行阶段来自外部的不可控风险

例如：法律条款变更、极端天气等。

2. 风险执行步骤

我将项目开发过程中的风险执行步骤总结为如图 8.9 所示的四个步骤，这四个步骤在整个项目周期内遵循 PDCA 原则持续循环，直到项目结束为止。PDCA 是计划（Plan）、执行（Do）、检查（Check）和修正（Adjust）四个英文单词首字母的组合，它是一种质量管理活动的执行方法，最早由质量管理专家沃特 • 阿曼德·休哈特提出，后来被戴明采纳和宣传，得到普及，所以又称为“戴明环”，这个方法同样适用于整个项目执行阶段的风险管理。

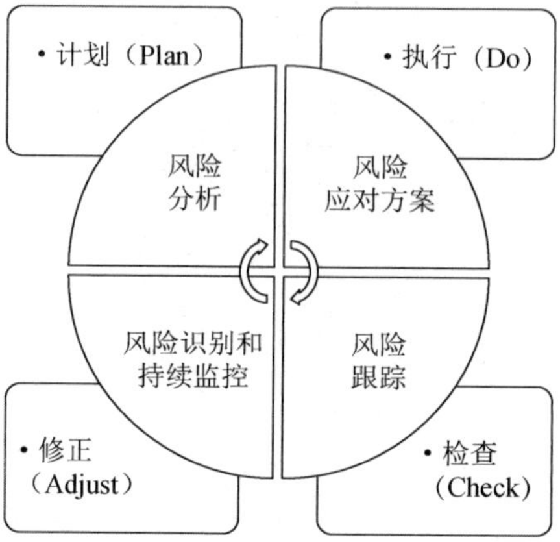

图 8.9　风险执行步骤

3. 风险的记录管理

在整个项目开发的过程中，项目经理要对已经识别出来的各种风险、风险分析结果、风险应对方案和风险跟踪结果进行详细的记录，发布风险登记册。

示例：发布风险登记册的时间点如下。

① 初版风险登记册最迟要在产品概念定义阶段退出的时候发布，及时识别早期的主要风险，以便让市场和研发团队评估满足产品需求的可行性和风险等级。

② 风险登记册的正式版本要在项目计划阶段退出的时候发布，对市场需求规格书和产品开发方案等文档中已经识别出来的各种风险进行记录，并且准备好应对方案。

③ 风险登记册正式版本的升级版本要在阶段评审点进行更新和发布，在整个项目执行的过程中，团队要对新识别出来的风险进行记录、分析、应对和管控。需要特别注意的一点是，风险登记册应在识别到风险之后马上更新，而不是在需要发布升级版本前才更新，发布升级版本只是一个结果性的时间点，并不是进行风险识别和记录的时间点。

4. 风险的影响范围

根据不同的风险影响范围，可以将风险分为以下两种类型。

单点风险：风险的影响范围仅限于产品设计或需求特性中的某个具体方面，不会对整个产品系统的其他方面产生任何影响。例如，某新型笔记本电脑的接口设计不再支持 VGA（Video Graphic Array，视频图形阵列）这种老式的显示器接口，客户可以通过特定转接头支持 VGA 接口或选择其他支持 VGA 接口的笔记本电脑，该新型笔记本电脑存在失去一部分拥有 VGA 接口需求的客户的风险。

系统性风险：风险的影响范围涉及整个产品系统的设计和产品的交付。例如，由于某个设计问题导致计算机的显示器无法显示红色，这个问题必须在项目开发过程中解决；或者计算机处理器在开始系统测试前不能如期送达，所有测试无法往下进行，可能导致项目进度延迟。

5. 风险管理的责任人

在项目开发的过程中，风险管理的主要负责人是系统工程师、质量工程师和项目经理，前两者主要负责技术领域的风险管理，项目经理主要管理其他领域的项目风险并确保按照计划或变更后的计划实现项目目标。在整个项目中，所有的专家成员都是各自专业领域内管理专业风险的责任人，项目经理和其他主要负责人应努力激发团队成员的积极性和责任心，以便尽早识别各种潜在风险并准备相应的预案。

6. 项目风险的识别和记录

在产品需求阶段，团队就要开始收集项目风险并在风险登记册中对这些风险进行记录和跟踪，在后续的整个项目过程中也要时刻关注这些风险。

在项目过程中可能面临的风险大致包括以下几种。

① 项目开发进度风险。

② 项目资源（人力、资金等）风险。

③ 项目需求变更风险。

④ 项目备料风险。

⑤ 产品技术风险。

1）风险识别的步骤

在项目的初始阶段，负责产品的市场负责人或客户会向产品开发团队发布市场需求规格书，产品开发团队需要在产品需求阶段和产品概念定义阶段对产品的所有需求和概念定义进行风险识别。

示例：风险识别的具体步骤如下。

① 首先，项目经理把市场需求规格书发给系统架构师、系统工程师和团队相关领域的资深专家进行分析并组织会议，与团队成员一起交叉识别每一种产品需求和技术实现方法可能存在的风险。

② 其次，项目经理通过同样的方法对相关设计规格书中的技术风险进行分析。

③ 再次，项目经理对相关设计规格书中的产品特性进行风险分析。

④ 然后，项目经理从项目涉及的每一个专业领域出发，对相关设计规格书中的技术细节进行风险识别，这样，系统工程师和项目经理可以分别与各个专业领域的专家对产品需求规格书中的产品设计需求进行专业的风险识别，并且对识别出来的风险进行整理和记录。在这个步骤中，团队可以采用一对一讨论或小组会议讨论的方式进行风险识别。

⑤ 最后，由项目经理组织整个团队对市场需求规格书和相关设计规格书进行风险识别，并且对识别出来的风险进行整理和记录。

2）风险识别的依据

风险识别的依据是在项目执行的过程中可能对项目的进度、范围、成本和技术实现等产生影响的项目需求，或者是为满足特定项目需求而执行的任务活动中可能发生的计划外事件，这些需求或事件可能对项目目标的实现产生积极或消极的影响。

不只是在项目一开始的产品需求阶段需要识别风险，在整个项目执行的过程中都要随时进行风险识别。如果识别出来的风险经确认是重大风险，如产品概念定义中的某个需求或功能在开发过程中没有被完全导入，或者在测试阶段发现重大产品缺陷需要及时进行升级和更新，那么这些重大风险很可能会造成项目进度滞后，因此需要优先处理。

项目经理应在项目执行的过程中持续识别风险，尽早让问题暴露出来，并且发挥团队的力量积极应对各种潜在的风险。

对于无法预测的未知风险，我们只能在问题发生前做好资源和能力方面的准备，这样在真正发生问题的时候，可以在规定的时间内解决问题或实现既定的项目目标。

分享：有些风险可能会发生在项目的最后阶段，项目经理要有随时面对各种不可预测风险的心理准备，做最坏的打算，同时不到最后一刻最终结果出来的时候不要放弃战斗，也许团队成员会突发灵感，从而解决问题。

事实上，风险可能会在事物发展过程中的任何时刻出现，它不以人的主观意志和想法为转移，因此全过程风险管控和资源的准备、调配是项目或其他事物取得成功的必要条件之一。

3）风险的记录

在风险识别的过程中，团队需要对识别出来的所有风险进行记录，或者在市场需求规格书的具体需求条目后增加相应的风险标记，并且注明是哪个部门提出的，在后续阶段与提出者确认计划实施的方案能否满足风险管理的要求且不会带来新的风险，为下一步的风险分析做好准备。

如果识别出来的风险对后续的某个项目阶段或产品配置有影响，那么团队需要及时将其记录到风险登记册中并对风险应对方案进行跟踪，直至在合理的时间内确认解决了相关风险。

7．风险分析

在识别出项目风险后，团队要对风险进行分析，确认其性质、影响范围和对整个项目的影响程度，并且对不同风险的影响进行分类，收集更多的相关信息，以便为下一步的风险执行做好计划方面的准备。

在风险分析步骤中，团队应对识别出来的风险做出决策，在决策的过程中，对风险识别时记录下来的风险进行等级排序的定性分析和针对潜在风险细节的定量分析，以便为后续的风险等级分析和定义提供合理的判断依据。

1）风险等级排序的方式

风险等级排序的目的是在众多的项目需求和随机发生的各种事件中选出等级最高、对项目影响最大、需要优先处理的风险，在项目执行的过程中，对高等级的风险进行重点跟踪和关注，并且及时检查需要解决的风险是否已经按照计划解决或需要额外的帮助等。

表 8.9 所示为风险等级评估卡，通过这种方式可以对风险等级进行排序，评估项目执行过程中风险的类别、影响和等级。在实际的项目中，还可以通过影响因子或重点领域模糊综合评价的方式进行风险等级排序，公司或团队可以根据自身的产品或技术特点制定相关文档的标准。

表 8.9　风险等级评估卡

风险描述	风险类别	进度影响	成本影响	项目范围影响	质量影响	风险等级
测试人力不足	管理风险	推迟 2 周	—	—	—	高
全新架构	技术风险	—	—	—	性能降低 15%	高
季节性台风	外部风险	推迟 2 天	—	—	—	低
支持海外销售	商业风险	—	增加 5 万元	增加新销售地区	—	中
……	……	……	……	……	……	……
高、中、低风险等级判断标准	—	大于 1 周	大于 10 万元	变更设计	性能降低大于 10%	高
	—	3～7 天	1 万～10 万元	增加配件	性能降低 3%～10%	中
	—	小于 3 天	小于 1 万元	增加使用场景	性能降低小于 3%	低

2）风险应对方案设计

风险应对方案指的是，在风险被识别出来并确认对项目过程或产品质量等存在实际影响以后，团队需要设计或制定的应对方案和措施。系统工程师和项目经理需要与项目团队中各专业领域的专家一起积极准备应对风险的方案和措施并及时更新风险登记册，如果需要外部资源支持，那么应在评估后说明在什么时间需要什么样的资源来应对各种当前存在的或潜在的风险。有时候，在设计风险应对方案的过程中，团队需要对特定风险进行进一步的定性分析和定量分析，才能设计出理想的风险应对方案。

3）风险应对方案决策

在识别出风险并对风险从各个角度和专业领域进行分析之后，团队可能会产生多个应对方案，此时需要做出合理的方案决策，分析采用哪个应对方案的项目收益是最合理的，以及项目在执行方案决策后能够承受的由风险带来的威胁和机会的影响有多大。

方案决策的方法有很多种，下面我会介绍一种在多个方案的情况下通过决策树进行决策的方法。在项目的可行性分析阶段，项目团队识别到两种满足客户需求的方案：一种是选择当前市场中的成熟方案；另一种是选择芯片供应商刚刚推出的新方案，其效果与上一版本的方案相比有一定程度的提升。在这种情况下，团队应该选用哪一种方案才能让项目获得的机会风险更大、威胁风险更小，从而获得相对较大的收益呢？

图 8.10 所示为决策树方法，它说明了针对不同的风险选择应对方案的决策过程和最终的决策结果。

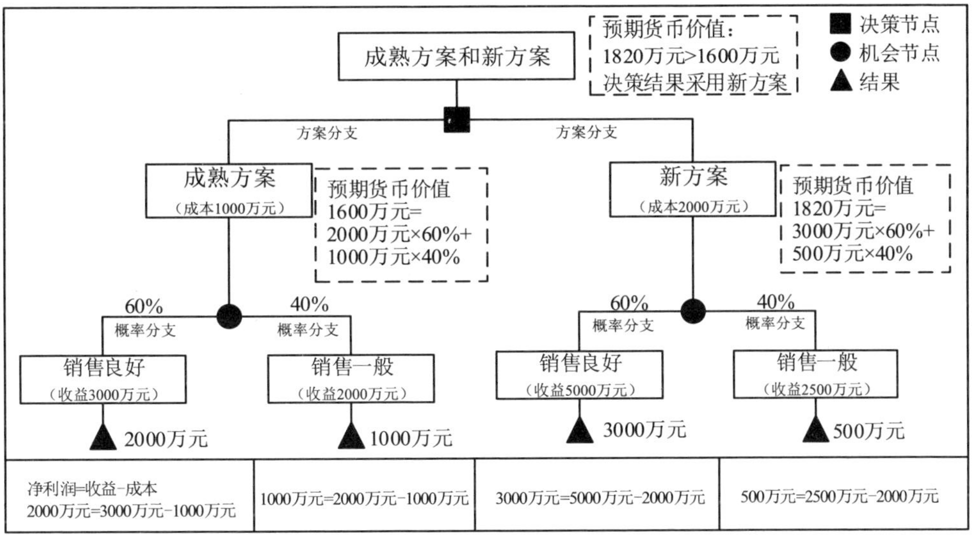

图 8.10 决策树方法

在风险应对方案的决策过程中，团队要考虑单点风险应对方案是否有引入系统性风险或其他单点风险的可能，规避这种可能的有效方法之一是团队决策，让更多专业领域的专家知晓并参与风险应对方案的决策过程，这样做有以下两点好处。

① 让所有项目团队成员明确需要评估的风险是否与自己负责的专业领域相关，目的是确认风险是否会影响没有被识别到的专业领域，从而让风险识别的范围更全面。

② 让专家从专业角度对特定风险给出一定的专业建议，或者对计划实施的应对方案提出一些看法，这样可以大大降低由于单点风险变更而可能导致的、对看似无关的专业领域产生的影响，让专业人士尽早知晓并完成对相关风险的评估。

示例：大致有以下三类风险需要在项目执行的过程中进行风险应对方案的设计和决策。

① 已知的已知风险。

团队在项目计划阶段已经识别出来这类风险，对这类风险的发生概率和可能造成的影响比较清楚并有相应的应对预案。例如，在立项阶段初期识别到产品测试部门人力不足，需要在开始测试之前招聘一定的测试人员，或者利用现有的工作人员完成测试任务，不过后者的产品开发进度会比原计划推迟一周。

② 已知的未知风险。

团队已经识别出来这类风险，但是无法清楚地识别这类风险的发生概率和可能造成的影响，不过已经做好了资源方面的规划和准备，具体的应对策略是在项目进度和项目费用等方面预留一定的弹性空间。例如，采用全新技术设计出来的初版硬件系统的开机过程必然需要各种调试和参数修正，不过修正的范围具体有多大、修正的时间具体需要多久是无法精确预测的。

③ 未知的未知风险。

团队无法识别将要发生什么样的风险、风险的发生概率和可能造成的影响，这类风险只能通过有限的资源规划和预留来应对，需要根据具体情况对具体问题进行分析和处理。例如，产品样品在运输的过程中丢失。

为了应对各种各样的风险，准备多少资源才是合理的？这个问题的答案是动态、灵活的，不过绝对不能不预留任何资源。在实际的项目执行过程中，项目经理可以根据项目的轻重缓急和影响大小在整个团队中对资源进行协调和共享，风险不以人的主观意志为转移，我们能做的唯有面对和克服。

8．风险应对

风险应对指的是，对登记在册且已经有应对方案的风险按照计划实施应对方案，或者在风险暂未发生时将应对方案作为预案，包括解决、减轻、接受、转移和回避等，一旦风险真的发生，就可以实施提前制定的应对方案。

分享：在实际的项目中，虽然不是所有的风险都会发生，但是团队要对所有已经识别出来的、可能发生的风险制定预案，这样才不会被各种临时发生的意外事件影响。就像消防安全工作的方针“预防为主，防消结合”，消防的关键是“预防”，要提前做好各项防火和灭火的准备工作，而不是等火灾发生后再考虑怎么灭火。

9．风险跟踪

风险跟踪指的是，在风险应对方案的实施过程中或实施之后，对实施过程和结果进行跟踪、检查和确认，确保所实施的方案是可行、有效的，并且不会带来新的单点风险或系统性风险。团队应将方案的实施过程和最终结果登记在册，务必准确而真实地记录下来。

在进行项目风险管理的过程中，风险管理负责人要敢于抉择并高效地做出决策。成功的要素往往是相似的，如获得足够的数据支持、充分发挥团队的力量、具备实现目标的决心和付出不懈的努力等，主要依靠较强的抉择能力和坚持不懈的恒心。

综上所述，在实际的项目执行过程中，随着产品和项目复杂度的不断提高，可能会因为很多在设计之初没有考虑、识别到的风险或项目中的诸多不确定性造成偏离计划的现象，或者没有对某些风险做好预算或开发周期方面的准备导致项目延期甚至发生巨大变更，造成研发成本提高、产品交付推迟等后果。所以对项目风险的管理、识别和评估非常重要，项目团队应在项目出现问题时及时制定补救措施和可执行的方案。对项目特别是复杂项目的风险管理，团队成员必须严格实施风险应对方案。很多风险可能无法在项目计划阶段的早期被识别出来，有些风险是在项目执行的过程中甚至后期阶段才能被识别出来并制定可执行的应对方案的。

分享：项目最重要的目标是“保质保量、按时上市”，要想及时地识别和控制项目中的各种风险，项目经理需要在执行项目的过程中始终保持清醒的头脑，与团队一起从全局的角度思考问题。

8.7 项目变更管理

项目变更可能发生在从产品需求阶段到批量生产阶段的整个产品生命周期内，所以在项目初期，项目经理就要与团队制订项目变更管理计划、设计项目变更管理流程，在整个项目过程中对变更需求进行有效的管理。

1. 引入项目变更管理的目的

引入项目变更管理的目的如下。

① 有效控制产品设计开发的范围，确保项目的计划进度和预算能够满足项目的实际需求，通过流程化管理提高导入变更需求的效率，确保项目变更评估的覆盖范围是整个项目团队，从而降低由项目变更造成的各种风险。

② 实现对变更的全程管理，在执行变更之前与项目团队充分识别可能存在的各种风险，对变更状态和进展情况进行全程跟踪，确保变更得到正确执行，在得到预期的变更结果并与需求方确认后结束变更流程。

2. 执行项目变更流程的时间点

在项目的整个过程中，项目团队都要通过变更流程进行变更管理，这样既可以让不同阶段的变更需求有据可依，也可以比较清楚地记录不同变更需求的发起人和缘由等信息。

图 8.11 所示为项目变更可能带来的多方面影响，包括产品的开发范围、项目进度、项目预算和可能造成的潜在质量风险等。

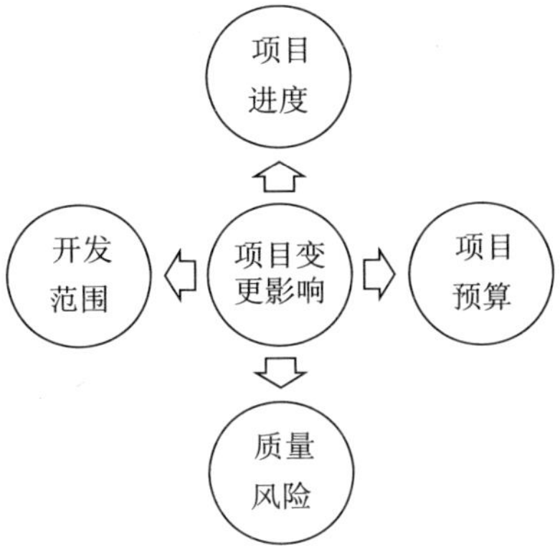

图 8.11　项目变更可能带来的多方面影响

一旦完成项目计划阶段的评审并确定了设计方案，项目团队的工作就会围绕既定的方案和计划展开。不过，在项目执行的过程中随时可能产生项目变更的需求，并且变更需求可能会对正在执行的各方面项目工作带来不同程度的影响，所以对项目变更的正确管理是确保项目顺利交付的关键。项目变更管理是项目计划阶段中的重要一环，任何变更需求都要经过严格的团队评审和分析，确保针对变更的设计方案能够满足项目的需要，并且项目变更可能带来的风险是可控的。

3．项目变更管理流程

在项目计划管理中应该包含建立严格的项目变更管理流程，任何有别于产品需求规格书的变更需求都要执行变更管理流程，并且团队要对每个变更需求的执行过程进行文档化和系统化管理。首先，变更发起人需要在项目评审会议或变更申请系统中提交变更申请，然后邀请所有相关人员参与评估并确定变更影响的范围和需要付出什么样的代价才能满足变更需求，最后在变更评审会议中得出评审结果，决定是否批准变更申请。

图 8.12 所示为项目变更管理流程，该流程主要由以下四个环节构成。

① 变更发起环节。

② 项目团队评审环节。

③ 变更执行环节。

④ 结束任务环节。

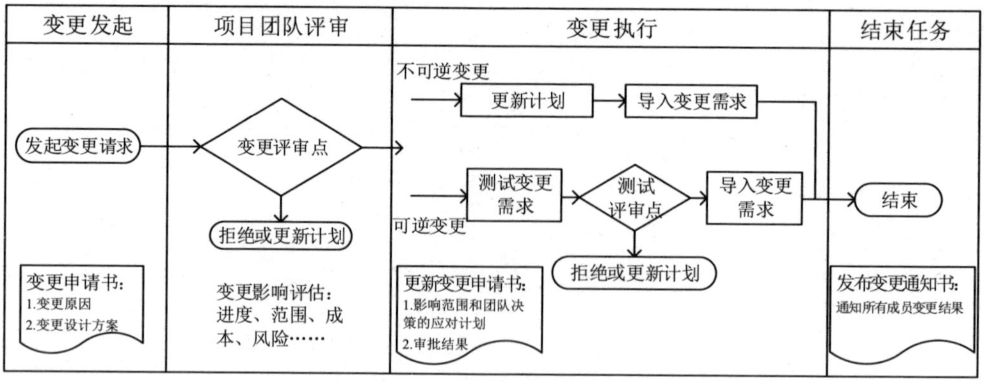

图 8.12　项目变更管理流程

下面对项目变更管理流程的四个环节进行详细的说明。

4．项目变更的发起人

项目变更的发起人既可以是项目团队内部的任何成员，也可以是团队外部的客户或供应商。

5．项目变更的发起条件

如果内外部需求产生变化，或者在设计、测试和验证等阶段需要进行计划外的活动，那么可能会影响项目执行过程的多个方面，包括研发费用、产品功能实现、开发进度计划和工厂库存消耗等，此时需要发起变更请求，对变更的风险和潜在影响进行评估。

在产品化项目管理过程中，可能发生变更的原因如下。

① 市场需求变更。

② 发现产品设计缺陷。

③ 产品配置变更。

④ 发现产品测试缺陷。

⑤ 设计线路图优化变更。

⑥ 供货问题导致采购变更。

⑦ 工厂生产制造流程优化导致设计变更。

⑧ 产品质量需求变更。

⑨ 设计安全需求变更。

⑩ 产品新增销售或支持的地区。

⑪ 产品文档变更。

⑫ 开发进度变更。

⑬ 开发费用变更。

⑭ 产品软件升级变更。

⑮ 产品硬件升级变更。

⑯ 机构设计变更。

⑰ 替代物料增加。

示例：如果在项目执行的过程中，某个项目阶段因为产品设计问题、物料到达时间延迟或其他变更造成的影响，无法按照计划日期进入或退出相应的阶段评审点，那么项目经理需要发起项目进度的变更请求并制定延期后交付项目的预案，同时说明预案的详细内容和需要付出的额外代价是什么。

6. 项目变更的评审流程

变更评审点以团队评审为主要评审方式，变更发起人在提交变更申请书的时候，需要在其中注明变更的具体原因、详细需求和影响范围等。

在变更发起人提交变更申请书后，一般首先由其所在专业领域的内部团队进行变更申请评审，其次提交给项目团队进行团队评审，然后提交给整个研发团队评审相关变更对项目的其他部门是否存在影响，最后所有团队共同评审变更需求的解决方案。

如果变更涉及的项目范围或资源需求超过了项目团队的决策权限，那么团队需要在经过各种方案评估和风险识别之后，请公司的高级管理层完成变更申请的决策审批工作，审批结果一般有两种，即同意变更申请或拒绝。

7. 执行变更任务

执行变更任务指的是在变更通过评审点后导入变更需求的相关活动。执行变更任务可以分为两种情况，各自的执行步骤如下。

不可逆变更：这里的“不可逆”指的是一旦变更通过评审点并决定执行，那么整个项目的变更是不可逆的，也就是说变更造成的影响无法扭转并恢复到变更之前的状态，如电路设计的硬件变更、结构部件的模具修改等。在这种情况下，团队首先需要更改整体的项目计划，然后按照计划导入变更需求并执行项目的后续流程。

可逆变更：如果在执行变更的过程中发现任何问题、识别出任何会给项目带来更大风险的可能性或变更方案不可行，那么团队可以取消或修改变更方案，项目也可以恢复到变更之前的状态。例如，软件或固件的变更版本可以恢复到之前的版本，或者在导入新部件进行兼容性测试后发现新部件无法适配产品系统，也可以从产品系统中移除该新部件。在这种情况下，团队需要先进行测试计划的变更，再根据测试结果评估实际执行变更可能产生的结果，如果结果可行，那么可以导入变更需求，若结果不可行则需要拒绝变更申请或重新制订变更计划。

8. 结束变更任务

当变更需求被导入项目后，团队要对变更结果进行最终的确认，如果确认变更结果满足项目需求，那么可以结束变更任务并发布变更通知书，通知所有项目团队成员和可能受到变更影响的干系人。

9. 项目变更管理中的风险管控

越到项目后期，项目变更对成本和进度的影响越大，导入变更需求的风险也越高。在尽量避免不合理和不可行变更的同时，项目经理也要想办法应对必要的项目变更情况并将变更风险控制在合理的范围内。

分享：在产品研发和设计阶段，即使有了明确的设计方案和执行计划，也有可能在实际的项目过程中产生更好的设计方案，项目经理应根据实际情况进行相应的设计变更。如果设计工程师仅凭主观认为简单的设计变更不会对其他环节或部门造成影响，没有对设计变更进行记录并让项目团队进行风险识别管控，或者产品的变更需求只经过了专业团队内部的识别和分析而没有通知所有团队成员，那么这些变更可能会在项目结束后对整个项目团队造成影响，导致遗漏一些非常重要的项目活动，给后续的测试验证增加额外的工作量和风险。

在项目过程中，无论是客户还是产品部门提出的任何项目变更，都要通过文档化的方式在变更申请系统中正式发起变更请求，并且在经过整个项目团队的评估后提交给高级管理层，决定是批准还是拒绝。项目变更可能会影响项目的开发进度、费用和范围等多个方面，项目经理应在立项阶段明确定义对产品规格的要求，尽量避免不必要的变更对产品的研发和设计等造成的各种影响。

不同公司的产品类型和开发流程各不相同，本节只举出了一种典型的项目变更管理流程并介绍了其核心思想和执行原则，不同的公司或项目团队可以根据自身的特点和审批、执行流程开发专属的项目变更管理流程。

10．项目变更管理的要点

项目经理在管理项目的过程中，要将项目变更管理作为重要的工作任务之一，密切关注由变更需求造成的项目范围变化和引入新风险等影响，及时评估和更新项目开发进度计划和费用使用情况等，并且在风险登记册中对新导入的变更需求造成的影响进行状态跟踪，定期对各种变更进行评审和回顾，确保变更造成的影响被纳入了新计划，以及获得批准的变更需求被正确地导入了项目。

8.8　工程设计计划和培训

对于技术开发方面的项目管理工作，项目经理需要了解产品的关键特性和项目团队中每个部门的主要工作职责、活动任务，这样才能实现高效沟通和协调管理。这是一个持续学习和了解的过程，项目经理虽然不需要精通产品特性，但是对产品的关键特性和项目的关键流程、任务等要掌握得八九不离十。项目经理如此，项目团队的其他成员也是如此，只有对各自负责的专业领域和产品特性有一定程度的了解，才能高质量地完成自己的工作，更高效地协助整个团队朝着正确的方向前进，从而高效、高质量地实现项目目标。

项目团队应在项目计划阶段对产品概念定义阶段和可行性分析阶段的结果进行整理、汇总并选择最终的设计方案，执行这些工作任务也是组织内部培训和相互学习的好机会，可以让项目团队更理解产品的具体要求和实现方式，特别是与自身工作相关的部分，这样才能更好地满足项目需要。

1．工程设计计划环节的主要工作

在完成产品的可行性分析之后，团队需要在项目计划阶段选择最终的设计方案，以及对所选方案进行详细的设计规划并给出方案报告。工程部门需要制定具体的设计方案，在真正执行项目之前做好各项准备和评估工作，输出标准设计计划书和初版规格书。在项目计划阶段退出的时候会进行该阶段的评审会议，由整个项目团队和管理团队组成的评审团队共同评审产品的设计方案，决定产品的最终设计计划。

分享：系统设计方案的确定方法。

在项目计划阶段，系统工程师或产品技术负责人需要在市场需求规格书和系统架构设计的基础上，根据各个领域的技术专家团队在可行性分析阶段的评估方案和结果，从系统设计的角度出发，与整个项目团队进行产品技术实现的具体评估、系统设计方案的最终选择和最后的分析、汇总、确定。

在项目计划阶段，项目经理需要跟踪各个工程部门的任务执行状态并按照规定时间交付各个工程部门的设计计划，汇总整个团队输出的报告，准备评审点的最终报告内容。

2．工程设计培训

为了让产品需求、技术评估和相关设计信息及时、准确地传达给项目团队内部的所有干系人，项目经理应在项目早期阶段制订整个团队的技术培训计划，并且在组建项目团队之后，从顶层系统设计环节开始，对整个团队有计划、有步骤地进行产品需求的介绍和技术设计特性的培训，让整个团队从一开始就对所设计产品的方方面面有一个比较清晰的认识，并且站在各自专业的角度理解应该怎样开展工作以满足项目需求。

示例：不同的团队成员有不同的培训需求。

① 产品设计工程师要对产品需求、产品概念定义、系统架构设计和各种功能参数有充分的了解，这样才能设计出满足需求的产品。

② 产品测试工程师要对产品架构和功能特性有清楚的认识，这样才能设计测试计划，确保测试的覆盖率满足产品设计的需要。

③ 生产测试工程师要对产品配置和各种外接的接口进行生产测试，确保产品在生产交付阶段满足出厂质量要求。

④ 售前工程师要对产品的技术特性和支持配置等有深入的了解，这样才能配合销售团队，与客户一起探讨产品的使用场景并推荐满足客户需求的产品配置和型号。

产品设计团队、产品测试团队、系统兼容性测试团队、产品质量团队、产品售后支持团队和工厂开发、组装、生产、测试等团队，只有全面了解产品的各种结构和特性，才能设计出全方位满足客户需求的测试方案和组装、运维方案。在了解产品的同时，各个专家也可以参考历史经验给出更好的产品设计建议，使产品更贴近客户、满足需求，质量更高且成本相对更低。

分享：培训计划要分阶段、分部门地执行，我根据过往的经验总结了以下几点心得体会。

① 在产品设计之初，要介绍系统架构设计的概念。

② 在工程设计计划环节退出的时候，要基于已发布的系统设计说明书，从系统设计的角度介绍整个产品的设计细节，包括系统架构设计、每个单元模块的设计要求、系统的连接和组成等。

③ 在产品开发过程中，要对后端的产品测试部门进行培训。

④ 在产品测试开始之前，要进行测试计划的培训。

⑤ 在产品准备上市的时候，要对销售部门进行培训。

⑥ 在产品上市之前，要对售前和售后部门进行培训。

⑦ 在产品上市之前或上市之后，要对客户进行产品的介绍。

在每一个项目执行阶段，都应由不同的专家对整个项目团队进行产品的设计介绍和培训，确保团队对整个复杂项目和各自负责工作的理解是正确的，以便切实满足产品设计的需求。

项目经理可以定期收集团队成员的反馈，决定是否需要在其他时间点或对其他主题内容进行培训，如果有需要，那么可以组织相关专家进行相应的专业培训，最终目的是确保整个项目团队充分理解所设计的产品，并且把涉及各自专业领域的设计需求导入到产品的研发过程或结果中。

具体的培训方式可以根据不同团队的特点和需求来选择，前提是开展培训的人需要提前准备好培训所需的材料，通过面对面或视频的方式对团队进行培训。项目经理要组织、预约并确保所有的会议参与者都能准时参与会议，在会议中或会议后可以安排答疑环节，不过不是所有问题都要在会议中解答，部分遗留问题可以安排在会后继续沟通。同时，项目经理还要收集关于培训效果的反馈，了解培训内容是否有价值，或者对于特定的内容有没有进一步培训的必要等。

8.9 立项阶段评审点

立项阶段评审点指的是，项目团队已经完成了立项阶段的所有工作任务，对市场需求、产品需求和产品系统设计计划的所有可行方案进行了分析，由高级管理层对项目团队交付的阶段结果进行评审，对项目能否进入工程设计和验证阶段做出最终决策。

示例： 立项阶段评审点需要的决策材料如下。

① 产品的市场定位、目标客户群体、生命周期、销售地区。

② 产品的商业目标、预估销量、目标收益。

③ 产品的开发进度、开发费用构成。

④ 产品的设计方案和范围、与市场需求规格书对应的设计计划，对于未满足的需求，团队需要说明原因并与客户或市场部门达成一致意见。

⑤ 风险评估和预案。

⑥ 投资收益分析结果等。

在立项阶段评审点中，所有的关键团队成员和公司负责该项目的高级管理层都要参与会议，根据项目团队交付的阶段结果做出决策。

立项阶段评审点的最终决策可能会导致项目面临以下三种结果。

① 项目取消。

② 重新选择计划方案并再次评审。

③ 进入工程设计和验证阶段。

分享：立项阶段评审点的过程如下。

（1）项目经理与各个团队的专家成员确认立项阶段的所有工作任务都已经完成并输出了相应的文档和报告。

（2）项目经理收集并整合评审点报告。

（3）项目经理组织内部会议，与项目团队成员进行材料评审并就评审点报告的内容达成一致意见。

（4）项目经理协调阶段评审点会议的时间并提前发出会议邀请，邀请公司的高级管理层参与会议。

（5）首先由项目经理在评审点会议中汇报评审点报告，其次由相关领域的负责人进行具体的答疑，然后由参与项目的不同领域的团队经理或代理人对是否支持项目进入下一个阶段进行投票表决，若不支持则应给出专业、合理的理由，最后由公司的高级管理层根据评审点报告和投票结果做出最终决策。

（6）项目经理根据评审点会议的最终决策执行相关的后续动作。

① 如果决策通过且无遗漏事项，那么可以进行下一个阶段的准入评审。

② 如果决策通过但是有限制条件，那么应在会后评估如何满足限制条件，同时进入下一个阶段。

③ 如果决策拒绝但是需要修改计划，那么应进一步更新计划、提供结果并准备进行下一次评审。

④ 如果决策拒绝且决定取消项目，那么可以结束项目、总结经验并解散团队。

（7）无论结果如何，项目经理都要通过邮件说明评审点会议的最终决策和相关的后续动作。

立项阶段评审点是整个项目从计划到执行的分水岭，前期的计划方案是否完备直接关系到后期执行阶段是否顺利。在立项阶段，项目经理一定要充分发挥团队的力量，只有尽可能地将所有的项目细节和可能遇到的风险考虑周全，才能在后期的执行阶段游刃有余。

本章小结

① 数字化流程管理软件的普及极大地提升了项目管理的效率、扩大了项目管理的范围。

② 评审点管理是确保项目成功交付价值的关键之一。

③ 高效的文档管控可以提升项目执行的效率，文档化是让过程和结果有据可依的根本方法和手段之一。

④ 前期完备的开发进度、费用和各种物料资源的计划是后期项目顺利进行的关键。

⑤ 项目风险管理贯彻项目的始终。

⑥ 项目变更管理是控制项目范围的关键。

⑦ 工程设计计划的优劣在某种程度上决定着产品能否创造价值。

⑧ 工程设计培训结果的好坏直接影响项目的交付质量。

⑨ 立项阶段评审点的最终决策决定了项目能否继续下去。

第 3 部分

工程设计和验证

纸上得来终觉浅，绝知此事要躬行。

——陆游

经过了立项阶段的产品需求确定、产品概念定义、可行性分析、项目计划的制订和阶段评审点的批准，项目团队可以确认计划生产的产品是符合市场需求规格书中定义的产品。接下来的工作就是按照实施计划、设计开发、测试验证和阶段评审的顺序，逐步完成产品的工程设计和验证。

当项目团队完成了立项阶段的所有准备工作并通过了高级管理层的评审后，就可以基于阶段准入标准正式进入工程设计和验证阶段。项目经理将按照与项目团队共同制订的计划推进项目。

工程设计和验证阶段的主要工作任务是产品的设计开发和测试验证。考虑到项目复杂度和产品性质的不同，本书将工程设计和验证阶段的子阶段划分为从上到下的三个层级，其中下级层级可以由上级层级组合而成，以展示从简单到复杂的系统设计演进流程，具体说明如下。

1. 一般产品的设计开发和测试验证流程

① 这里的“一般产品”指的是系统设计相对简单且功能验证相对容易的产品，这类产品不需要复杂的、多种功能模块的组合设计就可以满足客户或市场的需求。

② 一般产品的设计开发结果既可以是实物产品或硬件功能模块（需要准备样机的生产和测试），也可以是功能相对简单的软件程序。对于软件程序，在完成代码设计后即可进入测试验证阶段，并且在通过测试验证后进入产品的评审环节，以便及时确认所设计的产品是否满足客户需求。

③ 这个流程的评审结果可能导致项目团队对产品进行多次设计开发和反复测试验证。在经过测试验证后，如果产品无法满足产品设计需求，那么评审结果会让产品返回设计开发阶段以进行修正，并需要再次进行测试验证，直到满足产品设计需求为止。

2. 中型系统的设计开发和测试验证流程

① 这里的“中型系统”指的是由多个功能不同的单元模块构成且能够实现多种功能的产品系统，这类产品系统中的每个独立的单元模块可能涉及不同的专业领域，并且只有在完成系统整合后才能进入整体产品的测试验证阶段。

② 中型系统既可以是软硬件结合的产品系统，也可以是实现多种复杂功能的软件应用程序。例如硬件模块需要生产制造过程，而固件模块或软件模块不需要硬件模块的生产制造过程，另外，系统状态监控等软件模块只有在完成系统整合后才能进行测试验证。

③ 中型系统的设计开发和测试验证流程包括对每个单元模块的设计开发和测试验证，以及在完成系统整合后进行的系统整合测试验证两大部分。

3. 复杂系统的设计开发和测试验证流程

① 这里的“复杂系统”指的是涉及专业领域繁多、参与人数众多、支持功能丰富、系统设计复杂度高且相互之间制约因素多的产品系统。整个项目需要并行设计多个单元模块，还要进行多次系统整合测试以确保系统设计的可靠性。

② 复杂系统大多涉及软件、硬件甚至多学科交叉的产品设计领域。各个专业领域既相对独立又要在整体设计上保持统一和协调；既有时间限制又有经费约束；既要管理技术环节又要管理沟通环节。这类产品系统要实现的不是单一特性的最强，而是整体系统的最优。

③ 复杂系统首先涉及多个单元模块的迭代开发和中型系统的测试验证，然后是初版系统的设计测试，最后是整个系统的兼容性测试和系统性能调优。

在整个工程设计和验证阶段中，无论是进行设计开发还是测试验证，都要完成每一项项目任务的节点，并由各个专家组成评审团队进行节点交付结果的评审，以确保项目团队的设计结果和计划方案能够满足产品设计需求。

在这个阶段，项目团队应通过层层评审把工作中可能遗漏的内容补充完整，并且对各种风险进行识别和记录，确保最终设计出来的产品在质量、性能和兼容性等方面能够满足产品设计需求。

示例：在实际的项目过程中，针对不同类型的产品，项目团队不仅需要满足产品设计需求并完成整个产品的设计开发和测试验证，还可能需要进行多轮开发和验证的循环。例如，软件开发的增量迭代就是一个反复开发和验证的过程。在设计硬件产品的过程中，对于复杂度不同的硬件产品，一般需要2～3 轮开发和验证的循环，并且每一次验证的侧重点有所不同，前期阶段的验证侧重于产品功能和工程设计，后期阶段侧重于系统整合和系统兼容性，后续的循环则侧重于工厂的批量生产。

为确保顺利完成项目的关键设计开发和测试验证任务，项目经理需要在这个阶段对项目进行精细化管理以便实现项目目标，具体包括以下内容。

① 项目执行管理。

② 设计开发阶段的协调。

③ 测试验证阶段的管理。

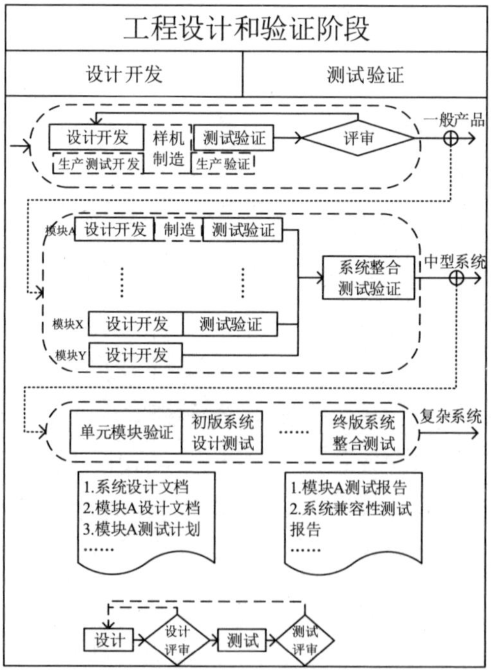

第 9 章

项目执行管理

如图 9.1 所示，项目执行管理指的是项目经理在项目执行的过程中对各个环节的管理。

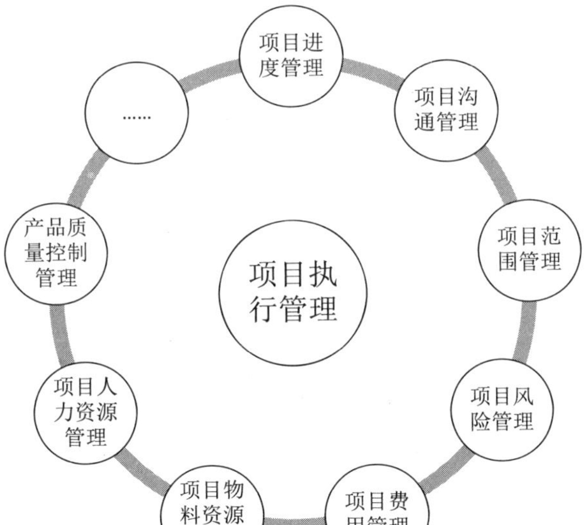

图 9.1　项目执行管理

项目经理能否带领项目团队完成工程设计和验证阶段的管理是决定项目交付结果好坏的关键，也是能否正确完成产品设计开发和测试验证的关键。项目执行管理的目的是始终将各个环节的各种事项控制在项目计划的范围内，包括成本范围和进度范围等。产品的项目经理和公司的高级管理层的不同之处在于，项目经理更关注对项目中某些局部细节的管控和资源的协调，使最小单位的项目活动能够得到正确的执行，从而确保项目的整体效果满足客户需求。

在退出立项阶段的评审点会议上，项目团队已经对项目的开发进度和各个阶段评审点的关键里程碑节点做出了交付承诺。从那一刻开始，项目的执行将以关键里程碑节点确定的日期为主要阶段结果的交付时间，也就是说项目团队向公司的高级管理层立下了何时交付产品的团队工作目标。

项目经理是项目进度管理的负责人，在项目执行的过程中，一方面要起到监督、协调和积极推进项目进度的作用，另一方面也要清楚自己不是特定专业技术工作的具体执行人，而是整个项目的推进者和协调者。项目经理只有高效地引领整个项目团队，才能实现基于团队决策制定的项目目标。

如果团队设计开发的是一种软硬件结合类的新产品，那么最先启动设计开发工作的团队应该是硬件和机构开发等关键路径上的团队。与固件、软件相关的团队可以先在开发板或评估产品设计的参考设计板上搭建各种固件、软件系统的开发和测试环境，熟悉产品的技术框架，以便为后期的硬件开机做好联调的前期准备工作。

分享：在产品的设计开发和测试验证阶段，项目经理的主要精力应该放在以下两个方面的工作上。

① 项目经理可以以天或周为单位，与项目团队对项目状态进行密切的关注和沟通，以便及时发现并处理可能发生的各种计划外的情况，确保产品的设计开发和测试验证得以高效进行。

② 项目经理需要通过各种项目管理方法、工具和手段，在项目过程中与系统工程师、团队专家等完成软硬件的配合，并且确保在沟通时不会出现关键信息的遗漏（在某些交叉的技术领域，一般不会出现信息被双方遗漏或只有一方执行工作任务的情况）。详细的检查和评审文档是规避上述问题的有效手段之一。

9.1 跟踪项目执行和进展

1. 时刻关注项目动态

在项目进入设计开发阶段之后，整个项目团队将开始具体的产品设计开发活动。项目经理基本上每天都要解决来自不同团队的各种问题，或者通过协调资源处理随时可能发生的各种计划外事件。在这些情况下，项目经理要像“雷达”一样时刻扫描整个项目团队的动态，积极主动地与团队成员保持密切的沟通，通过线上或线下的方式关注项目进展。如果发生了亟待解决的特殊问题，需要协调多方面的资源，那么项目经理应及时组织和带领相关专家快速解决问题；如果遇到了项目团队无法解决的问题，那么项目经理应及时将问题报告给公司的高级管理层，通过获取更高级别的资源协助团队解决问题。

2. 跟踪关键点

在项目执行的过程中需要跟踪的关键点来自多个信息收集方向和渠道。项目经理的职责不是被动地等待和接收各个团队主动汇报的信息（因为在接收到汇报信息的时候，事情往往已经导致不利影响甚至到了难以控制的阶段），而是要从各种方向和渠道主动跟踪并评估可能对项目进度造成影响的关键信息，在问题刚刚露出苗头的时候就及时跟踪并与团队协商解决方法或应对预案。下面我将介绍几种跟踪项目状态的方法。

1）通过项目开发进度计划和项目任务列表跟踪项目状态

① 跟踪项目开发进度计划中的事件状态是项目管理的基本操作，也是项目经理的工作主线。

② 贯穿整个项目始终的目标是按时交付产品。

2）通过项目周会跟踪项目状态

① 通过团队的执行进展汇报跟踪项目状态。

② 通过项目周会跟踪团队的最新执行结果。

3）通过线下的非正式沟通跟踪项目状态

① 线下的非正式沟通几乎是项目管理中最关键的部分，项目经理需要在线下向各位专家了解很多问题的状态和对风险的评估，这是跟踪项目状态的最快方法。

② 一对一沟通或同时与两三个人针对特定领域的问题进行小组讨论，是节约

其他成员时间的基本操作。

4）通过外部供应商或对比其他项目的状态了解自身项目的状态

项目经理的沟通渠道比较多元化，既包括对内沟通又包括对外沟通。多了解其他团队或供应商相关项目的进展和状态，有助于从侧面排除一些自身项目可能会遇到的问题。

5）通过风险列表了解团队对风险点的处理进展

时刻关注风险列表中的风险点，根据处理进展和应对预案的执行情况，评估团队是否按照计划正确地处理了风险点。

6）通过了解内外部的资源和物料状态判断项目状态

了解所有物料的到料状态和相关部件供应商的样品交付情况可能对项目状态造成的影响。

7）通过了解项目团队成员的变动判断项目状态

① 在项目执行的过程中可能会发生项目团队成员变动的情况，项目经理应及时评估成员变动可能对项目状态造成的影响。

② 及时更新项目团队成员列表。

③ 评估新成员加入项目团队后可能需要的学习和适应时间，判断该因素可能对项目进度造成的影响并制定应对措施。

8）跟踪项目变更需求

① 项目执行过程中的变更需求和对变更的评估、评审、执行都可能会对整个项目造成不同程度的影响，项目经理要认真评估项目变更需求的影响范围，制定可行的预案并更新执行计划。

② 查看项目变更计划列表和通过审批的变更任务执行状态。

在跟踪项目状态的过程中可能有很多相关事件同时发生，项目经理需要进行事件的优先级排序，确保重要且紧急的事件得到优先处理。项目经理应对项目中发生的事件保持较高的敏感度，也就是说能够透过表面现象看到某些事件可能给项目带来的短期和长期影响。这种敏感度或直觉既可以通过与系统工程师从系统设计的客观角度沟通对各种事件的看法来培养，也可以通过与团队共同评估某个可能影响项目的随机或意外事件来形成。

总而言之，专业的事情要由专业的人来做，并且要由专业的人进行科学的评估。项目经理应该学会大胆假设、小心求证，凡事多问几个“为什么”，确保观察到的表面现象与真实情况是一致的，从而更高效地管理并推进项目。

分享：项目经理在项目执行的过程中需要推动的工作如下。

在项目执行的过程中，并不是团队成员严格遵循最初制订的项目计划就能顺利完成项目并在最后一天获得想要的结果的，而是需要项目经理不断地监督和推动才能实现项目目标。项目经理千万不能想当然地以为项目团队中的所有成员都会按照计划执行项目，并且将所有的时间和精力集中在当前的项目上。

问题的关键在于执行项目的是人，而不是按照程序自动运行的机器。人是具有主观能动性的，团队成员在执行项目的过程中随时可能会被其他工作或非工作的事件干扰或打断，从而对项目的执行造成不同程度的影响。这些外部因素可能会拖慢项目的执行进度或影响项目的交付质量。了解这一点后，项目经理应该实时跟踪项目执行的状态和进展，帮助团队成员解决外部的各种干扰，确保项目的顺利执行和高质量交付。复杂系统的设计和实现需要良好的团队协作，只有确保所有执行环节都能达到项目要求的标准，才能最终交付满足客户需求的产品。项目执行过程中的推动工作不只是针对某一个人或某一个专业团队的，而应从整体的角度出发，使项目执行的活动实现顺畅的前后衔接，这样才能提高项目整体的效率。

项目经理应随时跟踪项目的执行阶段、主要任务和关键里程碑节点等信息，从而有效地进行项目执行管理。

9.2　会议和报告管理

在产品化项目管理的整个过程中，项目经理在进行沟通和管理时，会经常通过各种会议和报告来完成团队内部的信息共享、方案设计、技术沟通、问题解决和决策制定等。对会议和报告的高效管理将极大提高项目执行的效率，增强信息的准确性和决策的有效性。

整个项目团队的成员经过了立项阶段的熟悉和磨合，基本上已经了解彼此的性格和沟通习惯，这为后续项目执行阶段的紧密配合奠定了必要的沟通基础。项目经理应在项目执行的过程中积极营造高度团结、奋发向上的团队气氛，让大家朝着共同的项目目标前进。这些团队建设方面的技巧也是提高项目执行效率的有效方法。

在项目执行的过程中，项目经理可以从以下几个方面进行会议和报告管理。

1. 项目启动会议

项目启动会议的意义是让项目团队的所有成员清楚地了解项目目标，知晓项目已经获得公司高层的审批并正式进入执行阶段。

在项目通过立项阶段的评审点后，项目经理需要正式发起项目启动会议并邀请公司的高级管理层参与会议，以便让项目团队成员知晓高级管理层对项目的关注和重视并意识到项目的重要性，从而在执行阶段的一开始就在心理层面上对项目有一个更高的定位，这将极大地调动团队成员的积极性和工作热情。

项目经理可以通过项目启动会议正式向项目团队宣布执行阶段的启动，从而让所有项目团队成员按照项目计划正式执行设计开发和测试验证的具体任务。

2. 建立和管理团队项目周会

在执行阶段，项目经理可以发起以周为单位的项目沟通例行会议，组织并领导所有项目团队成员共同对设计开发和测试验证中的最新情况进行进展汇报、计划制订和团队决策。建立和管理团队项目周会是项目经理掌控项目的关键手段，其流程如图 9.2 所示。

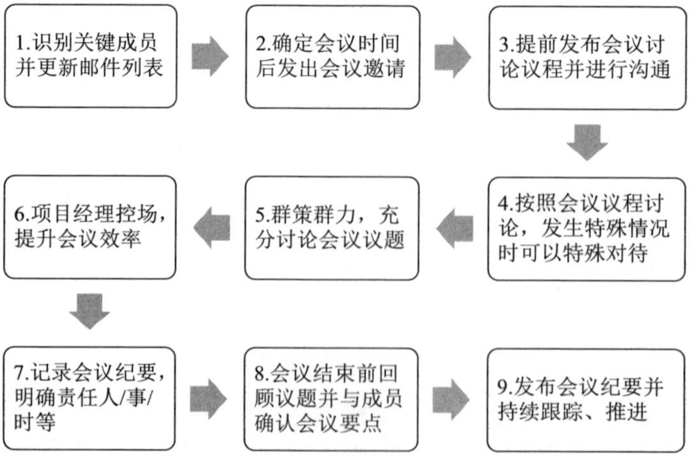

图 9.2　建立和管理团队项目周会的流程

分享：我总结了一些可以提高会议效率、优化会议效果的方法和技巧，供读者参考。

① 项目经理可以建立一个专门的项目周会关键成员的邮件列表，包括参会人员和需要收到会议纪要的各个专业领域专家的主管经理，确保会议的内容和结论（项目状态、进展和执行计划等）能够与管理层同步并得到管理层的关注。

② 项目经理应在与主要参会人员提前协调、统一后确定会议时间（有些成员可能同时参与多个项目），并且尽量避开周一和周五，因为在节假日前后，部分成员的执行和信息获取效率会有一定程度的降低。

③ 项目经理应提前一天通过邮件的方式正式发布会议将要讨论的议题并对议题的重要程度进行排序，以便在会议中按照议程讨论。如果某些议题已经有明确的责任人，那么要在具体的议题后标注责任人的姓名。对于复杂且重要的议题，项目经理可以在开会之前与关键干系人进行非正式沟通，以便提前掌握最新的进展或得到期望的结论，从而节约参会人员的时间。

④ 在会议开始之后应该按照会议议程讨论议题。如果临时发现特别紧急的议题需要优先讨论，那么可以根据实际情况变更会议议程。

⑤ 充分利用所有干系人都在场的机会，讨论可能影响不同专业领域或干系人没有考虑到的议题，充分发挥团队的智慧、力量和决策优势，大大降低遗漏重要事件的概率并增强决策结果的有效性。

⑥ 项目经理应该具备控场能力。如果发现讨论内容偏离议题，或者报告人的报告内容冗余、繁杂、缺乏重点，或者发现通过短时间的会议无法把相关议题讨论清楚，或者讨论的重点已经从客观事实变为非理性的想法和意见，那么项目经理应该及时停止相关议题的讨论，并且将其作为遗留问题在会后继续跟踪和讨论，这样可以节约大部分参会人员的时间并提高会议效率。

⑦ 在会议过程中，项目经理应指定相关人员记录会议纪要。对于重要内容，需要由记录者用自己的语言再复述一遍，确保双方或多方的理解是一致的。在发布会议纪要之前，项目经理可以与干系人再次确认纪要内容和工作任务，确认无误、整理完毕后即可发布，最迟应在会议当天发布。

⑧ 会议纪要应该简要地描述当前的关键问题、任务进展、相关问题的责任人、下一步的计划和预计完成任务的时间等，如果有需要帮助或遇到困难的地方也要明确地记录下来，由项目经理协调和解决内部资源或外部支持的问题。

对于项目经理来讲，项目周会绝不是“走过场”，而是项目管理中非常重要、关键的环节，是能够聚集大部分项目团队成员发掘潜在问题、识别风险并运用团队智慧解决问题、处理风险的过程。项目周会的参会人员应该包括项目团队中与质量、测试相关的人员，确保整个项目团队获得的信息是一致的。在讨论问题的过程中，项目经理要营造一种开放的讨论氛围，充分收集多个角度的问题解决计划、方法和方案。高效利用项目周会和会议纪要进行项目管理是项目经理的基本工作内容，是否善于运用团队的智慧并引导团队成员积极主动地参与讨论，在某种程度上直接决定了项目管理水平的高低。

3. 项目的报告方式

如实、准确、精炼地报告项目状态既是项目经理的一项基本技能，也是衡量项目经理管理水平的关键指标之一。在实际的项目执行过程中，应该如何把“报告”这件事情做好，并且针对不同受众采取不同的报告方式以达到报告的目的，是一个重要的问题，项目经理需要不断地在实践中进行思考和总结。当然，不只是项目经理，高效的报告对其他团队成员而言也是需要掌握的重要技能。下面我会简要地介绍几点经验和总结，供读者参考。

项目的报告方式一般可以分为以下三种。

1）口头报告，即兴演讲

一般情况下，口头报告方式在正式和非正式的汇报场景中都可以使用，如与同事探讨问题、寻求解决方案，或者在会议中讨论某一个议题。在进行口头报告时，项目经理需要了解问题的历史背景、当前进展、计划和困难点等，条理清晰、逻辑严密地将复杂的问题用口头语言表述出来并简要地说明重点，让对方迅速了解问题的关键并给出回复。要想做到这几点，项目经理需要具备两个基本的前提条件，一是对问题的相关信息足够了解，二是具备较强的语言表达能力。提高这些技能水平，主要依靠项目经理在项目执行的过程中锻炼自己提炼和概括信息的能力，并且经常在与团队内外部成员的沟通中有意识地进行练习，用简练的语言阐述重点内容。

2）简报报告，书面传达有效信息

在使用简报报告时，报告人有足够的时间做好准备，不过仍然需要了解对方想知道什么信息或自己应该明确地传递什么信息。请注意，针对不同的受众，报告的内容和格式会有所差异，如详细的技术细节或概括性的项目进展、未来的计划。简报报告的关键是对受众有所了解，根据受众的不同，有针对性地设计报告的内容和格式。

3）基于简报进行演讲汇报

看图说话的报告方式可以比较高效地传达报告人的意图。在报告中无法呈现某些信息或报告人希望呈现其他信息的情况下，可以通过口头方式根据实际的汇报情况进行表述和补充。这样，报告人可以明确而简要地表述需要汇报的内容，将准确的信息高效地传递给相应的受众。

不过，看图说话的报告方式没有听上去那么简单。简报表述的内容对于受众来讲是否有意义且易于理解，演讲汇报的方式能否对简报的不足之处给予充分的补充并让受众快速理解和领会汇报意图等因素，都可能会影响汇报效果。对于报告人来讲，还要不断学习很多的演讲和文档设计技巧。

4. 对事件沟通过程和重要结果的记录

在安全管理领域内有四个“凡事”，即“凡事有章可循，凡事有据可查，凡事有人负责，凡事有人监督”，它们也适用于项目管理领域。对项目执行过程中的重要事件要有会议讨论记录，对重要事件的沟通结果也要进行有效的记录，并且通过邮件或其他方式文档化，最好对记录的文本进行双方或多方之间的确认。这样，每一个发布的信息、做出的决策和制订的计划等都能追溯整个事件的历史处理过程，让项目经理采取相关措施的可信度更高，从而避免类似推脱责任等问题。在实际执行项目的过程中，项目经理应始终坚持“对事不对人”的原则，这是让他人信任项目经理及其行动的重要基础，这一点无论是对同事、团队还是对客户都非常适用。通常在汇报或报告会议后会产生新的结论或遗留问题，或者在会议中会形成对某些事件的决策结果，项目经理需要及时地做好记录和事后总结。

解决上述问题的方法和书籍有很多，不过最重要的还是亲身实践，只有这样才能真正理解沟通的真谛。

分享：会议的高效执行、报告的准确呈现是提高沟通效率的重要技能。

高效的会议可以让项目团队有更多的时间从事实际工作并明确工作重点，这是一种节约资源的表现；准确的报告同样可以节约团队成员的时间，把问题的始末、状态和具体需求说明白是沟通能力的表现之一。这些都是项目经理需要通过长期修炼和总结才能掌握的重要技能，否则在项目执行的过程中会造成严重的时间、金钱和精力的浪费。

9.3 项目资源管理

项目资源管理指的是项目经理对项目所需的各种资源进行管理，主要包括以下几个方面。

① 项目人力资源管理。

② 项目费用资源管理。

③ 项目样机和物料资源管理。

项目资源管理是项目经理的主要工作职责和绩效考核指标之一，项目经理需要在整个项目执行的过程中对通过项目计划阶段评审点的各种项目资源进行高效的管理和掌控。在实际的项目中，能否最大限度地发挥资源的利用价值体现了项目经理管理项目资源的水平高低。

1. 项目人力资源管理

在项目进入执行阶段后，所有的人力资源都要按照计划到岗、到位，确保项目能够按照计划进行下去。不过在实际的项目中，具体工作可能不一定会一直按照计划进行，所以项目经理应随时关注人力资源的投入情况，确保工作任务能够按照项目计划准时完成。

图 9.3 所示为项目的人力资源分布情况，从中可以看出人力资源在项目不同阶段的分布情况：在可行性分析阶段，项目团队的主要成员已经加入项目并开始进行各种技术评估；到了测试验证阶段，整个团队的成员都加入了项目的测试验证活动，在这个阶段，项目的人力资源投入达到了最高值。项目决策的正确性和高效性是节省人力资源成本的最佳方法。高效的团队决策能让项目在执行过程中朝着正确的方向前进，避免整个团队将大量的人力和物力资源花费在无用的地方，造成项目资源的浪费。

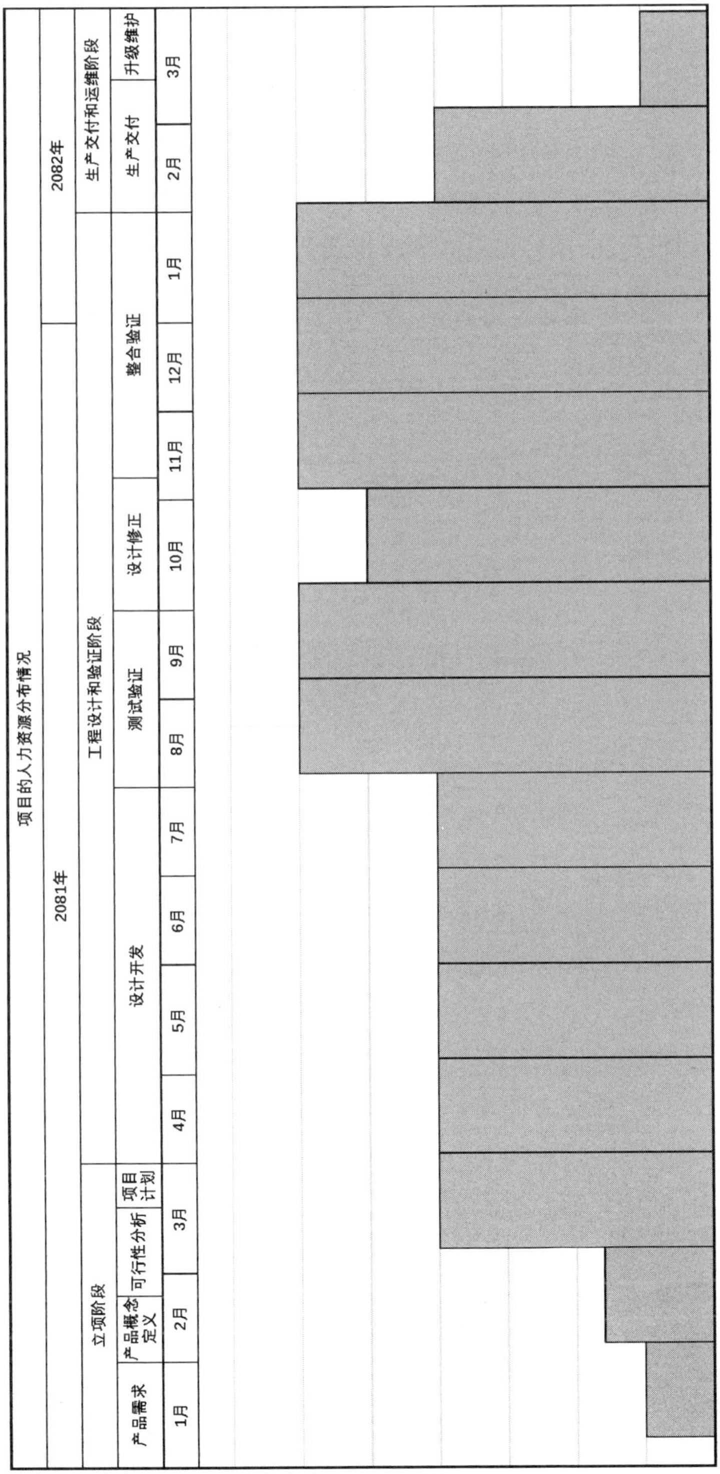

图 9.3　项目的人力资源分布情况

在项目执行的过程中，如果发现实际的人力资源需求大于最初评估的人力资源需求，或者某些团队成员由于其他原因无法继续执行项目任务，那么项目经理应立即报告相关状态并协调人力资源以满足项目需求。项目经理可以向相关领域专业部门的管理层提出申请，同时在项目周报的状态汇报中进行具体的呈现。人力资源是项目经理需要实时监控的重要项目资源。

分享： 特殊情况下人力资源管理和分配的方法如下。

在项目执行的过程中，可能会由于技术问题或其他情况导致项目开发进度延迟。为了应对项目延迟，项目经理可以通过加快进度的方法实现项目开发进度的目标。从人力资源的角度来看，可以采用增加新的人力资源投入或让已有成员加班的方式，这样做的结果是人力资源的增加或因为加班产生更多的项目费用。在这种情况下，项目经理要先确认采用增加人力资源投入或加班的方式能否满足项目开发或测试的需求，再与相应的开发或测试部门确认能否抽调足够的人力资源以满足项目需求。如果能，那么可以先制订计划，再由项目经理向高级管理层申请资源，并在获得批准后正式执行计划；如果不能，那么项目经理需要寻找其他的解决方案。

在项目执行的过程中，项目团队成员列表是一份需要由项目经理及时更新和维护的重要文档。在退出立项阶段的时候，项目经理会将已经识别的团队成员登记入册，并基于团队成员列表所显示的人力资源，根据项目工作量的定义，与各个专家团队的成员预估并确定项目开发进度中的关键时间点。因此，一旦团队成员列表中的成员发生变化，就会间接影响项目的开发进度。

项目经理应及时关注团队成员列表中成员的变更可能对项目造成的潜在影响，并制定相应的应对措施。团队成员变更的应对措施如表 9.1 所示。

表 9.1　团队成员变更的应对措施

团队成员变更	变 更 描 述	应 对 措 施
团队成员减少	在产品设计、开发和测试工作量不变的前提下，团队成员减少必然会导致项目进度的延迟，增加项目的延期风险	在风险登记册中记录团队成员减少可能造成的影响，向高级管理层申请增加人力资源或提交项目进度变更申请，以应对团队成员减少带来的风险

续表

团队成员变更	变 更 描 述	应 对 措 施
团队成员增加	团队成员增加可以分为以下两种情况：一种是为了加快进度临时增加人力资源；另一种是为了更好地实现项目目标而增加团队成员或专家	在任何新增加的团队成员真正适应项目之前，都要进行必要的团队内部培训，使其尽快了解项目的主要目标和各自需要完成的具体任务
关键成员变更	在现代社会的职场中，员工的流动是一个不容忽视的现象，对于这种情况，一般可以用专业团队中具有相同经验和资历的成员来替换，确保项目的顺利进行	变更成员之间要进行必要的工作交接，确定工作交接计划和交接期限，让项目工作实现平稳的交接
增加特定领域的专家或成员	在项目的执行过程中发现需要增加特定领域的专家，或者因为项目变更需要增加团队成员	通过标准的变更流程将新增成员纳入项目的管理范围，对项目的各个方面重新进行评估，并且在通过评审后继续执行项目

分享：成员变更的应对方法如下。

我们需要明确一个概念，即“不是人手越多就一定对项目越有帮助”。项目团队成员的增加会提高项目管理和沟通的复杂度，任何新手都需要一定的时间来学习和了解项目，之后才能执行项目，并且新手可能会犯老成员不会犯的低级错误，从而增加项目执行的风险和培养新手需要的时间、成本等。

如果发生成员变更，那么项目经理和其他团队成员要尽快与新成员建立沟通关系，及时同步项目状态和进展，确保项目顺利执行，并且由项目经理、交接的团队成员及其经理共同确认项目交接结果才算正式完成项目交接。我始终强调项目执行过程中各种文档和资料的重要性，这样，在交接工作后才能实现项目的平稳推进，同时让新成员有一个适应过程。

2. 项目费用资源管理

项目费用需要由团队在项目计划阶段进行评估和确定，并且在退出项目计划阶段的评审点会议中得到公司高级管理层的批准，批准后的项目费用由项目经理在整个执行阶段进行管控。对项目费用资源的管理也是项目经理的绩效评估指标之一。

对于项目费用的支付时间和去向，项目经理应在项目计划阶段与相关的专家团队、财务经管部门根据和内外部团队签署的各种合同来确定。如上文所述，项目的执行是一个动态变化的过程，任何变更需求或不可预测的风险都有可能造成项目的实际费用超过项目计划最初的批准预算，所以在项目执行的过程中，项目经理要随时注意项目费用的使用和管理状态。

变更需求、员工加班赶工、增加测试人数、增加测试样品、进行项目计划外的测试验证和项目延期等都会造成项目费用的变更。控制项目费用的关键就是控制项目执行过程中各种计划外的变化因素，对计划外的变化因素制定积极、合理的应对措施。在执行相应解决方案的时候，也要从项目费用的角度分析方案可能带来的影响，尽量在已批准的项目费用范围内执行方案。

分享：项目费用超支的处理方法如下。

项目经理在管理项目费用的过程中，需要实时监控费用去向并对项目费用可能超支的情况尽早做出判断和评估（提前识别项目费用可能超出预算的风险，与团队进行综合分析）。如果因为项目变更或不可控因素，确实有很大的概率造成或已经造成项目费用超支，那么项目经理应及时上报项目费用的异常情况，说明是什么原因导致了项目费用的超支并争取更多的费用以满足后续的项目需求。不能等到项目费用已经超支的时候再上报，因为风险已经产生，并且项目费用的审批也需要时间，或者可能无法获得审批，项目可能已经无法继续执行下去，从而酿成无法交付项目的严重事故。

对于项目执行过程中的费用管理，关键是时刻关注实际的项目执行过程与项目计划之间有偏差的部分。从影响项目费用的角度对这些部分进行分析和思考，时刻警惕项目费用超支的风险并提前制定应对措施。如果发现项目费用有超支的趋势，那么项目经理应与团队一起积极地想办法解决费用问题，保证实现项目的交付目标。

3．项目样机和物料资源管理

高效的样机和物料资源管理也是确保项目顺利执行的关键之一，对这些资源的合理调配是项目经理在项目执行过程中经常处理的主要任务之一。

在项目执行阶段协调和管理物料资源的关键就是，通过对已有资源的合理调配和运用，来解决设计开发和测试验证过程中由于各种意外因素导致的问题。在实际的项目执行过程中，能否利用有限的资源满足各种需求并解决问题是考验项目经理和项目团队管理能力的重要指标之一。

分享：实际上，在项目计划阶段，团队就已经对项目所需的各种样机和物料资源制订了分配计划。在项目执行阶段的初期，也是按照分配计划来分配各种样机和物料资源的。项目经理要对项目中所有样品和原型机器的数量、分配部门、使用时间、使用状态等进行清晰的记录和跟踪，这样在需要紧急协调资源或需要进行特殊测试的时候，能够凭借对项目资源状态的清晰了解进行合理的调度和安排，做到“手中有粮，心中不慌”，从容地应对设计开发和测试验证过程中的各种资源协调问题。

9.4 工程设计和验证阶段的质量管理

工程设计和验证阶段的质量管理主要是对设计开发和测试验证阶段的质量管理。项目经理需要在设计开发和测试验证阶段的每一个重要评审点会议中，组织专家对产品的设计计划、重要设计决策和测试结果等进行团队评审和决策，确保所设计的产品满足产品设计的质量要求。

在设计开发阶段的初期，产品质量部门会与产品开发团队、供应质量团队、产品测试团队、服务运维团队等一起，针对市场需求规格书中的每一条需求评估产品需求、设计、生产和运维等方案中可能存在的质量风险，通过对质量风险等级的定义和评估，实现对产品设计质量风险的管控，进而实现对产品整体设计质量的管理。

在工程设计和验证阶段的评审点中，所有的设计文档和关键项目活动的输出结果都要在评审点会议前与团队确认，确保满足了所有的评审要求，或者制订了相应的、不影响项目进一步执行的合理计划。产品质量部门和产品测试部门应虚心接受各个研发部门给出的合理建议，确保从产品设计的角度满足质量要求。

表 9.2 所示为产品质量风险管理跟踪表，根据该表，项目经理可以在计划阶段对产品需求中存在的质量风险进行风险等级评估，对高等级风险制定解决方案并在项目执行的过程中进行管理和跟踪。

表 9.2　产品质量风险管理跟踪表

产品需求	质量风险评估维度					各部门的评估结果					风险等级	解决方案
	新技术	新特性	制造难度	维护难度	……	产品开发	售后服务	产品质量	产品测试	……		
需求 1	√					高					高	A
需求 2		√					中				中	B
需求 3				√				低			低	C
需求 4	√		√						高		高	D
需求 5		√						高			高	E
需求 6				√		中					中	F
……												X

分享：在项目执行的过程中，项目经理、产品开发团队和产品质量团队需要特别关注以下可能影响产品质量的因素。

① 对于在立项阶段制定的风险登记册中记录的各个风险点，确认其是否在工程设计和验证阶段按照计划得到了正确的处理，并且跟踪处理后的反馈结果，直至解决所有的风险点。

② 关注会议中讨论的各种事项的结论并进行持续跟踪。

③ 关注项目活动的评审结果，以及对阶段评审点结果的处理和后续事项的跟踪、闭环。

④ 关注产品质量风险管理跟踪表中的风险处理结果。

工程设计和验证阶段的质量管理，包括产品设计的质量管理和质量目标，以及产品生产阶段的产品质量和目标管理，这些工作内容也包含在对设计风险的评估、测试验证和各种测试验证结果的评审中，确保对最终交付的产品质量进行合理的监控和管理。

本章小结

① 项目经理应在工程设计和验证阶段对项目状态进行全方位的跟踪和管控。

② 项目经理应重视线下沟通的作用，对于重点问题，以天为单位持续跟进。

③ 高效的会议和报告是进行项目管理的重要手段。

④ 做到凡事有据可依是项目经理管理项目的关键技巧之一。

⑤ 在项目执行的过程中，人越多不一定就越有帮助。

⑥ 合理调配项目资源能够节约大量的人力和物力成本。

⑦ 项目中的任何变更都可能直接或间接地影响项目费用。

⑧ 质量管理贯穿项目执行的整个过程，所有团队成员都应积极参与。

第 10 章 设计开发阶段的协调

设计开发阶段的主要任务是各个专业部门正式启动产品的设计开发工作，按照项目计划执行经过分解的实际工作。在这个阶段，项目计划的所有设计者都会投入到项目中，每个专业部门会根据自己的开发节奏和特点进行产品设计，并且在特定的时间点输出相应专业的设计成果。

在产品设计的过程中，不同的公司由于产品类型的不同，对项目经理的职责定义可能各有不同：对于技术类产品的研发来讲，负责研发的项目经理通常需要对产品的技术有一定程度的了解和认知；也有一些公司将产品研发过程中的所有技术问题交由专门的系统工程师负责，项目经理只需要从进度、汇报、人力和内外部资源等方面协助、支持团队解决研发过程中的种种技术问题，以及组织和主持一些关键的协调会议。

10.1 产品系统设计方法

对于产品研发，团队可以采用自上到下的系统设计方法，对系统设计进行整体的拆解和功能模块的划分，并且结合项目任务分解后的工作执行顺序和项目开发进度计划执行项目工作。本书采用产品系统架构师或系统工程师的顶层系统架构图进行系统设计的划分，这样可以从系统的角度出发，把相互关联的部分有序地协调起来，同时确保每个专业部门设计工作的连贯性。项目经理可以根据产品需求规格书和产品概念定义阶段的输出文档对产品进行功能设计的划分，并且根据功能设计对应的具体工作识别和组建执行设计任务的专业团队。

在系统设计的过程中，团队不但要设计系统中的硬件模块，而且要考虑系统具体性能的参数和指标、产品的应用环境和条件、软件操作系统的支持、系统的监控和诊断单元、系统的固件功能、产品在工厂和客户使用现场的无工具拆装、产品的工业工程、系统中的各种标签、产品使用说明书的撰写、操作系统需要的各种软件种类和驱动版本的管理、系统固件的版本管理，以及官网提供的固件升级等。

图 10.1 所示为计算机产品系统设计流程，从中可以看出从产品需求分析到方案制定的实现流程，该流程中的主要工作如下。

① 汇总各种具体的需求，提取和抽象关键信息，进一步形成整体的产品概念定义。

② 对产品概念定义涉及的各个专业领域的设计方案进行顶层设计。在实际的设计工作中，每个子模块和专业领域之间并不是没有任何关联的，而是存在着各种交叉和工作衔接的。

③ 应从系统设计的角度看待产品的各种设计需求，并特别关注不同专业领域之间存在交叉的设计需求。在具体的设计过程中，对交叉领域需要进行各种信息的交流和确认，确保产品在满足整体系统需求的同时，也能满足交叉领域对模糊地带的定义和要求。

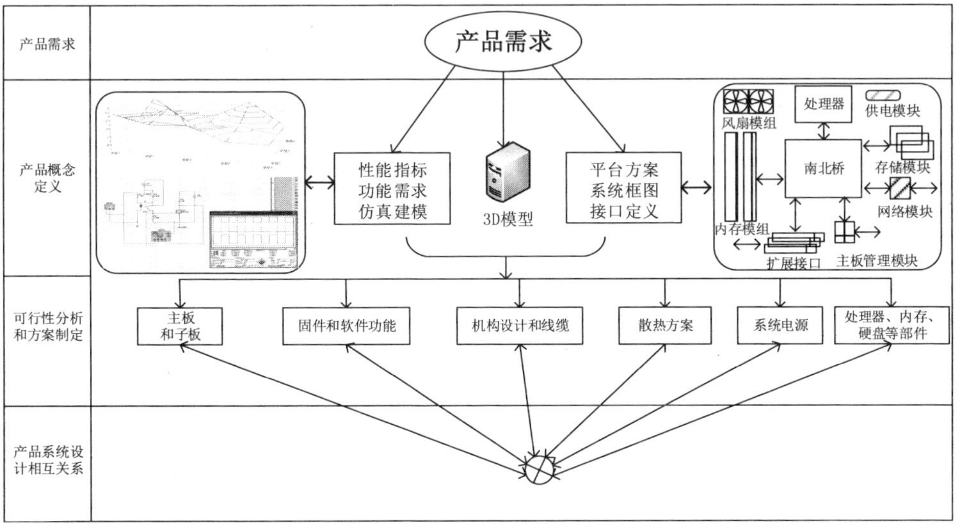

图 10.1　计算机产品系统设计流程

在系统设计环节中，项目经理主要根据产品需求进行整体统筹，从整体的角度看待问题，并且对部分功能进行合理的划分，从而实现模块化设计。项目经理应重点思考如何在完整、系统地满足客户需求的同时约束项目范围，发掘可以满足客户合理需求的重要元素，并且在一定的约束条件下实现系统层面的独立。团队设计的产品不能是一套功能无限的、不存在任何边界的系统，这样的产品不但无法在有限的时间内完成，而且与产品设计流程的初衷、概念相悖。

项目经理只有从系统设计的角度分析问题、从全局的层面看待问题，才能从更多的视角分析设计开发和测试验证过程中的具体问题，从而有效增强系统设计的健壮性、可靠性、兼容性。

分享：本书强调项目经理要从系统的、全局的角度看待产品研发过程中的各种设计和测试问题，也就是要有系统性思维。产品设计是一个系统性的工程，既包括产品技术开发因素，又包括时间、资金、人力资源、技术能力和采购供应等多种因素，并且不同的因素之间可能存在各种相互影响的关系。所以在产品设计的过程中，项目经理要从全局的角度考虑应该如何实现为最终客户创造价值的终极目标。

10.2 子系统模块设计协调

子系统模块指的是从顶层系统架构图中分解出来的模块，包括有形功能模块和无形功能模块。当然，在产品设计的过程中包含多个专业的产品研发、设计、支持部门的努力和付出，这里的“有形”和“无形”只是从物理形态的角度定义的，在系统设计和产品构成中的重要程度并无任何不同之处。子系统模块的构成如图 10.2 所示。

在产品的设计开发过程中，图 10.2 中的所有产品研发支持部门都是不可或缺的。对于客户和使用者来讲，可能产品只有有形功能模块和无形功能模块的差别；不过在产品设计的过程中，一个强大且专业领域涵盖范围较广的研发团队是能够满足客户和产品设计需求的关键。每一个部门都是核心部门，所有的产品设计都需要通过团队合作才能实现。项目经理应善于运用团队的力量，组织各个专业领域的专家通力合作，并且积极协调各种资源，这样才能设计出功能完备且可靠的产品。

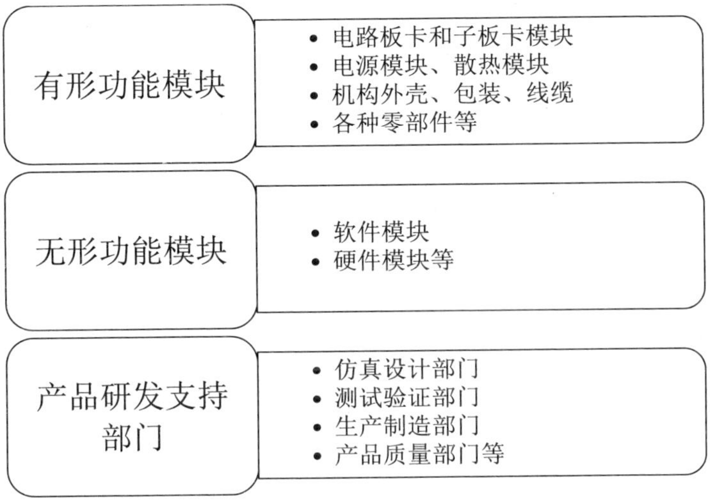

图 10.2　子系统模块的构成

设计开发阶段的管理重点如下。

在设计开发阶段的管理工作中，项目经理和系统工程师要积极地协调和运用可以支持项目的各种内外部资源，满足各个研发团队的合理要求。在产品设计过程中密切关注研发团队的开发进度和遇到的阻塞问题点，带领团队积极应对阻塞问题点，制定解决问题的可行方案并做出合理的决策；及时汇总重大的设计问题，如果需要求助，那么应尽快与高级管理层或外部客户协调，避免在没有可行预案的情况下让整个项目的设计开发活动停滞不前，这样会造成更大的浪费。

分享：在设计开发阶段，项目经理往往需要在与团队进行充分讨论后做出一些必要的决策，在没有最优选择的情况下，次优选择也是不错的方案。在实际的项目中，不是每件事情都有最优选择的，由于纠结如何选择方案而导致开发进度停滞不前才是最大的项目风险。项目经理和团队也可以通过持续调优达到项目结果整体最优的目的。

在完成设计开发活动之后，项目经理要充分利用阶段评审点会议的机会，检验团队交付的结果，并确保一次性把事情做正确，这样项目执行的效率才是最高的，这是设计开发阶段中的“最优选择”。如果交付的结果无法满足设计需求或需要进一步的修正和加强，那么项目经理要及时跟进和追踪后续进展，确保相关的项目活动尽快实现闭环。

本章小结

① 项目经理应具有系统性思维，能从全局的角度处理项目中的各种问题。

② 对于知识储备以外的专业领域，项目经理需要咨询专家以获得帮助。

③ 与项目停滞不前相比，次优选择更好。

④ 一次性把事情做正确是最高效的。

⑤ 在设计开发阶段，每一个部门都是核心部门，优秀的产品设计是各个专业领域的专家通力合作的结果。

第 11 章

测试验证阶段的管理

当完成产品的软件代码开发，或者完成硬件原型机的设计并生产出首批样机以后，项目就可以进入测试验证阶段了。测试验证的目的是，检验产品的实际设计结果与客户的期望需求是否一致，样品或原型机等是否满足产品概念定义中的各项要求，产品的参数指标是否达到各种质量标准等。

在测试验证阶段，项目经理的主要任务是，对各种测试资源的协调和优化、对测试问题的沟通和处理、对测试结果和报告的追踪，以及对测试验证阶段评审材料的汇总等。

从流程的角度来看，产品的设计开发和测试验证之间是一种按照前后顺序执行的紧密关系，设计开发了什么样的功能，就要对相应功能进行测试验证。在某些项目中，特定产品的测试验证工作量甚至会大于设计开发的工作量。理论上，产品的测试验证是可以一直持续下去的，这样做的结果必然是发现各种各样的问题，因为产品本身存在设计寿命和部件失效的制约，或者可能没有被发现的缺陷。究竟需要设定什么样的测试验证标准，才能既满足产品质量的要求，又能让设计的功能满足客户需求，这是项目经理在测试验证阶段需要认真思考的问题。

测试验证阶段主要包括以下几个环节。

① 设计开发阶段的测试验证。

② 系统整合阶段的测试验证。

③ 工厂生产阶段的测试验证。

④ 客户应用环境中的测试验证。

根据产品研发不同阶段的特点，上述四个环节的测试验证内容会存在不同程度的差异，关注角度也会有所不同。例如，前两个环节是随着产品研发进程的深入而逐步进行的，产品在完成单元模块验证后可以按照顺序进入后续的系统整合测试。

我们可以通过以下两个角度理解工厂生产阶段的测试验证。

① 产品研发过程中的生产测试验证：关注重点主要是对产品研发质量和工厂导入新产品前期生产制造能力的测试验证，这个过程的结束意味着在达到一定设计标准的前提下，产品的设计和生产是可以满足产品质量要求的。

② 产品大批量生产过程中的生产测试验证：关注重点是在工厂生产时，将由于生产制造或物料质量原因造成的生产过程或来料的缺陷识别出来。

分享：客户应用环境中的测试验证一般会包含在系统兼容性测试中，不需要客户参与。不过对于某些客户定制的产品，设计开发阶段中常规的系统兼容性测试可能无法覆盖客户的应用场景，需要将产品放置到客户的真实应用环境中，才能对产品进行系统兼容性等相关的测试验证。在具体工作中，客户会与产品研发的测试验证团队同时进行测试验证，这样做的好处是在上市之前就完成了产品在客户应用环境中的测试验证过程，可以直接将产品部署在客户的应用环境中，而不用等到产品上市之后再进行新产品导入的测试验证，客户可以尽快推出自己的产品和服务，加快产品的上市、上量速度。

在实际的项目中，产品的设计开发和测试验证可能是需要经过多次反复才能结束的过程。例如，当产品完成设计开发进入测试验证阶段后，发现设计中存在缺陷需要修正，在研发团队修正缺陷后，产品将再次进入测试验证阶段，直到彻底解决问题。

测试验证阶段主要包括以下三个方面的内容。

① 测试计划和测试资源的完备。

② 测试问题的跟踪和处理。

③ 设计优化和测试报告的发布。

本章将主要围绕以上三个方面的内容介绍测试验证阶段的重点工作，以及项目经理在这个阶段应如何进行有效的跟踪和管理。

11.1　测试计划和测试资源的完备

执行测试任务的先决条件是，在正式开始测试之前准备好测试计划和测试所需的各种资源（包括人力资源、物料资源和设备资源等）。

1．测试计划的制订和发布

项目经理应根据项目开发进度的需要，让产品设计开发部门和产品测试验证部门按照项目开发进度计划的要求发布相应的测试计划。

① 产品设计开发部门应在样品或原型机生产出来之前发布系统开机或开箱的测试计划。

② 产品测试验证部门应在项目开发进度计划中要求完成系统组装整合的日期之前发布所有的产品测试计划。

在设计开发部门进行产品设计开发的同时，测试验证部门和质量部门应按照产品系统规格书和需求列表准备测试计划和测试资源。在制订测试计划的过程中，项目经理要确保设计开发和测试验证人员对产品的新技术特性、规格有深刻的理解和认识，及时组织产品研发相关专业领域的系统工程师等专家对设计开发和测试验证部门进行系统的产品设计培训，并且与设计开发、测试验证人员共同制订合理的测试计划，通过完备的测试计划确保产品的设计质量。

分享：相关部门只有充分理解产品需求和产品设计方案才能制订完备的测试计划，确保测试能覆盖所有的设计功能和规格并达到设计质量的标准。在这个阶段，测试验证部门需要在设计开发部门输出的项目设计规格书的基础上制订完备的产品测试计划，确保产品测试的覆盖率能够达到产品的各项设计指标。

接下来，我会对制订测试计划的两个部分进行介绍和说明，即设计开发部门的自测计划和测试验证部门的专业测试计划。

2．设计开发部门的自测计划

这个部分指的是设计开发部门对本部门设计开发的样品进行基本的测试验证。例如，对于产品样品第一次开机过程中的测试，需要由硬件工程师自行设计测试计划、执行具体的测试活动并输出相应的测试结果；固件或软件工程师在完成软件代码的开发后，也要在软件正式发布之前进行一些基本功能的自测，确保软件的基本逻辑和功能满足设计规格书的要求。

在设计开发部门的自测中，有些测试项目需要由产品开发工程师完成。例如，散热测试、电源设计测试和一部分机构测试等需要由设计开发部门内部相关专业领域的成员制订测试计划、执行测试活动并输出测试结果。

在一般情况下，产品的第一次开机是否成功直接影响着整个项目的开发进度和周期。产品在样品或原型机验证中至少可以正常运行主要功能并完成主要的测试项目，是项目执行过程中的一个关键里程碑事件。

不同公司的项目流程和产品类型是不同的。对于比较复杂、风险较高的软硬件结合类产品，有些公司设置了多轮设计开发和测试验证活动。

示例：项目经理可以将测试验证分为以下三个步骤。

1）子功能模块的测试验证

这个步骤的工作主要是把所有产品需求中涉及的新技术、新方法和新架构等从系统的角度进行模块化分解，并且对所有单元模块的功能模组进行单独的设计和验证，可以通过并行开发多个模组实现进度上的管控，从而在早期对相关技术的可行性进行验证和核实。在设计过程中，如果个别模块无法满足系统设计的要求，或者需要修改、变更方案，那么可以在进入下一个步骤之前进行修正和导入。

2）产品系统的设计验证

这个步骤的关注重点是设计验证，对上一个步骤中发现的问题进行更改或修正并完成一定程度的系统整合，以便对产品的功能进行各种测试，并验证所有单元模块的自身设计和完成系统整合后可能发现的各种问题。

3）产品系统整合和测试验证

① 进入这个步骤的产品经过了前两个步骤的测试，完成了子功能模块的概念验证、功能验证，以及系统设计的各种功能、设计信号验证，团队开始对产品从系统兼容性的角度进行全方位的验证和评估，确保实际设计满足产品的功能需求和设计质量要求。

② 在这个步骤，团队要进行整个产品系统的软硬件兼容性测试，确保产品在客户的应用环境中能够满足客户实际应用的需要，同时通过这种方式检验系统的软硬件设计在客户真实的应用环境中是否存在问题和缺陷，如果存在，那么团队应在正式开始批量生产产品之前进行有效的设计修正。

在测试验证阶段，分解工作任务的好处是，通过对整个项目中复杂的测试验证任务进行合理的分解，并采用模块化的、分阶段的测试验证方式，可降低一次性研发产品带来的整体风险。不过这样做也减慢了项目研发的进度、增加了需要投入的资金。具体采用什么样的开发方式，既与产品的复杂度、技术难度、团队对技术或系统设计的掌握程度，以及项目计划中要求的开发时间和开发费用密切相关，也与整个研发团队对设计风险的承受能力直接相关。

在软件产品的研发领域，因为对硬件没有太大的依赖性，所以可以采用多种开发方式，如迭代式开发或增量式开发等，先交付简单的、只具备基本功能的软件产品，然后在此基础上进行扩展和增强。这样的“弹性”是硬件产品无法具备的，因此软件产品的测试计划与硬件产品的测试计划会有些许不同之处，团队需要根据产品的具体情况进行具体分析。

3．测试验证部门的专业测试计划

这里的“测试验证部门”指的是一个相对宽泛的测试部门的集合。在测试验证阶段，根据产品系统构成的复杂度、功能实现方式和各行业行业标准的不同，测试需要覆盖的范围也会有很大的不同。本书将以举例子的方式说明，虽然其他产品测试覆盖的技术领域可能不同，但是从项目管理的角度来看依然有可以借鉴的共同之处。下面仍然以电子类产品需要覆盖的测试范围为例进行说明和介绍。

在设计开发部门完成自测之后，产品会被送到测试验证部门，接下来的工作主要是在保证系统能够通过整合测试的前提下达到软硬件设计的业界标准，对产品需求中涉及的系统功能进行系统兼容性测试，包括基本的硬件功能测试、软件功能测试和各种配置条件下的硬件、软件功能测试，涵盖了在不同的测试场景、配置和特定固件条件下的测试结果。测试验证部门只有在确认了市场需求规格书、产品系统规格书、各个子模块的功能设计规格书、硬件单元模块和产品的各种软硬件配置信息之后，才能最终确定测试计划。

在正式发布测试计划之前，测试验证部门需要先将其发送给相关团队成员进行评审和确认，确保与产品设计工程师对产品测试要求的理解是一致的，或测试计划是更加合理的，从而避免遗漏某些测试项目。

4．产品测试计划的评审

为保证产品测试覆盖率和测试方法的有效性，产品测试计划的制订者应在正式发布测试计划之前先在团队内部进行评审和确认，确保产品需求规格书中的各种功能都能被测试计划覆盖，并且测试计划的深度、广度和样本数量等能够满足产品更高出货量级的要求。

对于某些无法通过现有测试手段直接进行测试的功能，产品测试计划的制订者应该提供间接的测试计划。制订测试计划不但是测试领域专家的任务，而且是开发领域专家的任务，甚至在评审的过程中还需要产品开发专家的参与和讨论。

> **分享：** 测试的方法、次数和样本数量必须满足产品质量的要求，并且能够以可接受的成本满足测试需要，或者通过其他可行的方案实现对产品测试范围的覆盖。对于测试方法的选择和测试计划的制订，团队既可以参考行业标准，也可以借鉴相关专业领域的历史数据和经验，还可以根据自身产品的特点、保修期、使用寿命和使用环境等因素来确定。总之，在某种程度上，测试结果直接影响着产品的质量和后期的维护成本。

5．产品测试计划的发布和管理

如上文所述，项目经理需要对产品的各项测试计划按照项目计划的要求进行跟踪和管理，在截止日期之前跟踪团队制订测试计划的进度和完成度，确保所有的测试计划都能按照项目开发进度计划的要求如期发布。

在发布之后，所有的测试计划都要经过团队的评审。在团队评审会议中，确认是否有某些领域或项目被遗漏，确认无误后签字，将文档上传并保存到文件管理系统中的指定位置，确保在开始测试之前所有的测试计划都已经准备妥当。

6．产品进入测试验证阶段的准入条件

对于软硬件结合类产品，要想进入测试验证阶段，必须在开始测试之前满足所有的准入条件。

示例：测试验证阶段的准入条件如下。

① 测试计划制订完毕。

② 测试验证所需的各种仪器设备已经到位。

③ 测试人员和场地准备就绪。

④ 测试验证所需的原型机或样机系统准备齐全。

⑤ 测试验证所需的各种系统配置和物料已经到位。

⑥ 各种固件和软件能够满足产品测试的需求，所有功能均已开发完毕并通过自测。

⑦ 原型机和样机功能正常等。

上述准入条件中涉及的测试样机和配套的测试物料需要由项目经理进行统一的协调，并按照计划提前将所需的各种物料准备齐全，以方便测试人员执行相关测试任务。

7. 测试资源的合理调配和优化

在产品研发的过程中，面对种种未知的问题，项目经理可用的资源几乎一直是紧张的（这种情况非常普遍，无论是对于哪一家公司还是处于哪一个执行阶段的项目）。在资源有限的条件下满足各种开发和测试的需求是项目经理应该具备的能力，也就是对可用的资源根据实际的使用需要进行合理的调配和优化从而解决问题的能力。当然，项目经理也要学会借助外力，这也是解决资源问题的一种有效手段。

在测试验证阶段，项目经理经常需要调配某些资源以满足产品特殊的测试验证需要。在这种情况下，项目经理应该合理地规划和使用整个团队的资源，以便：加快测试进度；增加测试样品；灵活地将研发资源临时转换为测试资源；借助外部资源解决问题等。不过在这样做的同时不能过度影响团队的开发进度，换句话说，项目经理还是要从整体的角度看待项目执行过程中的各种实际问题，牢记“高效、合理地实现项目目标”是最重要的事情。

11.2 测试问题的跟踪和处理

在整个测试验证阶段，高效解决各种测试问题是项目管理的核心内容之一。在这一阶段，系统工程师是技术问题的主要负责人。项目经理的工作则主要是处理内外部团队的沟通和汇报，协调和管控各种资源问题，以及通过调配内外部团队的各种资源快速解决重大项目问题。

项目团队需要在测试验证阶段解决各种测试问题，能否尽快识别并处理影响开发进度或价值交付的问题，是考验项目团队组织协调能力和技术能力的关键指标之一。接下来，我会从几个方面介绍项目团队可能会在测试验证阶段遇到的一些典型问题的跟踪和处理方法，供读者参考。

虽然本节仅以测试验证阶段测试问题的跟踪和处理方法为例，但是实际上这些方法也可以应用于整个项目的问题管理，从而让团队在处理问题的过程中更高效、更容易地找到问题的根本原因，并且圆满地解决问题。

1. 项目问题的跟踪工具

随着网络、计算机和各种管理软件的普及，针对项目管理领域，很多公司设计了在项目执行过程中管理各种开发数据、执行流程和阶段评审的软件，这些管理软件可以让整个项目团队在同一个平台中进行项目活动的跟踪、更新和管理，使用者可以实时更新且不受时间和空间的限制，极大地方便了日常的办公管理，特别是能够满足虚拟团队办公管理的需求。

接下来，我会介绍如何基于项目问题管理软件，实现对测试验证阶段中各种测试问题的有效管理。当然，并不是有了项目问题管理软件就万事大吉了，恰恰相反，虽然项目经理应该学会利用软件的优点，但是具体的工作和任务仍然需要由专业人员来完成，软件的作用主要是协助流程管理和信息的分享、同步。

分享：必须说明的一点是，即使团队负责的项目没有多么复杂，不需要使用项目问题管理软件，即用其他的简单方式（如表格）就能管理项目中的各种问题，也不意味着本节介绍的方法和工具对这些项目没有任何借鉴意义。在项目执行的过程中，管理软件虽然是方便的统计和管理工具，但是执行具体项目活动的依然是每一个专业人员。

2. 明确测试问题的登记管理要求

项目经理应明确要求所有的团队内部成员和外部客户、供应商，将项目执行过程中发现的所有问题登记到项目管理系统中进行跟踪。所有参与设计开发和测试验证的相关人员都要申请项目管理系统账号，以便有权提交、查看其发现的各种问题并通过系统进行跟踪和处理，不过会有少数指定的关键成员有权删除自己提交的问题。

> **分享：** 项目进入测试验证阶段的前提是，测试所需的所有配置部件、人力资源、设备资源和研发样机等都能按照计划到齐，以及测试所需的软件版本、成熟度能够满足阶段准入条件。在这个阶段，可能会发生多次测试的情况，如在测试固件或软件时发现问题，导致此前的测试结果无法作为参考，则需要在修改、升级固件或软件后再次进行测试。

3. 处理测试问题的流程和方法

在测试验证阶段，项目团队一定要形成一套高效的流程或方法，以便处理和解决各种测试问题，这也是现代产品化项目管理的必备手段。

图 11.1 所示为测试问题的跟踪处理流程，该流程只是众多跟踪处理测试问题方法中的一种，不同的公司可以根据自身项目的测试验证过程、团队结构和问题处理机制等形成一套合适的流程。不过该流程的中心思想是大家可以在不同的项目中借鉴使用的，它通过项目管理系统的方式呈现了测试验证阶段中各种具体问题的处理流程，下面我会对该流程的具体内容和执行方法进行简要的介绍。

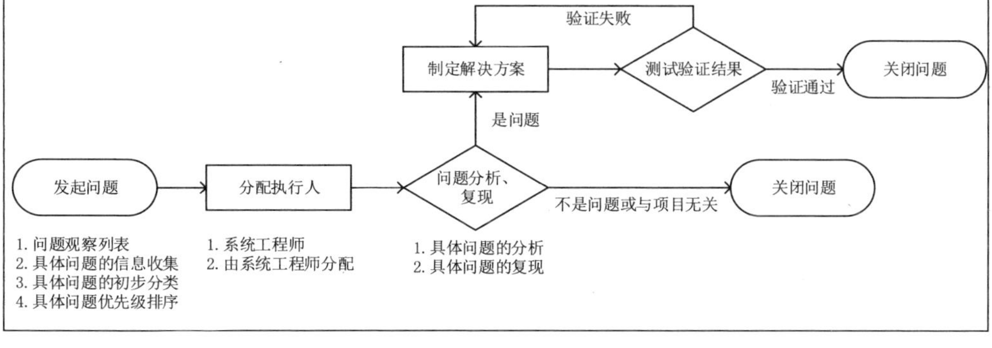

图 11.1　测试问题的跟踪处理流程

1）问题观察列表

任何项目团队的成员（如设计开发人员、测试验证人员、工厂制造专家等）或外部客户，只要在测试验证阶段发现异常问题并初步确认该问题与产品设计相关，就可以将问题提交到项目管理系统中。系统会将问题发起人提交的初始问题记录到问题观察列表中作为待处理事项，并且通过邮件通知系统工程师或项目经理等项目问题对接人进行下一步的处理。对接人会在一定的时间期限内开始处理相关的问题，一般情况下，最迟应在提交问题的当天启动处理问题的流程。

2）具体问题的信息收集

如果问题发起人在测试或使用产品的过程中发现异常问题，那么应按照标准的文档形式对问题进行尽可能详细的描述，并且对所有可能造成异常问题的原因进行说明，以方便相关人员对异常问题进行进一步的分析和处理。

示例：需要收集的具体问题的信息如下。

① 详细的系统配置信息：硬件版本、固件版本、操作系统版本、测试部件版本等。

② 问题发生的概率：根据问题发起人初步的诊断和分析，判断问题发生的概率有多大，并给出可量化的参考数据。

③ 最小化系统的测试结果：跟踪具体问题在使用最小化系统的情况下是否仍然会复现，并给出变更配置后的测试结果。

④ 问题的详细描述：描述问题的具体现象，尽量使用标准的工程语言。

⑤ 问题的复现方法：复现问题的方法或步骤。

⑥ 在方案供应商的参考设计板上能否复现与产品相同的问题？

⑦ 测试系统的主板是否采用了最新版本的操作系统和固件？

⑧ 测试系统中的部件（如硬盘、网卡和显卡等）是否采用了最新版本的固件？

⑨ 如果问题与系统、特定部件的搭配有关，那么部件厂商的调试结果和建议是什么？其他部件厂商的部件是否也存在类似问题？

3）具体问题的初步分类

系统工程师或技术负责人在邮件中收到系统提交的问题后，应根据问题发起人的描述对具体问题进行初步分类，并且对问题的分类结果再次进行评估和判断。

图 11.2 所示为计算机类电子产品的具体问题，大致可以分为硬件类、固件类、软件类、机构类、散热类、文档类、工具类、部件类和兼容性等。在实际的项目中，对具体问题进行分类的意义在于可以按照分类快速找到对应的专业部门解决和处理问题。

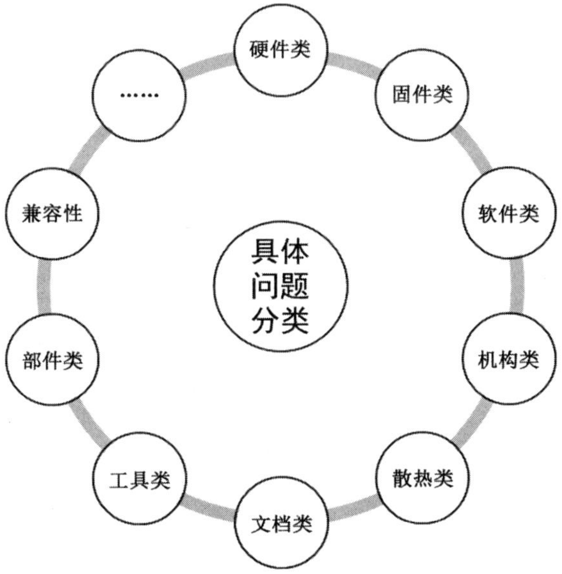

图 11.2　计算机类电子产品的具体问题

4）具体问题优先级排序

示例：问题优先级的简要介绍如下。

（1）严重级别：出现阻塞问题（问题阻塞项目开发进度或阻塞产品出货）。

① 阻塞设计开发阶段，如无法完成电路图或无法确定机构的出图时间点，所有测试将无法进行。

② 影响产品出货，若不解决问题则无法出货。

③ 阻塞测试验证阶段，一般是位于测试计划关键节点的问题。

④ 产品随时可能死机，严重影响使用。

（2）重要级别：必须解决不过不阻塞当前项目开发进度或生产的问题。

① 虽然影响测试覆盖率，但是暂时不影响项目开发进度的问题。

② 与软件或驱动相关的问题。

③ 潜在的硬件问题。

④ 第三方部件问题。

（3）中等级别：需要寻找解决方案、进行文档升级或满足新特性要求的问题。

① 产品共性问题，需要在下一个阶段解决。

② 产品特性问题，不影响客户使用且问题不在特性要求范围内。

③ 第三方部件问题，有备用供应商。

（4）轻量级别：提示、告知类问题，或者问题与项目无关。

① 不计划解决。

② 列入问题观察列表。

系统工程师或项目经理需要根据不同问题的严重程度和时间的紧迫程度对具体问题的优先级进行合理的排序，以便用有限的团队资源优先处理真正重要且紧急的问题。

项目经理应对不同优先级的问题采用不同的追踪和处理方式，从而高效、合理地利用团队的各种资源解决关键问题。

① 对于严重级别的问题，需要每天更新进展和状态。

② 对于重要级别和中等级别的问题，需要每周更新状态并尽快解决，具体方式可以根据项目的实际需要来确定。

分享： 对关键问题的跟踪和处理策略如下。

① 日报状态更新：每日更新问题状态。

② 周报汇总通知：每周汇总所有关键问题的各种结果和进展。

③ 执行人更新测试结果：负责具体问题的执行人每日更新和汇报状态。

④ 资源的调动和分配：根据需求进行资源的调配，满足解决问题的需要。

⑤ 分析问题过程中的专家指导和状态跟踪。

⑥ 关键信息的收集、整理、汇总和分析。

⑦ 解决问题后的复盘和总结。

⑧ 对未来相似问题的处理和规避。

5）分配执行人

在对具体问题进行初步分类之后，系统工程师或项目经理就可以分配相应专业领域的专家进行具体问题的分析和判断了。复杂且紧急的问题需要由专家团队快速处理，这样可以更高效地从多个专业的角度对问题进行系统性的分析。

如果暂时不清楚问题的具体来源，那么可以把问题分配给系统工程师，首先从系统的角度进行分析，然后进行具体问题的分类，最后确认解决问题的专业方向和对应的执行人。

6）具体问题的分析

在进入具体问题的分析环节后，执行人需要根据问题的具体描述给出专业判断，或者根据实际需要收集更多的信息，可以在项目管理系统中提示问题发起人提交更多关于问题的有效信息，通过线上或线下沟通尽快厘清问题，根据充分的信息进一步分析问题。

分享：分析重点问题的专家引入机制如下。

处理和追踪复杂问题或只有在特定环境中才能复现的问题，可以采用专家分析的方式。例如在计算机领域，调试、分析设备和问题的过程需要获取关键的日志信息、操作系统版本信息，或者利用各种仪器获取关键的通信协议分析数据。在获取数据流后对数据进行协议层面的分析，以便让相关领域的专家根据这些数据或采用特别的调试手段分析产生数据的过程，或者采用在运行状态下抓取关键寄存器内信息的方式分析问题的根源。分析这类问题离不开专家的支持和专业的判断。

7）具体问题的复现

问题能否在目标机器、多台机器和方案供应商的参考设计板上稳定复现，以及复现的概率是多少等，这些问题的答案会极大地帮助执行人尽快定位待分析的问题。在实际的项目中，如果问题能够在参考设计板上复现，意味着其原因与产品独有的设计无关，而可能是平台的缘故；对于不能在参考设计板上复现的问题，执行人需要重点检查设计差异和系统配置的差异等，以便进行进一步的分析和处理。

8）制定解决方案

对于具体问题，团队内部专家给出的解决方案是什么？是否需要其他专业领域的专家进行分析和验证？什么时候可以提供可验证的解决方案？如果已经制定出解决方案，那么解决方案的自我验证结果如何？解决方案是否找到了具体问题的根本原因并从根本上解决了问题？

对于重大问题，如果在短期内无法解决，那么团队应制订折中的计划，以便让项目继续向前推进；如果问题涉及版本变更，那么团队应及时制订改进计划。

9）测试验证结果

团队要及时记录解决方案的测试验证结果：是否解决了问题？当前的解决方案是否会导致其他问题？是否需要进一步的根本原因分析（Root Cause Analysis，RCA）？得出测试验证结果的测试周期、测试次数和测试机器的数量等能否满足测试验证问题的需要？

10）关闭问题

如果团队在项目管理系统中给出了解决方案，自测、客户或测试验证部门的测试验证结果也满足了产品设计要求，并且输出了具体问题的根本原因分析报告，那么可以在问题发起人同意后在系统中形成问题的闭环并彻底关闭问题。

如果相同的问题再次在测试验证的过程中出现，那么测试验证部门可以在项目管理系统中打开已经处理完毕并关闭的问题，按照上述流程开始新一轮的处理过程，直到问题被彻底解决为止。

4. 多方合作解决问题的方法和步骤

在解决项目问题的过程中，经常会发生需要多个内外部团队通过沟通和协调资源来解决各种复杂技术问题的情况。如果遇到需要与多个外部团队沟通的问题，那么项目经理或系统工程师应如何协调多方的技术专家和内外部资源，从而尽快解决团队面临的复杂问题呢？

示例：需要通过多方合作解决问题的情况如下。

① 需要通过三方或四方外部团队共同澄清和解决问题，如芯片设计厂商、产品设计厂商、甲方客户和部件厂商等。

② 需要借助供应商或相关厂商的仪器、设备、人力资源等来分析和解决问题，帮助调试产品并获取有价值的信息。

③ 问题发生在客户的使用现场，但是在该现场无法使用某些调试手段，以获取更有价值的日志信息等数据并进行问题的分析。

在项目执行的过程中，项目经理很可能会遇到上述情况，需要重点关注它们，因为一旦问题发展到这种程度，往往会比较复杂和棘手。对于专业技术问题，项目经理应思考如何实现高效的多方沟通，如何避免推卸责任和内外部团队之间可能存在的利益冲突，如何说服供应商助力项目的如期交付，如何对内进行有效的管控，如何协调外部资源解决项目问题，如何向客户解释问题，以及如何跟踪、汇报难以解决的复杂问题等。

结合过往经历和对实际案例的观察，我总结了一些多方合作解决问题的方法和步骤，提炼了如图 11.3 所示的多方合作解决问题的流程。

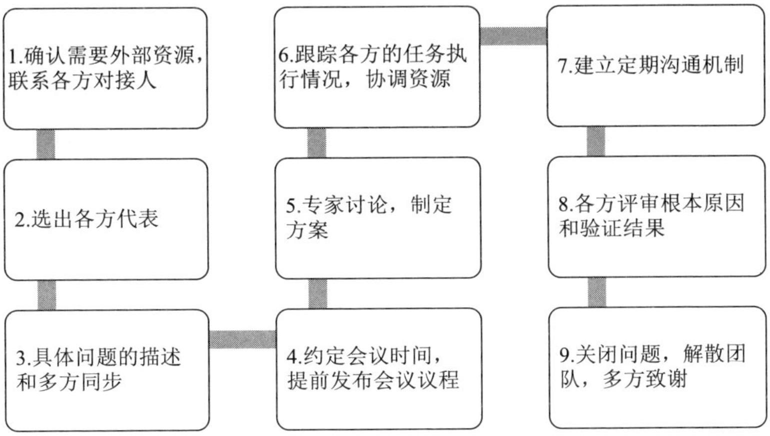

图 11.3　多方合作解决问题的流程

从图 11.3 中可以看出多方合作解决问题的流程和步骤。良好的组织和协调可以提高多个团队之间的沟通和执行效率，通过多方合作满足各个团队执行任务的资源需求，可以让团队专家更专注于高效解决具体问题。接下来，我会从项目经理的角度详细说明每个步骤需要执行的具体任务。

1）确认需要外部资源，联系各方对接人

针对当前遇到的具体问题，项目团队在经过相关专业领域内部专家的研究和团队的集体分析后，认为需要借助外部资源（如芯片厂商、方案厂商、部件厂商和客户等）分析问题，项目经理负责联系相应的外部资源对接人。

2）选出各方代表

各方团队各自确定一位负责沟通的代表，项目经理负责协调、组织各方团队的代表和相关专家来处理问题。

3）具体问题的描述和多方同步

项目经理需要通过电子邮件或其他格式的文档，详细描述所有已知问题的具体技术细节和需要外部协助的原因，并将其发送给所有相关外部团队的对接人，以便将问题同步给多方专家。在这个步骤中，高效沟通的关键是把具体问题描述清楚，确保接收方能够获得有价值的信息并有机会提前给出相关建议，让后续的沟通更高效。

4）约定会议时间，提前发布会议议程

在收到相关外部团队对接人的反馈后，项目经理应约定会议时间，并且要求相关专业领域的专家参与会议，对问题进行初步的沟通和讨论。项目经理负责发出会议邀请并让相关外部团队的对接人转发给其他需要参与会议的专家成员，在邮件中应将需要讨论的主题、细节内容和技术疑问等会议议程陈述清楚，确保会议能够高效进行。

5）专家讨论，制定方案

根据会议议程，团队中的系统专家或相关专业领域的专家将进行问题的讨论和方案的制定。项目经理负责记录会议的讨论内容、关键的执行事项、某些技术需要的资源协调细节、调试建议和遗留事项等，确保清晰地记录了会议中的结论、计划、责任人、各方需要执行的任务、后续会议时间和在什么时间点需要得到什么样的结果等信息，并且在会议结束前与参会人员一一确认后再发布会议纪要。

6）跟踪各方的任务执行情况，协调资源

项目经理负责根据会议制订的计划推动内外部团队调动必要的资源处理问题并输出相应的结果。如果项目经理在多方沟通的过程中发现某些方面的沟通或资源受限，那么应向管理层寻求一定的支援，从而高效解决问题。

7）建立定期沟通机制

如果无法在短期内解决问题，那么项目经理应建立定期的会议或邮件沟通机制，对问题的进展和结果进行及时的追踪和评审，确保项目整体和解决问题的方向是正确的。

8）各方评审根本原因和验证结果

项目团队的专家在找到问题的根本原因后，应首先与多方专家共同确认，然后针对根本原因制定合理的解决方案，通过多方验证确保解决方案的有效性，并且根据对解决方案的分析和测试结果判断是否会因为执行解决方案而对项目的其他方面造成影响。

9）关闭问题，解散团队，多方致谢

在确认项目问题得到解决后，项目经理应首先获得各方团队专家的同意以关闭问题，取消定期沟通机制，释放相关的内外部资源，然后宣布解散解决问题的团队，最后通过感谢信感谢内外部团队的辛苦付出，并且向高层管理者汇报解决问题的结果。

在上述流程中，项目经理还要考虑很多细节，包括但不限于以下方面。

1）多方外部资源的协调

如果需要动用外部团队的资源，那么必然需要相关的外部干系人投入各种资源，既然有投入，就要产生绩效，而不只是让外部干系人来答疑或帮忙。在这种情况下，需要由公司高层出面协调外部资源，当项目经理确认需要外部资源但是无法得到足够的响应和支持的时候，应该思考是否需要高层介入，以便获得合理的外部资源支持。

2）长周期关键问题的处理

如果无法较快解决具体问题，那么项目经理应想办法推动并确保项目团队的持续投入、高效执行和有效输出结果。考虑到各方资源长时间投入一个问题会很容易进入疲惫期，因此项目经理要随时关注团队的表现，不能让问题长期停滞在某一种状态而没有任何进展或更新。

3）高效的团队输出

在遇到复杂、困难问题的时候，项目经理应激励团队保持高效的团队输出，并能快速解决问题。

4）结果导向，对事不对人

在评价各个团队的输出结果和进展状态的时候，项目经理应秉持客观公正的原则，以输出结果为导向，不能只根据工作习惯或沟通方式评价团队。

5）合理地分享有效信息

有时候，多方团队中的某一方可能发现了问题的关键，有了一些解决问题的模糊想法，不过仍然需要确认，因为无论根本原因指向哪一方都可能会造成不必要的责任误判。在这种情况下，项目经理应注意合理地分享有效信息，将注意力集中在解决问题上，在没有确认根本原因之前不做出任何责任评判。

6）换位思考

站在客户或供应商的角度思考问题可能会有不一样的感受，这样有助于增强沟通的效果，提高解决问题的效率。

7）资源冲突管理

是否需要争取更多或更有价值的资源涉及客户的优先级问题，项目经理应通过线上或线下的沟通方式与各方对接人沟通，尽量争取足够的资源，处理阻塞项目开发进度的重要问题。

8）汇报方式和技巧

在涉及多方沟通时，良好的汇报方式和技巧将极大地增强项目执行的效果。项目经理应在会议纪要中明确列出各方团队的职责、具体任务和需要输出的结果，并且感谢各方团队的支持和付出，同时将相关文档发送给各方团队的关键领导者，方便相关领导者了解各个团队的最新状况并按照计划的时间点进行线上或线下追踪。如果需要向上级领导者汇报问题，那么项目经理也可以趁机争取获得更多有价值的物料和人力资源，以便加快解决问题的速度。

以上几个方面是项目经理在开始具体的项目活动之前需要仔细考虑的细节，通过优化这些细节，项目执行的效果会更好。

分享： 项目经理必须明白，工程设计和验证阶段的问题解决是整个项目中最为关键的环节之一，也是最考验项目经理综合能力的关键指标之一。时刻学习如何解决问题是项目经理或工程师不断成长的关键。在解决问题的过程中，我们常常会受到思维定式的影响，在潜意识中假设某一个部分不会出现问题，从而限制了我们解决问题的思路。应该打开思路，发散思维，这才是解决问题的好办法。在开放性思维中，也包括向团队专家请教。

5. 风险问题跟踪管理

在项目计划阶段，项目团队会对识别出来的项目风险进行登记。到了执行阶段，项目团队应对风险登记册中的风险进行跟踪和处理，这项工作需要一直持续到项目结束、产品上市为止。在此期间，团队应对以下几项与风险相关的问题进行跟踪和处理。

① 项目早期的风险分析结果。在项目执行的过程中，团队应对早期识别出来的风险进行分析，并确保风险得到了有效的管控。

② 项目早期的风险预案。团队应查询项目早期的风险预案，确认在执行阶段是否出现了预案中的风险，并且及时更新风险登记册。

③ 项目早期的风险应对策略。团队应对风险应对策略的执行情况和结果进行追踪，让风险处理形成闭环，并且及时更新风险登记册。

④ 已知风险的处理预案。需要根据项目执行的不同阶段对已知风险的处理预案进行确认和更新：如果风险登记册中的已知风险已经按照项目进度得到处理，那么可以关闭相应的已知风险条目；如果对风险登记册中已知风险的处理落后于项目进度，或者未按照计划发生，那么团队要重新对还在观察列表中的相应风险条目进行评估，确认按照项目进度处理后风险已经不存在或不需要进一步的观察，并且针对相应风险条目阶段性更新风险登记册。

⑤ 未知风险的处理策略。在项目执行的过程中发生的未知风险、采取的应对措施和最终结果等信息，都要记录在风险登记册中，以方便后期进行观察和追踪。

6. 产品测试问题的归类

产品测试问题的类型和详细说明如表 11.1 所示。

表 11.1　产品测试问题的类型和详细说明

产品测试问题的类型	详 细 说 明
产品设计问题	各个专业部门都有可能在早期的设计过程中出现设计错误、缺陷等问题
第三方供应商问题	如部件供应商的部件存在一定的设计缺陷或质量问题
说明书定义不够清晰	说明书内容不准确或不完整
测试覆盖率不够高	产品早期的测试范围不够广，导致后期测试时发现设计问题等
客户的测试环境或软硬件产品问题	如客户的软件或硬件本身存在缺陷，在兼容性测试的过程中发现问题等
其他问题	如测试方法不正确等

项目经理可以通过对产品测试问题进行复盘总结的方式，分析薄弱环节并评估由其造成的影响，从而制定相应的规避措施。

综合表 11.1 中的问题类型，产品生命周期内的问题处理可以按照时间顺序划分为以下两个阶段。

① 产品批量生产前的问题处理。

② 产品批量生产上线后的问题处理。

对于第一个阶段中的问题，团队可以将其控制在产品研发阶段，通过研发阶段和试运行阶段的测试发现并处理问题。而在产品批量生产上线后，特定场景中的问题往往更隐蔽，结果也更严重，尤其在产品生命周期的后期，可能会因为客户部署的新业务而发现之前没有暴露出来的问题。所以在从产品概念定义到产品退市的整个产品生命周期内，都要对产品进行有效的管理，也就是“全生命周期管理”。本书主要关注产品研发阶段的管理，在产品上市后，会由产品支持团队进行后续的管理。

分享：在很多情况下，之所以解决重大问题的时间超出预期，可能是因为在早期没有找到正确的解决者，或者问题本身确实没有合适的解决方法和手段，或者没有找到解决问题的正确方向。事实上，这是一种变相的拖延，它意味着团队可能没有采取团队决策的方式来分析和解决问题。在实际项目中，可能会出现多个部门之间存在交集的“灰色地带”，当这些“灰色地带”发生问题后，往往没有人愿意付出更多的人力或物力来诊断和解决问题，因为这些工作可能根本没有被各个部门纳入绩效考核范围，直到问题阻塞项目进度甚至被更高级别的项目管理者了解以后，才能从各个部门获得足够的重视和资源。在实际项目中，各个部门由于各种原因可能存在资源不足的情况，仅能完成明确属于本部门的项目任务。这样分配的目的需要从以下两点来考虑。

① 资源和预算确实有限：对于这种情形，需要由项目经理协助解决各种资源和预算问题。

② 刻意造成的资源紧缺：这样做的目的，一方面是充分运用团队的潜力和资源；另一方面是考验项目经理或专业部门经理对资源的协调和把控能力。有时，问题的出现可能不是由于项目资源不够，而是由于协调和利用项目资源的方式不正确，从而导致团队中各个部门之间的资源不够均衡。对于这种情形，项目经理需要充分了解背后的原因并获得足够的授权，积极协调资源分配，确保资源均衡负载，以便实现项目目标。

7. 设计开发和测试验证过程中复杂且重要问题的处理方法

在项目执行的过程中，往往很容易就能找到常规问题的根源，进而制定有效的解决方案并很快解决问题。不过，项目团队难免会遇到某些比较棘手的问题，如时间紧、根本原因复杂或团队资源有限等，给项目团队带来了巨大的压力。对于这些问题，项目经理或技术负责人应该如何发挥团队的力量来有效管理并快速解决问题呢？下面谈一谈我在工作中总结的一些方法和经验，希望对读者有所帮助。

世界上没有一种药是包治百病的，也没有一种方法能够解决所有问题。在实际项目中，要想解决问题，首先要知道产生问题的根本原因是什么。根本原因分析指的是，通过结构化的过程和方法找出产生问题的根本原因并解决问题，而不只是根据问题的表面现象进行相应的处理（让表面现象不再出现却留有其他潜在的隐患）。借助根本原因分析，可以预防类似的错误再次发生，并将问题记录到项目管理系统中，成为团队的经验资产。

下面我会介绍几种分析问题根本原因的方法，说明项目经理或系统工程师在遇到复杂问题的时候应该如何与团队一起处理、解决，以帮助读者通过不同的角度和方法解决项目工作和日常生活中可能遇到的各种问题。

① 鱼骨图：又称为石川图或因果图。对于生产过程中的产品问题，根本原因分析会从人、机、料、法、环、测等角度定义相关问题；对于在设计开发和测试阶段发现的问题，项目经理需要从更多的产品设计功能模块入手，与团队共同分

析所有可能造成问题的原因。鱼骨图中的“鱼头”表示果，“鱼骨”表示因，其中大的“鱼骨”表示重要原因，小的“鱼骨”表示次要原因。

图 11.4 所示为计算机类产品的鱼骨图分析，该示例仅从顶层分类角度对产品问题进行了分解，团队可以根据实际问题的信息进行具体的鱼骨图分析。

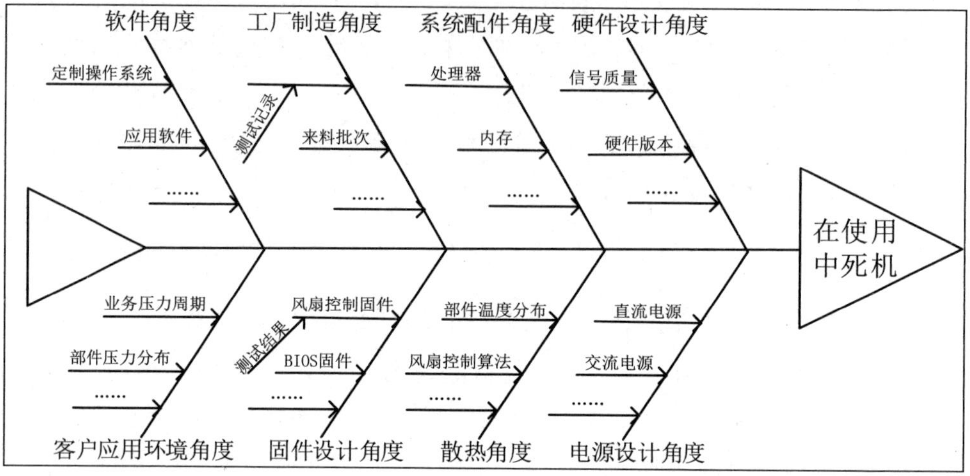

图 11.4　计算机类产品的鱼骨图分析

② 因果矩阵分析法：在鱼骨图的基础上，针对更加复杂且存在多个相互关联缺陷的问题，通过矩阵表格的形式对问题进行分析和处理。关于具体的使用方法，读者可以参考相关书籍。

③ 头脑风暴法：利用团队的力量，以会议的形式集思广益，鼓励团队成员从各个专业方向和不同角度分析问题的产生原因或解决方向，并通过开放式的讨论交流和交互式的思想碰撞找到问题的根本原因。会议的原则包括不批评团队成员提出的想法或建议，围绕关键主题大开“脑洞”，多多益善和鼓励“抛砖引玉”“借题发挥”等。

④ 五问法：又称为五 Whys 法，指的是对问题连续问五个“为什么”。不过在实际分析中，应该一直追问直到找出根本原因为止。

⑤ 柏拉图分析法：又称为二八法则，指的是在收集鱼骨图的统计数据或其他信息资料后进行关键问题的排序，参考“80%的不良后果由 20%的原因造成”的原则筛选关键问题，从相关方向入手，加速定位和解决问题。

在处理复杂问题的时候，项目经理和团队成员要对具体问题的分析和复现过程保持耐心并坚持不懈。某些问题的复现可能需要几天时间，应关注每一个微小的细节，因为它们很可能是解决问题的突破口。发现突破口的另一个方向是从新增、变更环节或执行顺序发生调整的环节中，发现在最初设计开发时没有考虑到的问题。

分享： 无论在项目执行的过程中遇到了多么棘手的问题，项目经理都要坚持正确的原则，对问题的处理方法和需要投入的资源做出合理的判断，可以思考以下内容得出答案。

① 问题对客户使用产品是否有影响？

② 问题对产品的生产和运行维护服务是否有影响？

③ 解决问题的代价有多大？包括测试验证的周期、解决问题的详细报告、研发部门的自我验证，以及设计质量保证部门给出的全面验证的测试计划、测试报告、测试进度、测试所需人力和费用等。

根据以往的经验，在测试验证阶段遇到的问题大多是系统设计过程中“边角地带”的问题，如硬件线路中的信号质量需要调整或固件设计中各种功能逻辑设计不健全等，它们会导致在特定情况下系统工作异常，项目经理应在设计开发和测试验证的过程中特别注意这些问题。

11.3　设计优化和测试报告的发布

设计优化一般是在产品一进入测试验证阶段就开始执行的项目活动之一，该活动既可以理解为从多个设计方案中选择最佳方案，也可以理解为在已确定的软硬件功能和设计要求的约束条件下，针对产品的某种性能或参数指标，综合制定最佳的系统设计方案。

设计优化的维度和详细说明如表 11.2 所示。

表 11.2　设计优化的维度和详细说明

维　　度	详 细 说 明
产品设计	包括产品的成本、设计方案、性能指标、散热方案、系统功耗、产品自身损耗和设计使用寿命等
产品开发周期	包括设计开发阶段、测试验证阶段和产品使用阶段的优化等

参考产品的测试结果和客户的反馈是持续优化的开始，在设计开发的过程中，项目团队可以不断地进行可控的产品性能优化。

设计优化可以从产品的硬件、软件、固件甚至配置层面进行，以便实现更好的产品性能和更高的性价比。

产品最终会由客户使用并在客户的使用场景中发挥真正的价值。对客户而言，能够实现整体的总拥有成本（Total Cost of Ownership，TCO）最低的产品，就是最好的产品。

项目经理应及时追踪测试验证团队的测试进度，并且让其根据测试计划要求的时间点按照标准格式及时输出测试报告。在收到报告后，项目经理需要组织专家团队对报告内容进行评审，通过团队决策的方式决定是否接受报告结论。如果需要进一步补充、修改测试结果，或者产品设计方案发生变更需要再次进行测试验证，那么项目经理应对相关事项进行重点追踪，以便在阶段评审点会议前完成测试。

对于重点测试项目，测试报告中不但要有结论，而且要有详细的测试方法、过程数据和判断测试结果是否满足测试要求的依据。

测试报告的管理方式与测试计划的管理方式类似，需要通过团队评审并统一上传到文件管理系统中的指定位置。需要注意的是，所有的测试报告都要上传到文件管理系统中的指定位置进行归档和备份。

11.4 工程设计和验证阶段评审点

工程设计和验证阶段评审点指的是，产品完成了设计开发阶段的所有任务并通过了测试验证阶段的所有测试，而且测试结果经评审确认或团队判断能够满足阶段退出条件，即产品达到进入大批量生产阶段的准入标准。

这个阶段的评审点既是保证产品各项功能、设计质量和兼容性测试结果满足产品需求的关键里程碑节点，也是项目团队从“把事情做正确”阶段到“把事情做大”阶段的交接点。在这个阶段评审点中，团队应重点确认产品各项功能是否完备，各种测试结果能否满足产品化的要求，以及项目中是否还有影响产品进入生产阶段的阻塞点。

在阶段评审点中，项目团队的所有成员和相关专业部门的经理都要对项目能否进入下一个阶段进行投票，其中测试验证部门和质量部门的投票结果是决定项目走向的关键。对于产品需要满足哪些具体条件才能进入量产阶段，不同的公司可以根据产品的特点制定不同的评审标准。

表 11.3 所示为工程设计和验证阶段评审点退出评审的清单，从中可以看出，在这个阶段的评审点中，项目团队需要从所有设计开发和测试验证的层面对产品的设计和测试结果进行确认，确保产品满足各项计划指标和功能设计的要求。

表 11.3　工程设计和验证阶段评审点退出评审的清单

评审内容	细　项	责任人	评审结果	备　注
认证结果	安全规范	××	通过	
	电磁兼容性	××	通过	
	……	××	通过	
产品测试结果	信号测试	××	通过	
	功能测试	××	通过	
	兼容性测试	××	通过	
	……	××	通过	
产品缺陷	关闭所有重大问题	××	通过	
设计变更	导入所有设计变更	××	通过	
固件版本	出货版本	××	通过	
软件版本	出货版本	××	通过	
产品需求确认	实际设计与产品需求一致	××	通过	
文档版本	最新且完整	××	通过	
……	×××	××	××	

项目团队可以对如表 11.4 所示的评审点退出评审的维度进行确认和评审。

表 11.4　评审点退出评审的维度

维　度	详细说明
产品设计	设计的完整性是否与产品需求一致
产品测试	包括测试覆盖率、测试结果通过率，以及是否存在任何阻塞项目进度的问题
工厂生产和测试	产品是否满足工厂生产和测试的要求
文档和数据	各种技术文档、物料清单和系统数据链等是否完整、齐全

续表

维　　度	详 细 说 明
与产品交付有关的 IT 系统和生产数据连接	确认产品数据链的完整性

工程设计和验证阶段的退出意味着产品的设计实现了产品概念定义中的各项功能，产品的质量达到了质量团队的要求，功能验证、系统兼容性测试和各种认证、可靠性测试的结果都已经达到或接近出货的标准，因此这个阶段的退出是项目的关键里程碑节点。

按照一般的流程，项目经理应在评审点会议前，与各个功能部门（包括产品设计开发部门、产品测试验证部门、产品质量部门和工厂质量部门等）在线下一一核对哪些任务已经完成，哪些任务需要在评审点会议之前完成并得到期望的结果，如果还有无法满足阶段评审点要求的任务，那么意味着评审点会议需要推迟，因为所有与项目相关的管理层都要参与评审点会议并根据团队的交付结果做出决策。

如果某些关键环节的任务无法满足进入下一个阶段的准入要求，不过可以同步进行测试验证，那么项目经理应在线下与关键的决策部门商讨可行的解决方案，并且在阶段评审点会议中对相关任务的进展进行特别说明，对具体问题进行团队风险评估并制定相应措施。

本章小结

① 开始测试验证的前提是各种测试资源已齐备，确保测试资源的齐备是项目经理的主要职责之一。

② 项目经理就像工程师的“保姆”，负责提供各种资源和帮助，让工程师将精力集中在解决专业问题上。

③ 方法总比困难多，在协助团队解决问题的过程中，项目经理要集思广益，发挥团队的力量。

④ 能否带领团队解决问题是衡量项目经理能力高低的主要依据。

⑤ 在与团队一起解决问题的时候，项目经理要从项目整体的角度出发，通过更多的接口和沟通渠道获得更多有价值的资源和信息，帮助团队克服困难、解决问题。

⑥ 设计优化是一项在整个项目过程中持续进行的活动，团队应该先努力达到要求，再追求最优。

⑦ 工程设计和验证阶段评审点的目的是“把事情做正确”，不能把问题留到生产阶段。

第 4 部分

生产交付和运维

慎终如始，则无败事。

——老子

生产交付和运维阶段是产品化项目管理的最后一个阶段，也是实现产品化的核心阶段。如上文所述，本书所说的“产品化”指的是设计开发的产品能够满足工厂大批量生产的要求，只有能实现大批量生产的产品设计才能满足产品化的要求。本部分将介绍产品的研发过程是如何与生产过程衔接的，从而完成从实现基本功能的原型机到进入大批量生产阶段的过程，并且最终实现产品的上市交付。

实际上，在工程设计和验证阶段就已经开始了产品的小批量生产，因为团队需要生产测试样机，以便进行产品的测试验证。本书为了从整体的角度阐述工厂生产制造等环节，把相关内容整合到本部分进行介绍，这样也比较方便读者理解。

在这个阶段，项目经理需要管理研发团队、测试团队和工厂新产品导入团队之间的沟通协调和问题处理工作，通过对小批量试产阶段、大批量生产测试验证阶段和产品量产阶段的管理，实现批量化生产产品和价值最大化的项目目标。

生产交付和运维阶段由以下两个子阶段构成。

① 生产交付阶段：按照产品的批量化生产要求，完成从产品设计到工厂生产、制造、测试、运输和交付部署的转换过程，确保满足产品的生产质量要求。

② 升级维护阶段：对产品生产阶段或交付部署后各种软硬件升级维护的流程和方法进行管理。

项目经理和项目团队应了解产品设计后端的生产、制造、测试、质量控制、运输和各种软硬件升级的环节，它们也是实现产品化的关键环节。只有在产品研发的过程中充分考虑到可制造性设计和可测性设计等要求，从产品设计的角度降低制造成本、提高制造质量，才能最终实现批量化、产品化的项目目标。在实际项目中，项目团队要对生产制造环节可能发生的各种问题进行妥善的处理。

在生产交付和运维阶段，生产制造和测试要求会影响到产品研发的报价、设计周期、生产方式和产品利润等。对于可能遇到的各种技术或流程问题，项目团队应该从哪些角度分析并解决它们呢?

下面我会从三个角度对生产交付和运维阶段进行介绍和说明。

① 工厂新产品导入管理：关注从产品设计到批量生产的转换过程和管理。

② 产品交付管理：关注产品的交付和部署过程。

③ 产品升级维护管理：关注产品的生产过程和后续的各种升级维护管理。

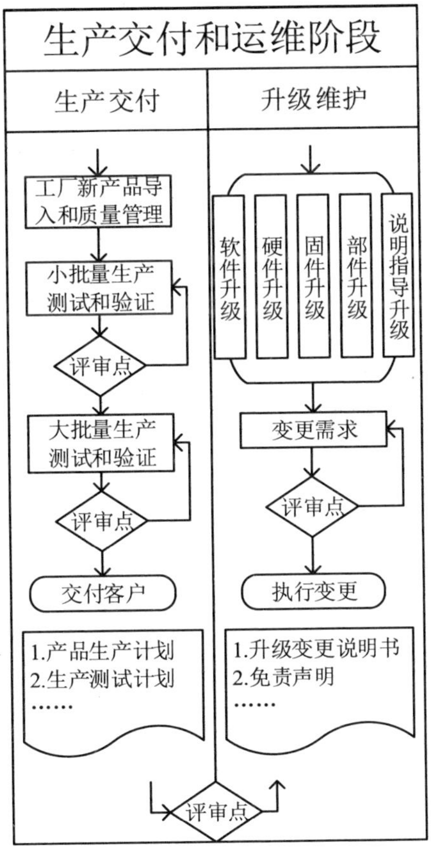

第 12 章

工厂新产品导入管理

本章把新产品研发过程中代表工厂与项目团队对接的生产制造方面的专家团队称为工厂新产品导入团队。作为工厂方面的代表，工厂新产品导入团队在产品需求阶段就应加入产品需求评估的工作，对产品需求中与生产制造相关的部分进行分析和确认。工厂新产品导入团队是从产品需求分析到导入工厂，再到最终实现大批量生产过程中代表工厂的技术接口和负责单位，应对产品量产化的各个环节进行把控和管理。

示例： 工厂新产品导入团队由工厂方面负责新产品导入的项目经理和生产专家、质量专家、测试专家、制造专家等生产制造领域的专家组成。与生产制造相关的工厂团队会在整个产品研发阶段负责产品从设计到制造的全流程跟踪和管控，确保产品在生产制造方面是最优的设计，生产测试环节能够覆盖产品的各项生产测试要求，以及生产流程能够满足产品生产、制造、组装的效率要求等。

为了使产品实现技术层面的大批量生产，在可行性分析阶段和项目计划阶段，生产制造团队的相关专家就会参与到产品评估和方案制定的过程中，从工厂生产测试的角度制订工厂新产品导入计划。

我会按照以下几个项目执行阶段的顺序，说明工厂新产品导入团队与项目经理、项目团队合作并参与项目的具体内容。

1．立项阶段

① 工厂方面针对新产品的研发需求组建工厂新产品导入团队。

② 工厂新产品导入团队参与产品需求阶段、可行性分析阶段与生产制造相关的评估和分析。

③ 工厂新产品导入团队参与设计项目计划阶段的具体生产制造流程、工厂产品测试计划和工厂生产管理系统，设计开发阶段的生产费用评估，测试验证阶段的测试治具和测试程序准备，确定生产交付阶段的生产组装流程、生产制造的质量指标、工厂备料周期和输出物料清单的时间点、小批量样机生产计划和产品进度的评审等。

2．工程设计和验证阶段

① 设计开发阶段产品的工厂可制造性设计指导、工厂可测性设计指导、组装流程的设计、生产所需物料的备货、产品设计检查和样品评审，以及首批产品生产的准备工作等。

② 产品质量目标的设定。

③ 物料备货的风险评估。

④ 小批量测试计划的制订。

⑤ 生产测试设备、测试治具和测试软件工具的准备。

⑥ 生产指导书的撰写。

⑦ 工厂对产品设计的评审和反馈。

⑧ 生产交付阶段对小批量生产任务的执行、前期生产问题的反馈、小批量生产的测试验证和试生产阶段结果的评审。

⑨ 解决小批量生产测试验证过程中与工厂生产制造相关的各种问题。

⑩ 生产物料清单的评审和确认。

⑪ 参与项目会议和各种关于开发、调试的讨论。

⑫ 参与项目阶段评审点会议并给出评审意见。

3．生产交付和运维阶段

① 研发变更评审、变更物料备料和大批量生产的准备工作。

② 大批量生产计划的制订和大批量生产的测试验证。

③ 工厂对产品设计的评审和反馈。

④ 解决大批量生产测试验证过程中与工厂生产制造相关的各种问题。

⑤ 大批量生产结果的评审。

⑥ 新产品导入的工作交接。

⑦ 产品上市生产备料的评估和准备。

分享：在立项阶段，项目经理会与工厂的新产品导入项目经理或开发对接人对生产计划的评估、制订、执行，生产进度的排程和生产物料的准备等环节进行对接。生产环节在整个项目过程中是非常重要的一环，对于项目经理、系统开发工程师和产品开发工程师等来讲，了解基本的生产和测试环节是非常重要的，特别是对工厂生产制造环节的要求，需要产品开发工程师与工厂方面负责生产制造的工程师紧密配合才能高效达成，确保高质量地把产品制造出来。

新产品导入管理的重点，是在满足产品设计要求的前提下，实现生产制造环节成本最低的目标。前端的产品设计团队要始终与生产制造团队保持默契的配合，确保产品设计能够满足生产制造的要求，并且在选择生产方案的时候，优先选择从生产制造角度来看成本最低、步骤最简单、易于测试且能保证质量的方案，这样设计出来的产品才是最具市场竞争力的产品。生产出品质高、成本低且设计极简的产品不是一件容易的事情，需要团队在产品生命周期内不断优化产品设计才能实现。

12.1 工厂生产制造前期的工作

工厂生产制造前期的工作主要是按照各种生产制造的要求，对工厂自身的生产制造能力、各种管理工具的准备程度和产品设计的可生产制造性进行可行性分析，以及完成产品设计的检查、生产方案的制定、测试程序和测试治具的开发、生产物料的备货等，从可生产制造性的角度进行产品设计分析，确保产品在产品概念定义阶段就考虑到生产制造层面的实现方式。项目经理还应在项目早期与工厂团队进行研发路线的评审、机构生产物料清单的审核、工厂备料和生产过程的追踪等项目活动，确保做好所有的前期准备工作。

图 12.1 所示为工厂生产制造前期的准备工作，从中可以看出在工厂生产制造前期需要重点关注的几个与新产品设计有关的维度，下面将对相关维度进行简要的说明。

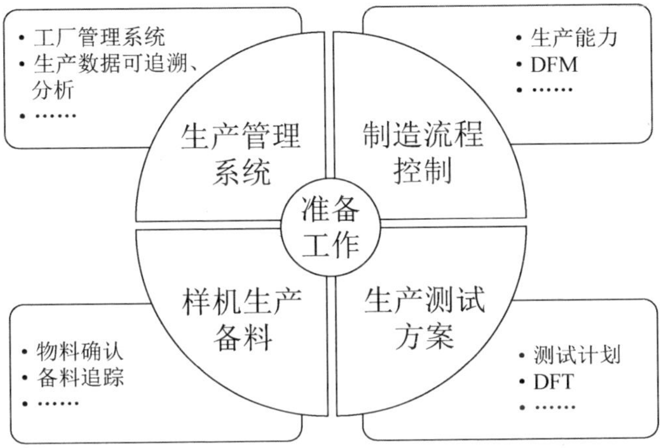

图 12.1　工厂生产制造前期的准备工作

1. 对工厂生产制造流程控制、数据管理和资源的确认

工厂的基本功能是完成产品的生产制造，必须拥有基本的生产制造能力和对生产制造进行流程管理的建设准备，只有具备基本的生产制造能力和必要的流程建设，才能满足大批量生产的要求，并且在大批量生产的同时达到产品的各项生产质量指标。

示例： 以下是从几个相关环节对工厂的各项能力进行评估和确认的方法。

① 工厂管理系统的建设：工厂管理系统主要用于采集和保存生产过程中的各种生产数据并对数据进行一定程度的统计分析，从而实现生产过程的可追溯和生产完成后对各种生产数据的管理。

② 人力资源：工厂是否拥有足够的人力资源来配备产品大批量生产所需的各种生产岗位？是否制定了产品生产技能培训的流程和措施？是否实施了满足相应岗位要求的人员培训并确保接受培训的人员能够满足岗位要求？

③ 设备能力：工厂是否具备满足产品生产、测试、维修和调试等所需的各种工具、设备和设施？能否确保各种设备的数量满足产品上市所需的生产能力要求？

④ 生产管理流程：工厂是否制定了各种标准、规范的流程（如生产指导说明书等），对产品的生产、制造、测试和维修等各个环节进行有效的管理和控制，从而满足产品的生产制造要求？

⑤ 生产资源：工厂是否具备满足产品生产所需的运输和仓储等基本的生产资源？

⑥ 生产物料和配置的系统录入：产品研发工程师要把各种单元模块的生产物料清单录入系统，系统工程师要把构成各种产品系统的选配物料清单和配置规则发送给产品数据工程师，创建产品配置选型数据库，这样采购人员就可以根据数据库中的配置信息提前采购和管理物料，并且根据具体的订单进行组合配置。

⑦ 生产指导说明书的撰写和发布：产品研发工程师需要与工厂生产、质量流程方面的专家一起撰写并发布生产指导说明书，指导在生产线上组装、生产产品的工作人员。

⑧ 标签的设计和应用：根据产品管理方法的设计和需要定义标签和标签数据的格式，产品的部件和整机标签是实现产品生产和运维数据可跟踪、可管理、可追溯的关键方式，工厂可以根据具体需要设计标签内容。

⑨ 生产和测试治具的准备：工厂使用生产和测试治具的主要目的是提高生产效率、保证产品品质。对治具的准备包括两项工作，一个是对硬件生产和测试治具的开发，另一个是对治具本身进行程序的开发，在开始生产产品之前，这两项准备工作都要按照计划如期完成。

2．对产品生产制造可行性的分析和确认

在产品需求阶段，研发团队要对产品的生产制造要求进行评估，确保工厂具备满足产品设计要求的制造和测试能力，在审查线路图设计或机构图设计的过程中，也要由工厂的工程师进行可制造性设计和可测性设计的分析，同时将制造和测试需求导入产品的设计方案中。

示例： 在生产制造的过程中，项目经理要关注可制造性设计分析、可测性设计分析、组装流程分析和质量控制分析，新技术导入工厂的测试计划、测试设备、测试方法、需要占用的生产时间和可能影响的生产效率，以及工厂生产所需的各种研发、制造载具和测试治具等，都要在生产制造前期完成评估和确认。

项目经理要根据工厂已有设备的生产制造能力评估其生产制造项目产品的能力水平，并且根据工厂当前的生产制造流程和对类似产品的生产制造流程要求，评估其是否有能力建设满足产品生产制造要求的生产线，这个过程就是对产品生产制造可行性的分析和确认。如果工厂设备的生产制造能力无法满足产品的生产制造要求，那么工厂方面需要评估是否可以通过采购设备或建设新生产线的方式提高产能，从而满足批量生产制造产品的要求，同时给出评估的成本、风险点和完成生产线建设需要的时间。

在完成产品设计后，工厂的测试开发部门需要针对产品设计进行各种测试治具、板卡生产载具的硬件开发和测试程序等软件的开发，确保如期完成实际生产前的准备工作。

3．对产品生产制造可测性设计的分析和确认

在实际的产品生产制造环节中，工厂的生产环节和测试环节是紧密相连的，甚至在每一个生产环节后都有相应的测试环节，以确保上一个生产环节结果的正确性，因此生产测试流程的完备是保证产品生产质量的重要因素之一。

当项目进行到批量生产验证阶段时，主要工作是确保生产和测试验证阶段能够按照计划目标如期完成。因为有了设计开发阶段小批量生产的经验，所以在这个阶段，工厂的主要精力将集中在测试产品批量生产的质量稳定性、生产制程的良率和生产测试覆盖的完整性上，当然，也有可能发现由于设计开发阶段样品数量不够而没有被发现的与产品设计相关的问题，所以在正式进入大批量生产阶段前，还有一个针对工厂进行的批量生产验证，确保产品生产、组装、测试、运输等环节的可靠性和稳定性。

4. 产品生产制造样品阶段的生产备料

项目经理应与各个采购商或供应商进行密切的沟通和合作，确保关键元器件等物料清单中的部件能够在工厂开始生产之前准时送达工厂的部件仓库，让前期的产品样品能够按照计划日期准时上线生产，同时与生产制造部门对特殊部件的封装和组件等相关问题进行确认。

在工厂批量生产产品之前还有一个为后续的量产阶段备料的环节，这也是产品生产管理的主要环节之一。有时市场中会出现供需波动的现象，部件供应与需求周期的循环不连贯，导致元器件缺料的情况，某些物料可能需要三个月甚至更长的备料时间。为了达到市场预期，项目经理应提前准备各种生产物料。

12.2 产品质量管理

产品质量管理贯穿项目的始终，无论是哪一个产品设计阶段或项目执行环节，都要把达到产品质量标准放在首位，只有满足质量要求的产品才能在整个产品生命周期内持续为企业创造价值：一是客户认可产品品牌和质量的价值，二是产品在保质期内不会因为各种质量问题产生额外的费用。

示例：产品质量管理的范围如下。

1）设计质量管理

设计质量管理指的是，针对市场需求规格书中对各种产品功能、参数和性能指标的定义，要求产品达到这些指标的标准，目的是让产品设计满足客户的实际需求。设计质量管理的部分内容已经包含在工程设计和验证阶段的风险管理环节中，主要是在设计开发阶段和测试验证阶段对产品的设计质量进行把控。

2）生产质量管理

生产质量管理指的是，对完成小批量生产和大批量生产后的产品进行质量管理，需要对工厂生产制造的各个环节和完成生产后的产品质量标准进行定义。

1. 工厂生产质量指标的设定

为确保产品的生产质量和工厂的生产制造能力、产品交付能力能够满足市场需求，一般应对工厂的生产制造能力和产品交付能力设定质量指标。接下来我会对业内的一些指标进行简要的介绍，以便让项目经理了解工厂生产质量指标包含哪些内容。电子类产品的工厂生产质量指标如表 12.1 所示。

表 12.1 电子类产品的工厂生产质量指标

工厂生产质量指标	详 细 说 明
直通率（First Pass Yield，FPY）	产品从第一道工序开始一次性合格直到最后一道工序的参数，能够了解生产过程中在所有工序下产品直达成品的能力
开箱检查（Out of Box Audit，OBA）的不良率	产品出货前开箱检查的缺陷指标
线上不良率（Line Reject Rate，LRR）	在产品组装生产线上的不良率指标
到货不良（Dead on Arrive，DOA）指标	客户收到产品时的不良率指标
质量成本（Cost of Quality，COQ）	满足特定的产品质量要求所增加的成本
线上生产过程指标	产品出现异常的线上处理流程、时间的设置、要求等

衡量产品缺陷指标的单位一般是每百万的不良数（Defective Parts Per Million，DPPM），它是衡量工厂生产质量的标准单位。表 12.1 中的指标一般由工厂方面负责生产等相关领域的质量专家进行管控，本节只介绍基本概念。

2. 工厂质量管理的相关能力和要求

工厂质量管理的相关能力和要求如下。

① 在生产流程中对良率的实时监测能力和质量控制能力，在测试流程中对各个测试工站的测试结果进行实时监控，以及对 SMT（Surface Mounted Technology，表面组装技术）环节和产品系统组装环节的监控，通过这些手段可以对产品生产质量进行实时监控，从而确保产品质量。

② 具备过程失效模式和后果分析（Process Failure Mode and Effects Analysis，PFMEA）能力，这是一种对复杂产品的制造和装配过程中可能出现失效模式的分析技术，可以评估失效模式对产品质量的影响，从而最大限度地减少潜在的失效模式，降低生产制造过程中的风险。

③ 具备产品可靠度分析能力，对产品的可靠度进行分析和测试，从而确保产

品的生产质量。

④ 在生产制造环境中防护、管理对静电和潮湿比较敏感的部件的能力。

⑤ 对生产线上各种生产设备的定期校验和调试管理能力，包括生产设备、测试设备、生产治具、产品载具、生产模具和测试治具等的维护管理。

⑥ 具备生产供应质量管理能力，包括来料管理、生产物料的仓库管理、备料的零部件管理和对各种来料的质量要求，工厂需要制定检测各种来料的标准和方法。

⑦ 具备对失效环节的分析能力，包括电子元器件失效分析能力、物理分析能力和化学成分分析能力等，提高定位问题的效率。

⑧ 获得制造、环境、流程管理和质量认证，参考各种权威的质量标准，获得必要的业界质量体系认证，如 ISO9001、ISO14001 等。

⑨ 从质量的角度对生产变更需求进行管理，通过线上系统和流程评审的方式对各个生产变更环节进行管控。

⑩ 退货授权（Return Merchandise Authorization，RMA）流程管理，指的是对产品退货和换货等流程的管理。

⑪ 物料变更说明和管理，进入生产阶段后，生产物料的每一次变更都要有详细的变更记录和管理手段，确保满足物料清单和产品质量的要求。

⑫ 具备对各种生产和工艺缺陷的分析能力，包括对整机、单元模块、电子部件和机构部件缺陷的分析、改进、记录，以及对改进结果的分析。

分享：我们可以从多个角度理解产品质量管理，它既包括产品设计本身的设计质量管理，也包括工厂生产阶段的生产质量管理，两者不是毫无关联的，相关部门需要在设计开发的过程中对其进行综合考虑。对于产品研发部门来讲，产品质量管理主要是对产品量产前的技术问题和测试过程中发现的各种问题进行分析和处理。在产品进入量产阶段以后，主要是从生产能力和生产良率的角度进行产品质量管理，随着设计开发阶段的退出，产品研发部门会将产品质量管理工作移交给工厂的质量管理和产品运维部门。在工程设计和验证阶段，如果能够对产品和相关测试流程进行充分的测试验证，就可以在很大程度上确保后期生产阶段的产品质量。

3. 工厂新产品导入的沟通

为了完成工厂新产品导入，项目经理需要定期组织沟通会议，对产品化生产环节的问题进行追踪和处理，主要邀请产品设计相关人员和工厂的对接人员参与会议，讨论内容包括对产品研发阶段可制造、可测试问题的评估和方案的制定，以及在小批量生产阶段由研发工程师现场确认和解决与生产相关的各种问题等。在新产品导入阶段，项目经理既要解决生产制造问题，又要解决产品测试问题，需要随时关注、沟通、跟踪生产和测试问题的进展，并且在项目资源的分配和处理问题的优先级上给予充分的人力和物力支持，争取在有限的时间内尽快解决与生产、测试相关的各种问题。

分享：由于工厂中的环境可能与实验室中的环境不同，因此项目经理应尽量在早期生产阶段安排研发工程师进行现场指导，这样会对解决问题更有帮助，专业的工程师更容易快速找到早期产品设计可能存在的问题，从而帮助排除一些非生产制造性的因素。

12.3 产品小批量生产验证和评审

产品小批量生产包括产品第一批样机的小批量试生产、修正产品测试问题后的小批量生产验证，以及为满足产品多轮测试验证的需要而进行的多轮产品样机的小批量生产。在小批量生产阶段，工厂主要关注产品的可生产性和可测性设计，以便为后续的大批量生产做好生产流程方面的准备工作，尽快解决并关闭在小批量生产过程中遇到的各种问题。

在这个阶段，产品研发和测试团队会对产品进行各种测试验证，并且对发现的问题进行设计修正；工厂测试部门会收到实际的产品样机，开始对产品的生产和测试流程进行开发和验证，并且在多次迭代的过程中持续优化工厂整机生产、测试、验证的流程和测试软件的稳定性。

产品小批量生产本身就是对产品化生产的一种探索，即使在产品设计之初已经进行了充分的准备，并且对可能发生的风险制定了完善的预案，也有可能在生产制造的过程中遇到各种意想不到的问题，所以在小批量生产阶段可能需要多次生产、验证产品样机。

新产品的生产制造是由工厂方面专门负责新产品导入和对接的新产品导入项目经理来协调、组织并完成的，研发团队的项目经理应将工厂新产品导入团队当作产品化项目管理中的整体资源来看待，这样既能让产品研发团队把工作重点放在自身擅长的专业领域上，也能让项目经理把沟通重点放在主要问题上，而不用关注与生产制造相关的具体事项。

示例：在电子类产品的生产制造环节中，产品研发团队需要借助专业的生产制造资源完成以下工作。

① 印刷电路板的生产制造。

② 功能电路板的生产和组装。

③ 电子元器件的制造。

④ 机构零部件的制造。

⑤ 硬件产品系统的生产和组装。

⑥ 线缆、散热器和导风罩等产品周边部件的制造。

上述示例中涉及的工作领域与硬件机构设计的关系比较密切。实际上，与电子类产品相关的设计和制造是一条涵盖众多专业的产业链，每一个模块或部件都是整条产业链中不可或缺的环节，在这些环节中设计出来的产品可能是其他产品制造过程中的子模块，每个子模块都可能拥有独特的专业技术和设计制造流程。无论设计和制造哪一种类型的产品，本书所讲的产品化方法论和流程都可以作为借鉴和参考，因为创造事物的过程往往存在相似之处，本书仅以电子类产品为例说明可通用、可借鉴、更大众化的产品设计和制造过程。

1. 系统组装环节

系统组装环节指的是，将各种构成特定系统配置的单元模块按照生产指导书在生产线上进行组装和测试。组装可以分为前期的部件组装和后期的系统组装，完成系统组装后便进入整机系统测试阶段。工厂的产品工程师与研发团队的系统工程师、机构工程师等应共同制定并持续优化生产指导书中的生产装配步骤和指导说明，以便提高生产效率，满足产品在生产线上方便拆装的要求。

示例：在复杂系统的设计过程中，部件的组装环节和整机系统的组装环节是按照不同的层级定义的，这样做的目的是让最后的生产组装效率最高，因为所有的产品部件可能在同一个地点就可以完成生产和组装工作。在实际项目中，构成产品的很多部件要先在不同的地点进行生产或采购，再完成整机系统的组装和测试验证。为了便于对部件和系统组装环节进行管控，在系统组装环节，可以从生产、运输和库存等角度入手，提前对系统设计进行不同程度的分解并对分解后的单元进行生产和组合，从而更有效地对整机生产和组装进行管理。不同的系统配置有不同的系统组装要求，在系统组装环节，项目经理要考虑什么样的部件组合能让最后的系统组装和出货环节得到最优结果，不同的公司可以根据自身产品的构成特点进行设计。

2. 测试的开发步骤和执行过程

在工厂生产阶段，项目经理应对产品进行实时的生产测试，确保产品的生产质量可以达到产品质量要求的标准。根据相关要求，对测试的设计和管理可以分为以下几个步骤。

① 制订满足产品测试要求的计划。

② 创建测试环境。

③ 执行产品测试。

④ 达到满足要求的产品测试覆盖率。

⑤ 缩短产品测试的时间，提升效率。

⑥ 完成测试正式开始之前的各项准备工作，如测试机台调试等。

测试覆盖率直接关系到产品的出厂品质，工厂应根据产品的功能特性、应用场景和测试环境等制订合理的测试计划，并且按照测试计划开发测试程序。

如果产品测试无法覆盖某些内容，那么如何通过功能测试或压力测试等方法覆盖相关内容呢？在产品进入真正的生产制造环节之前，研发团队可以对所有的产品设计进行可测性设计的评估和分析，如果确认某些功能或产品特性无法在生产制造环节中测试，那么研发团队需要提供其他的方案或方法，如通过功能测试或压力测试等方法覆盖在生产线上没有被自动化测试流程覆盖的内容。

3．工厂小批量生产和验证

小批量生产是为了对产品的功能设计和生产可行性进行验证，同时验证产品与工厂生产制造能力的匹配度，如新产品备料和生产测试等。在这个阶段一般会进行产品前期原型机的设计和验证，工厂不需要让所有的生产环节都达到大批量生产的要求，不过要满足最基本的、生产必需的各种专用设备的要求，如与生产相关的治具等需要在小批量生产前准备完毕。

1）硬件部件的小批量生产

硬件部件的小批量生产包括各种功能电路板的首次生产制造。功能电路板的小批量生产和验证是在设计开发阶段满足工厂生产设备制造能力要求的基础上进行的生产和验证过程。在这个环节，相关工程师需要进行现场生产跟踪和指导，如果条件允许，可以在工厂进行首次开机验证。

2）机构部件的小批量生产

机构部件的小批量生产包括各种机构零件的原型机和 3D 打印模块设计的首次加工和生产，用来进行相关系统和功能的测试验证。在这个环节，需要验证设备的生产制造可行性、设计实物是否与最初的设计计划相匹配，机构设计方面的专家也可以跟踪生产现场，了解并及时处理生产过程中可能出现的各种问题。

在小批量生产环节可能会发生多轮生产的情况，一方面要验证并提升工厂的生产和测试能力，另一方面要验证产品的设计开发和测试验证是否满足测试需要，以便确认产品设计是否满足产品设计评审的要求。

3）其他部件的小批量生产

其他部件的小批量生产包括线缆、电源模块和特殊形状的散热器等各种部件的小批量生产和验证，通过这些部件的生产制造过程验证产品的可制造性设计，争取尽早发现产品设计或流程设计中的各种潜在问题，以便为后续的大批量生产做好各个方面的准备工作。

4．小批量生产完成后工厂研发部门的设计修改

对于机构类和电子硬件类产品，某些产品的小批量生产是在设计开发和测试验证阶段第一次设计并生产产品原型机时开始的，在那个时候已经开始进行产品原型机的小批量生产和测试验证了。在第一次完成原型机的生产之后，工厂研发

部门需要对原型机进行各种测试，并且为解决在测试中发现的各种问题进行设计修改。

在第一次生产原型机的过程中，工厂应根据实际的生产制造流程对最初的生产计划和生产制造流程设计进行相应的调整，在小批量生产阶段不断优化生产和测试流程，以便在未来满足大批量生产的需要，这是一个持续改进的过程。

5. 小批量生产的评审过程

在完成小批量生产之后，整个研发团队需要对小批量生产过程和小批量生产的测试验证过程中发现的问题进行集中评审，主要目的是对小批量样品的生产制造过程、产品检测过程、产品修正过程中与工厂相关的所有问题进行系统的评审和确认。项目经理应确保干系人都能参与评审会议，并且要求干系人在评审会议后完成评审文档签字的流程，从制度和流程上确保所有问题都能被识别出来并在进入下一个阶段前被解决。

小批量生产的评审过程由质量部门主导，同时需要工厂新产品导入团队和研发部门的参与，根据生产、组装和测试等环节的要求，站在工厂生产和产品生产质量的角度，对小批量生产过程进行总结和改进。

当项目中存在多个小批量生产阶段时，项目经理应在设计项目进度的时候考虑到这种情况蕴含的风险，为执行最长项目路径的可能性做好各种准备工作和应对措施。

分享：项目经理需要特别注意以下两种情况。

① 在原型机设计阶段，第一批原型机的验证结果可能无法满足各项设计指标的要求，经过评审后需要进行设计修改并再次进行新原型机的验证，直到满足设计指标的要求为止。

② 当产品由多个单元模块构成的时候，对原型机的验证也需要分为几个阶段进行，并且通过多次小批量生产满足产品设计和生产制造流程的需要。

如果是全新的产品设计，那么工厂中与开发测试有关的人员一定要在项目早期加入项目并投入足够多的资源，尽早把开发测试的相关工作计划制订完毕并在风险登记册中持续追踪，在进度方面也要抓紧，避免到后期产品整合测试阶段无法满足工厂开发测试的要求，从而造成上市进度方面的巨大压力。

在处理工厂测试问题时，可以从产品设计问题和生产制程问题两个方向进行分析和判断。

6．小批量生产的评审结论

某些硬件类产品的小批量生产在设计开发阶段就已经启动。本节将工厂的生产制造和测试环节作为关注重点，因为在这些环节中可能存在多轮小批量生产过程，在每一轮小批量生产过程中都应对产品设计和生产制造的重点问题进行记录和处理，在本阶段发现的问题应在进入下一个阶段前处理完毕。小批量生产评审的待处理事项如表 12.2 所示。

表 12.2　小批量生产评审的待处理事项

待处理事项	详 细 说 明
产品设计问题	在生产和测试过程中发现的各种产品设计缺陷
生产制程问题	在生产过程中发现需要在制造和工艺等环节中修改的地方
生产测试问题	在生产和测试过程中需要改进的地方
生产测试治具的开发调试	测试程序和功能测试开发等
生产装配问题	如贴装产品标签的位置对生产效率的影响等

12.4　产品大批量生产验证和评审

在产品成功退出设计开发和测试验证阶段后，意味着整个产品的设计达到了产品功能和系统硬件设计的质量要求，接下来将进入生产交付阶段中的大批量生产验证过程。

在前几轮小批量生产过程中，已经解决了工厂在样品生产制造流程中发现的与生产和测试验证相关的问题，接下来要对产品的大批量生产进行验证，确保产品能够满足大批量生产的质量和产能要求。

在开始大批量生产验证前需要确认的问题如表 12.3 所示。

表 12.3　在开始大批量生产验证前需要确认的问题

问　　题	详 细 说 明
设计完成度	所有硬件和机构部件的设计工作都已经完成，没有其他改版要求
固件版本	固件版本符合大批量生产的要求并提前送达生产部门

续表

问　　题	详细说明
产品缺陷	不存在影响产品生产和测试的设计缺陷，所有前期测试中发现的问题都已经处理完毕，或者团队一致认为某些产品缺陷不影响产品生产，可以进入大批量生产阶段
生产制造流程	工厂的所有生产制造流程都已经在前期验证完毕
生产测试流程	生产测试设备和测试流程满足产品的生产测试要求
文档版本	所有物料清单和系统配置的指导文档等都是正式发布的版本
IT 数据链	生产线下单生产等数据链已经建设完毕，可以按照订单要求生产相应系统配置的产品
批量生产基础设施资源	生产线布局和工站的建设已经完成且能够满足产能要求
批量生产人力资源	批量生产所需的系统流程建设和相关的人力资源已经齐全
生产物料准备	所有生产所需的物料都已经到齐

在大批量生产验证的过程中，可能会发现某些由于早期测试验证样本数量较少而没有发现的低概率问题，这些低概率问题既有可能涉及设计方面，也有可能涉及生产方面，产品研发团队尤其是项目经理需要特别注意。进入项目后期意味着项目即将完成，如果这时候发现重大问题，那么很可能会影响产品的准时上市，必须尽快解决在大批量生产验证阶段发现的各种问题。

进入大批量生产验证阶段之后，产品研发团队应确保不再变更产品中与硬件相关的设计，这样后续环节可以把主要精力集中在生产制造上，而不是反复地测试验证变更设计，从而影响项目进度。

在这个阶段，项目经理应与工厂新产品导入团队一起密切关注生产线的各项质量指标是否满足大批量生产的要求，确保工厂的各项质量指标能够达到产品上市的标准。

产品研发团队应在整个大批量生产验证阶段积极响应各种问题，确保顺利实现项目计划中的生产任务目标。如果目标中包含产品要在全球多个地区组装、生产、上线，那么意味着可能会在多个地区同时进行各种大批量生产验证，产品研发团队应确保各个地区的生产制造都能满足大批量生产的各项要求，以便让产品按照计划时间上市。

产品大批量生产验证的评审标准如下。

① 产品在工厂顺利完成大批量生产且满足生产质量要求，没有发生阻塞问题影响产品的生产和测试。

② 在生产过程中发现的问题能够在产品正式上市之前解决。

③ 研发、产品质量、工厂质量、测试验证、服务和支持等所有部门必须一致同意大批量生产验证阶段的结果达到了产品上市的要求。

在通过了大批量生产验证阶段的评审后，项目团队就可以开始产品正式上市前的各项准备工作了，首先把项目前期的所有遗留问题一一解决，然后对外宣传产品，并且正式将订单系统向外部客户和销售人员开放。

产品大批量生产验证阶段的主要任务是确保产品设计和工厂的生产制造能力可以满足量产的产能要求，并且产品的生产质量可以达到质量目标的标准（如直通率等），大批量生产的所有流程和生产计划都要满足产品出货上市的要求，这样才能实现产品化的目标。

在这个阶段，研发团队的项目经理需要与工厂新产品导入团队的项目经理紧密沟通、合作，确保不会出现影响产品批量生产的设计和质量问题，或者相关问题能够被研发团队及时发现并解决，从而按时完成整个项目的开发进度。

本章小结

① 在工厂生产制造前期，充分的准备工作是成功实现批量生产的必要条件。

② 团队应在真正开始生产之前消灭一切不成熟的因素和潜在的隐患，只有做好小事才能做好大事。

③ 质量是产品的“生命线”。

④ 团队应在大批量生产前彻底解决所有小批量生产阶段中发现的问题。

⑤ 团队应优先处理在批量生产阶段中发现的问题。

⑥ 大批量、低成本生产是实现产品价值最大化的重要手段之一。

⑦ 只有确保研发专家和生产专家紧密合作，才能设计并制造出满足大批量生产要求的产品。

第 13 章

产品交付管理

产品交付管理指的是对产品需求规格书中定义的交付地区和交付方式的管理，包括对交付整机、运维备件和客户可选配件等的管理。

整机交付指的是支持各种配置产品的批量交付，在实际的项目中，包括对产品各种运维备件和客户可选配件交付需求的支持，项目经理要充分考虑并管控这些环节。本书的产品交付管理主要包括两大部分，一部分是多地区工厂生产组装的支持管理，另一部分是产品多地区交付的具体管理。

13.1 多地区工厂生产组装的支持管理

如果在产品需求规格书中定义了产品会进入全球的多个国家和地区，那么可能会在多个国家和地区的工厂进行组装、测试并在这些国家和地区的销售渠道中销售产品，这意味着相同的产品可能会在全球的不同工厂中进行生产、组装、测试和交付出货。

示例：多地区工厂生产组装的支持一般是对国际化产品公司而言的，它们在多个国家和地区建设了工厂，以满足就近生产组装和就近出货的需要，同时支持各种产品按照订单配置（Config to Order，CTO）出货，不但要满足各种系统配置出货的需要，而且要在多个国家和地区满足各种部件备料的需要。

支持多地区工厂生产组装，需要从技术、产品介绍、生产装配和生产测试等角度进行各种产品信息的同步，在各个国家和地区之间同步生产组装和测试的流程，主要由负责全球工厂协调生产的新产品导入团队进行相关文档和流程的同步，并且可能需要生产测试工程师和研发工程师进行首次生产的现场指导。

在一般情况下，当产品在某个特定地区的生产组装工厂建立了稳定的生产和测试流程后，会把标准的生产和测试流程同步到其他国家和地区的工厂，以便让不同国家和地区工厂中的生产和测试人员在相同的流程指导下完成生产和测试步骤，这样就会产生不同国家和地区生产的产品分时间段上市的情况。不过在实际项目中，客户更普遍的要求是在全球同步上市产品，这需要多个工厂同时进行产品的生产、组装和验证，以便满足在全球同步上市和销售产品的要求，具体可以根据产品的销售区域和客户需求来制订计划。实际上，为了确保在全球同步上市产品，一般会在大批量生产前对指定生产制造流程进行测试验证，并且在全球的工厂中同步进行大批量生产的测试验证，以确保所有工厂在该阶段输出结果的一致性，同时应满足全球范围内的备料要求，以便实现产品的全球同步上市并支持全球客户下单。

确保全球的工厂同步进行产品生产组装的前提是完备而详细的生产指导书，以及工厂生产环境和产品运输管理系统的统一设定，这部分工作主要由工厂方面负责产品的工程师和产品研发团队的工程师在项目早期阶段共同配合来完成，项目经理负责向工厂方面的研发人员提供必要的技术培训。

所有与工厂交付相关的技术类文档，都要通过文件管理系统进行版本和审阅权限的管控，以便让相关授权人员上传、更新和下载。

从产品设计的角度来看，要想让产品在多个国家和地区生产、出货，需要在设计上满足相关国家和地区对产品的各方面要求，如电磁兼容性测试结果、产品有害物质含量等与安全规范测试、环境保护相关的规则和要求。这些要求因不同国家和地区的标准而不同，需要对产品设计进行单独测试，并且所有的测试工作都要在产品开始在相关国家和地区销售之前完成，因此在设计开发产品的过程中就要考虑到当前或未来在不同国家和地区销售产品的可能性，并且将相关的设计需求导入到产品的实际设计中。

产品多地区销售还有一项工作，那就是产品手册或产品说明书的定制化，团队应在前期针对不同的语言进行对应的翻译工作，以便满足产品多地区销售的需要。具体方式是设计不同地区的配置信息，也就是说如果在特定地区销售产品，那么相应的需求和配置信息应针对该地区的特点进行定制化设计，以便满足该地区各种法规和语言说明的要求。

对多个工厂的启动管理一般是由负责新产品导入的项目经理进行统一协调和沟通的，项目经理在这个阶段的主要工作是确保产品设计满足特定地区和工厂的各项要求，特别是在测试进度上要格外注意，必须在特定地区的工厂开始生产之前完成所有认证并获得认证证书，以及在设计开发阶段完成产品的海关备案等工作。

13.2 产品多地区交付的具体管理

如果在产品需求规格书中定义了产品的销售区域包含多个国家和地区，那么不只是工厂需要覆盖一定的区域，对运输和物流而言也是巨大的挑战，产品的销售渠道需要具备在多个国家和地区出货的能力。产品多地区交付的实现过程可以分为以下两种情况。

① 具备海外产品部件存储库房、生产组装工厂和交货渠道。

② 不具备海外产品部件存储库房和生产组装工厂，需要在指定地点的工厂生产、组装和测试产品后，经过各种运输渠道，将产品交付到客户手中。

实际上，多地区交付的能力不但包括交付产品的能力，而且包括产品的售后服务能力，既要满足在多个国家和地区出货的要求，又要考虑到提前准备备件和相关国家、地区售后人员的培训需求。

产品多地区交付的实现方法如下。

① 如果产品公司在多个地区有支持系统组装的工厂和库房，那么可以在当地生产组装产品后直接交付。

② 如果产品公司在需要交付产品的地区没有支持系统组装的工厂和库房，那

么首先需要在指定地区生产产品，然后通过本地运输和代理商交付的方式实现产品的交付，或者通过海外和跨地区物流的方式实现产品的跨地区交付。

要想实现产品多地区交付还有一个非常重要的条件，那就是在产品上市之前必须完成所在地区要求的各项安全规范认证和其他国家、地区要求的特别认证，这样才能达到出货的标准。在这个阶段，项目经理应关注各种安全规范认证，并且确保在产品上市前运维所需的部件能提前送达相应地区的仓库，以便满足不同产品的各种运维需求。

本章小结

① 多地区交付的能力不但包括交付产品的能力，而且包括产品的运维服务和备件准备等能力。

② 产品的多地区生产涉及对多地区工厂的协调，需要工厂新产品导入团队的支持。

③ 要想实现产品多地区交付，必须通过当地对产品的各种安全规范认证。

④ 良好的团队培训和文档准备会极大地方便产品的多地区生产和交付。

⑤ 项目经理应在项目早期规划多地区交付的相关事项，这样在产品设计过程中就可以导入相关需求，避免后期发生产品设计变更，增加生产成本。

第 14 章

产品升级维护管理

在产品上市一段时间后就进入了运营维护阶段。不同公司在产品运营维护阶段的策略和执行方法有所不同，有些公司由一组研发团队全程负责整个项目，直到产品退市为止，有些公司由专门的团队维护已经批量上市的产品。

一般情况下，在产品上市三个月后，项目就已经进入运营维护阶段，不再属于研发阶段的管理范围，对产品运营和产品生命周期后期的管理会由另一个项目团队负责。本章的“升级维护管理”指的是，对产品在批量生产后或在客户的使用现场进行软硬件方面的各种升级和后期维护的管理。

示例： 有些公司或组织内有专门负责产品维护的人员，不过在产品实现批量生产后一段时间内的问题是由研发人员负责解决的，直到将量产后的某个特定时间作为运营维护阶段的交接时间，在特定的交接时间后，项目由产品维护团队全权负责，直到产品退市为止，在交接的过程中，产品研发团队需要对产品维护团队进行充分的培训和指导；还有一些公司由一组研发团队支持产品的整个生命周期，直到产品退市为止。关于产品研发团队和产品维护团队的交接时间，如上文所述，一般在量产后三个月内由研发团队负责，三个月后由维护团队负责，具体可以根据不同公司的特点设置合理的交接时间。由于不同公司对产品运营维护阶段的定义和设置不同，因此项目经理的职责范围也会有所差异。

本章主要对产品量产后前期与升级维护相关的各种管理活动进行说明和介

绍。产品维护团队主要负责量产后后期的各种技术支持活动，如物料变更、软件升级和配置升级等。

产品升级维护管理包括的内容如图 14.1 所示。

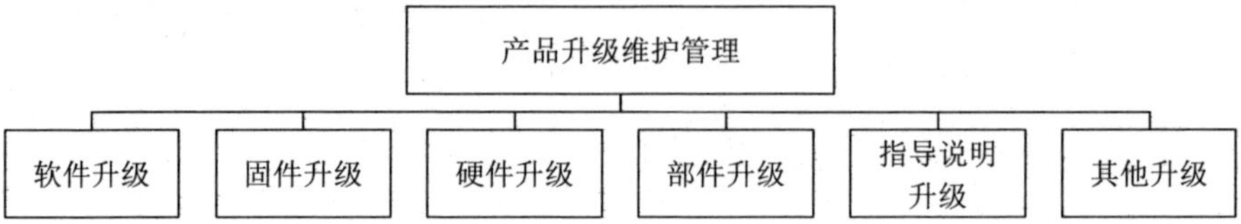

图 14.1　产品升级维护管理包括的内容

14.1　产品升级维护管理的不同阶段

根据产品量产后的时间节点，产品升级维护管理可以划分为两个阶段。

1．产品上市初期的升级维护

在实际的项目执行过程中，除了在设计开发和测试验证阶段遇到各种各样的设计或生产问题，在产品刚刚交付给客户，即上市初期的一段时间内也有可能是产品问题集中爆发的阶段。团队在早期发现产品设计或生产问题的时候应及时进行相应的升级和维护，以便尽快解决客户可能面临的各种问题，否则会对后续的产品推广和销售上量产生较大影响。

2．产品大批量出货后的升级维护

产品在经过一段时间的小批量试运行和灰度测试等环节后，就可以进入大批量部署阶段了。大批量部署阶段的升级维护管理应对具体情况进行具体分析，有些升级是为了解决特定问题进行必要的软件或固件升级，有些升级是为了优化系统性能或延长系统的使用寿命进行部件升级，客户可以根据具体需求决定升级内容，产品维护团队也要根据客户的具体需求进行相应的升级维护。

从上述内容中可以看出，产品在量产后的不同阶段面临的风险是不同的，需要采取的应对措施也各不相同。在具体的项目过程中，特别是在产品已经上市的情况下，团队应在提交变更需求的时候对各种升级维护的变更风险进行充分的风险分析，并且根据团队评估的结果进行必要的测试，以免因为某个较小的变更导致整个产品受到巨大的影响。

升级维护的变更需求来源包括产品批量生产的质量问题、客户在实际使用产品时发现的问题处理方式变更，以及由于部件升级等原因产生的各种软硬件升级的需求等。针对这些情况，在产品概念定义阶段和可行性分析阶段，项目团队就应考虑到产品在设计开发阶段和大批量生产阶段是否存在升级维护的变更需求，以及如何从设计上满足这些需求，这样会大大降低后期的维护成本并在整个产品生命周期内提升产品的价值，如某些计算机系统设计（主板、电源和机壳等）可以通过支持下一代接口兼容的处理器、更大容量的内存或硬盘继续发挥已有硬件的价值，从更长远的总拥有成本的角度实现产品价值的最大化。

分享：在进行产品的升级维护变更时，还要充分考虑到由于各种固件、部件和硬件模块的升级，可能导致产品库存旧有部件的处理方式、运维备件的升级和处理方式、新部件本身的处理方式等产生较大的浪费。产品的升级维护变更可能会造成牵一发而动全身的后果，因此越到产品上市后的后期阶段，越要由整个专家团队进行决策，避免因评估不充分带来新的风险。

项目经理对这个阶段的管理应从整体的角度出发，与团队一起充分识别各种升级维护的变更需求可能存在的风险，严格按照变更流程进行管控。

14.2　实现产品升级的手段和方法

在升级维护阶段，项目经理应确保任何变更需求的导入都必须严格执行变更流程，从而确保产品的流程管控和质量。

变更流程在相关人员提交变更申请书后开始执行，若在设计开发阶段提交则应按照设计开发阶段的变更流程来执行，若在批量生产阶段提交则应按照批量生产阶段的变更流程通知产品维护团队进行后期管理，总之，目的是让变更需求可控、变更风险得到有效识别、变更得到高效执行和执行变更后能够及时通知所有干系人。

示例：变更需求的导入方式有哪些？如何确保变更的影响是可控的？关于这些问题，我将以计算机类产品为例进行简要的说明。

1）软件升级

软件升级的方式比较简单，可以直接更新公司特定产品的网页信息，方便客户下载和使用升级软件。在正式发布软件产品的升级版本之前，必须通过产品测试验证部门的严格测试，确保升级软件在客户的实际应用场景中不会造成新的问题。

2）固件升级

（1）根据产品特性的不同，固件升级的方式可以分为以下三种。

① 通过在操作系统中运行升级软件实现固件升级。

② 通过远程管理控制接口，采用远程登录控制器的方式实现固件升级。

③ 通过专用的升级工具实现固件升级，如将专用的升级工具连接到硬件调试接口。

（2）客户可以根据具体需求确认采用哪种升级方式。公司需要把相关固件的升级方法和升级工具等信息放到官方网站中，方便客户自行下载和升级。固件升级同样需要通过一定的测试，确保不会造成新的问题，导致客户在使用现场无法使用产品。

3）硬件升级

硬件升级一般指的是硬件设计的变更和修正，使用者需要测试或使用最新版本的硬件设计单元模块，一般由专业的运维人员在现场进行更换或维护。

4）部件升级

部件升级一般指的是从性能或容量的角度实现处理器、内存、硬盘等周边单元模块的升级，从而提升产品相关部件的能力，既可以由专业人员在现场进行升级，也可以由客户按照指导说明自行完成升级。

5）指导说明升级

指导说明升级既可以对产品使用说明或系统配置说明进行更新和升级，也可以通过在官方网站中更新信息的方式方便使用者下载和阅览。

总之，产品的各种升级都要执行项目变更管理流程并满足升级的各种条件，如发布产品升级的指导文档、通知客户升级的方式方法、更新官方网站的信息、针对客户的硬件升级准备备件、制定针对升级的测试手段、完成兼容性测试和输出测试报告等。

团队必须确保所有升级都在正式发布升级版本之前通过完整的系统兼容性测试验证，确保产品在客户的使用现场不会因为升级造成新的问题，严格按照要求执行升级前的变更需求评估、风险评估、测试计划、测试进度、阶段评审并完成变更后的通知流程，最终交付通过测试的结果。

产品量产后的升级维护依然需要通过团队决策的方式确保决策的正确性，以便进一步降低可能存在的各种风险。

本章小结

① 可升级性和可维护性是产品设计的基本要求，项目团队应在立项阶段提前计划。

② 产品升级维护管理可以分为两个阶段，即产品上市初期阶段和产品大批量出货阶段。

③ 任何变更需求都要执行项目变更管理流程并经过团队的充分分析和测试验证。

④ 原则上对已经安装到客户使用现场且运行状态良好的产品尽量不进行非必要的升级，不过产品供应方应提供升级优化的可能性，是否升级的选择权在客户手中。

⑤ 可选择的升级方式越多，越有利于客户使用产品，这样可以减少固定升级方式给客户造成的种种不便。

⑥ 升级可以提升既有产品的价值、修正潜在的设计问题和实现系统优化等，不过前提是团队已经对升级进行了充分的分析评估和测试验证。

第 5 部分

总结

吾日三省吾身。

——曾子

实现产品的上市交付并不意味着所有的项目工作都已经结束了，对于项目经理来讲，还要组织项目研发团队对项目的执行过程和交付结果进行复盘和总结，包括制定工作绩效的评判标准、组织集体庆祝活动感谢整个团队的付出和在整个产品生命周期内持续对产品进行降本增效的优化改良等，以便让产品持续地为公司创造更大的经济效益。

接下来，我会从以下四个方面介绍项目经理在产品上市后需要带领项目研发团队完成的相关活动，供读者参考。

① 复盘和总结。

② 评判标准。

③ 共同庆祝。

④ 降本增效持续优化。

第 15 章

复盘和总结

1. 对产品化项目管理过程的复盘

复盘是围棋术语，指的是对局完毕之后双方棋手把博弈结束的棋局再重复一遍，以检查对局过程中哪些招法下得好、哪些下得不好或有没有更好的招法，用以提高棋手的下棋水平。产品化项目管理过程中的“复盘”指的是项目经理与所有团队成员一起回顾整个项目过程，以便让团队成员共同学习、总结方法和经验、提升实战水平。

在实际的项目执行过程中，团队在投入项目资金和时间成本的同时，还可以收获宝贵的项目实践经验和实现项目交付目标的成就感。复盘可以让整个团队温故知新，思考项目中关键问题的解决方法，既可以让团队学习并总结相关的规律和经验教训，也可以指导未来的新项目，还可以借助复盘重新评估已导入方案是否存在更优解以便在将来升级导入方案等。项目经理应反思这些宝贵的项目实践经验、具体困难的解决方式甚至执行时的遗漏之处，在未来的项目中“有则改之，无则加勉”，提升管理能力和技术水平，使整个团队得到巨大的收获并在未来做得更好。

分享：复盘的注意事项包括不批评、不针对某个人或组织等。

复盘的目的是从对过往项目的思考中吸取各种经验教训，以便让未来的项目做得更好，而不是针对某个人、某个特定的研发方向或某个职责部门，应对整个项目执行过程进行学习和经验总结，并将总结出来的经验作为未来项目可以借鉴的历史数据或整个研发团队共同学习的参考。

2．复盘的时间点

在产品上市后，项目经理就可以牵头与整个项目团队进行一次整体性的产品化项目管理过程的复盘了。需要注意的一点是，复盘工作最好在项目完全结束前或在产品上市后的交接阶段前进行，一旦项目结束并完成了与运维团队的交接工作，项目团队就会解散，团队成员也可能会参与其他项目，没有时间与项目经理一起复盘，如果时间拖得太晚，那么团队成员可能无法分出太多的精力参与复盘。

分享： 复盘的方法和步骤如下。

在重大产品化项目结束后，项目经理需要从哪些维度、采用什么样的方法和步骤进行复盘呢？项目中的哪些地方需要改进，哪些地方可以对内进行宣传和方法分享，从而提高整个团队乃至整个公司的技术水平和执行效率呢？

我根据以往的项目经验总结了以下复盘的方法和步骤。

① 回顾历史计划的目标。

② 记录在项目执行过程中得到的实际结果。

③ 找出实际结果与目标之间的差异，可以从进度、预算、方法和手段等角度进行比较。

④ 思考在项目执行过程中使用的方法和手段是不是最优的、遇到过哪些问题、使用哪些方法可能会得到更好的结果、哪些地方需要改进和哪些地方需要保持等问题。

⑤ 项目经理组织团队讨论，汇总精华观点，撰写复盘报告并归档。

在复盘的过程中，最重要的一点是让团队通过对过往项目执行过程的回顾、分析、推演和总结，学到更多的新知识和新方法，从而让技术水平得到提升。复盘过程中的知识不但包括过往项目的经验，而且包括团队成员在复盘时通过思想碰撞激发出的创新观点、方法和手段，它们同样是宝贵的经验资产。

如果团队成员无法独立完成整个产品化项目过程的复盘，那么项目经理可以运用上述方法和步骤，从管理的角度进行复盘，或者利用产品化项目管理过程中的关键里程碑事件，采用事后评估或新技术方法总结分析的方式对项目经验进行总结和归档。

1）事后评估

事后评估指的是评估和总结整个项目，通过有效的方法吸取重大项目的经验教训并系统地在整个团队中分享。事后评估的主要目的是对优秀的项目实践经验进行总结、归档并推广使用，确保在未来的项目过程中不会再次出现已经识别出来的产品缺陷等问题，以及发现新的产品设计或开发方法等。不同评估阶段的执行活动如表 15.1 所示。

表 15.1　不同评估阶段的执行活动

评 估 阶 段	执 行 活 动
评估前	完成评估各种问题的准备工作
评估中	项目经理组织团队收集项目执行过程中关于特定问题的各种信息，评估解决特定问题的方法并提供必要的支撑数据和结论
评估后	判断评估结果，可以采用 SWOT（Strengths、Weaknesses、Opportunities、Threats，优势、劣势、机会、威胁）分析法进行分析和总结

分享：事后评估的一些注意事项如下。

① 事后评估应在项目结束前完成，最好是在解决特定问题后马上进行。

② 在事后评估的过程中，团队成员应关注事件本身，而不是针对某个人或专业。

③ 项目经理应确保所有团队成员都能参与事后评估。

④ 项目经理应营造畅所欲言的氛围，发挥团队的聪明才智。

⑤ 项目经理可根据过往项目经验或历史，使用标准程序进行事后评估。

⑥ 项目经理应记录并传播项目的经验教训。

事后评估的重要性不言而喻，能够圆满完成一个项目，公司和团队投入了大量的人力和物力资源，应该让更多人了解到更深层次的问题处理方法，以便迎接未来更艰巨的挑战，设计出更优秀的产品。

2）新技术方法总结分析

现代技术无时无刻不在发展和进步，产品设计应追随技术发展的脚步，不断进行迭代和革新。也许当前项目使用的技术方法会在未来的某个时刻被新的技术方法取代，不过团队仍然要对项目执行过程中采用的新技术方法进行针对性的总结，结合各种新技术方法的特点，提炼出提升产品交付效率的方法和手段，并且在后续的风险评估中，根据项目的实际情况，对已经在过往项目中实践过的新技术方法的风险等级进行调整并更新相关的注意事项，以便在未来的产品设计中合理使用新技术方法、降低风险、提高设计和生产的效率。

如果在新产品中采用了新的材料、技术、生产方法或测试手段，那么团队应在项目早期阶段考虑到在未来的产品中持续使用或优化这些新技术方法的可能性，以及它们可能带来的风险和问题，及时总结经验，以便在未来的产品研发中通过借鉴这些经验降低研发投入，利用这些经过验证的新技术方法为提高未来产品的可靠性和竞争力做好技术准备。

本章小结

① 复盘不是单纯的回顾和总结，而是再次学习和成长的过程。

② 在复盘和总结中应该对事不对人。

③ 复盘和总结是让团队进步的重要方法之一。

④ 复盘和总结应在产品交付后、团队解散前完成，在项目执行的过程中也可以进行阶段性的复盘和总结。

⑤ 对过去的复盘和总结是对未来取得更好成绩的准备，是“下一个产品会更好”这一理念的信心基础。

第 16 章

评判标准

在产品化项目管理领域，评判项目管理结果好坏的主流标准是项目经理能否带领团队保质保量、按时交付满足计划要求的产品，从而为最终客户创造价值。在实际的项目执行过程中，决定项目成败的因素有很多，从某种程度上讲，只要不是由于外界的不可控因素造成项目失败，项目的成败就与项目经理和团队的执行水平、能力密切相关。

几乎所有项目都是在公司内外部一定的条件制约下执行的，在完成项目的过程中，能够投入的人力和物力资源是有限的，项目开发的时间有明确限制，新技术的发展应用和系统复杂度的提升带来的风险和不确定性也会相应提高。产品化项目不是搞科学研究，只要生产出样机确认产品的可行性就可以了，而是要实现工程上的可制造和在保证一定良率前提下的大批量生产。生产出原型机并不意味着产品化项目的成功，这与实现大批量、工业化生产之间还有一段很大的距离。

示例：产品线上的不同产品在公司的产品战略定位中拥有不同的权重，项目经理负责的项目可能会因为公司战略或外部市场环境的变化而延期甚至半途而废，这些因素是不以项目经理或团队的主观意志为转移的。在这种情况下，以项目结果评判项目管理水平的高低是不合理的。在产品化项目管理的过程中应该明确一个理念，即在关注结果的同时注重计划和过程，评判标准应是项目计划和团队在执行计划过程中的表现，遵循对事不对人的原则。项目经理不必纠结不可控因素造成的结果，应该积极复盘，收集和整理项目过程中的经验教训和有价值的信息。

评判项目执行结果的好坏可以从整体或阶段性等多个角度进行，应尽量客观地看待问题。在项目执行的过程中，项目经理可以通过制订分阶段的项目计划和在每一个阶段之间设置退出、准入标准来对项目进行阶段性的评估，这样可以尽快在项目前期阶段排除很多问题，从而实现控制项目风险、确保项目成功的目标。阶段执行结果也可以作为评判项目管理水平的阶段性参考标准，这样即使项目半途而废，也可以基于阶段性的参考标准进行阶段性的绩效考核。

团队需要交付能够上市且满足市场需求的产品，关于产品的设计开发，在项目计划阶段就有一套详细的执行计划，对产品的各项设计指标也有明确的定义，如设计周期、预算评估、技术难点评估和对未知风险的前期资源准备等。

评判团队成员项目执行结果的客观标准包括：在项目执行过程中发生的计划外或不确定性事件有多少，在发生不确定性事件的情况下能否完成项目；最终交付的项目价值是与原计划持平，还是无法与最初的投入持平或无法完成计划收入的指标，如因设计、生产难度加大造成成本上涨，因项目延期造成项目存活时间缩短导致价值产生损失等；如果设计出来的产品无法满足客户需求或缺乏性价比的竞争优势，它就是失败的产品，项目管理的过程也是有瑕疵的，应分析在这些瑕疵中主观部分和客观部分的比例分别是多少；等等。评判标准有很多，接下来我会介绍一种打分卡的标准，有需要的读者可以在项目执行的过程中和收尾阶段评判项目执行结果。

1．采用打分卡评判项目经理的关键绩效指标

公司可以将如表 16.1 所示的项目经理关键绩效指标（Key Performance Indicator，KPI）打分卡作为项目经理的考核标准，分别从准时上市、高质量、低成本交付产品的角度进行考核。从中可以看出，评判项目经理绩效的标准主要是项目经理能否在项目计划的约束范围内带领团队完成项目计划设定的各项指标，如果不但完成了上市时间（Time to Market，TTM）的项目指标，而且完成了其他项目指标，如生产出来的产品是业界首先上市（First to Market，FTM）产品，那么项目经理的等级评定为“表现突出”，意味着超出项目预期，可以获得额外的绩效奖励。

表 16.1 项目经理关键绩效指标打分卡

条目	等级评定	权重（%）
项目目标（具体目标、完成计划）		
1. 项目 A 目标：保质保量，业界首先上市。 ① 阻塞问题每天追踪，其他问题每周追踪。 ② 研发测试阶段退出时没有阻塞问题，按时进入工厂测试阶段，样品在×年×月×日送到客户手中。 ③ 产品量产时间与供应商主控芯片上市时间同步	表现突出	50
2. 项目 B 目标：满足项目 X 的系统配套需求。 ① 研发测试阶段退出时没有阻塞问题，按时进入工厂测试阶段，与项目 X 配合测试的结果良好。 ② 因流程设计不合理，导致前期产品良率较低，造成样品浪费，后期改进流程设计，达到量产质量要求	良	20
3. 项目 C 目标：满足项目 X 的系统配套需求。 ① 阻塞问题每天追踪，其他问题每周追踪。 ② 因供应商的问题导致某种物料的到料时间推迟，未能尽早制定替代方案，产品上市时间晚于目标时间；因前期项目管理良好，投入成本低于预期	良	10
个人发展计划		
1. 掌握公司全线产品知识	良	10
2. 提升多项目管理能力	良	5
3. 提出业务流程优化建议	良	5

注：“表现突出”代表超出项目预期，给予额外的绩效奖励，通常可记为 120%；“良”通常可记为 85%。

分享：从表 16.1 中可以看出，评判个人绩效的指标不但包括“项目目标”的角度，而且包括“个人发展计划”的角度，员工只有持续成长才能为公司做出更多、更大的贡献，甚至在未来承担更重要的职位或项目管理的工作。项目经理或各个专家在项目执行以外的个人成长和对公司的贡献都可以作为个人绩效的一部分，最终目的是为公司创造更大的价值，如提交发明专利、提出更好的业务流程优化建议或执行计划、提供比原来更优质的客户服务和提高执行效率等。

评判项目经理的绩效需要从公司、业务和具体项目的角度制定考核标准，读者可以参考表 16.1 的打分卡制定适合所在公司和项目任务的绩效指标，并且与直线经理一起对公司或部门的绩效指标分解进行统一和确认。

2．采用 SMART 原则设定绩效考核指标

SMART 原则也比较适用于绩效考核，其评判方法是多种多样的，包括与直线经理面谈后制定绩效目标、执行任务和评审结果等，通过收集项目团队或供应商中直接或间接合作成员的公正反馈进行绩效考核。

采用 SMART 原则设定绩效考核指标的含义如下。

① S（Specific，明确）：绩效考核指标是具体的。

② M（Measurable，可衡量）：绩效考核指标的高低是可衡量的。

③ A（Achievable，可达成）：绩效考核指标必须是可达成的。

④ R（Relevant，相关）：绩效考核指标与其他工作指标是相关的。

⑤ T（Time-bound，时限）：绩效考核指标是有时限的。

读者可以参考上述含义设定关键绩效指标，具体方法是根据个人的工作特点、需要实现的项目目标与直线经理共同设定，定期对绩效指标和项目执行的进展进行高效的沟通和评审，这样既能更新阶段性的沟通和绩效结果，又能发现最初设定绩效指标时可能存在的不足，及时进行相应的修改，还能通过阶段性的绩效考核指标指导员工尽快调整自己，从而完成相关指标。

3．采用个人绩效考核矩阵进行项目经理的绩效考核

项目经理的个人绩效考核矩阵如表 16.2 所示。

表 16.2　项目经理的个人绩效考核矩阵

考核角度	细　　项	详细说明
紧迫感	承担责任	在项目执行的过程中是否有担当，能否带领团队做出决策从而推动项目前进
	驱动自我	是积极主动的项目推进者，还是等待事情发生、被各种事情推动的传声筒
	驱动他人	能够带领并感染其他团队成员，为了实现项目目标、解决项目过程中的各种问题，积极执行相关项目活动
工作质量	处理模糊信息	能够从大量的模糊信息中找到问题的关键点，并且运用团队的力量制定应对策略

续表

考核角度	细 项	详 细 说 明
工作质量	获取结果	以结果为导向处理问题
	快速完成任务	高效完成项目执行过程中的各项任务
高效沟通的知识水平或掌握程度	果断	能够根据有效信息快速做出决策并付诸行动
	明确	不用依赖上下文就能明确地传递信息
	有把握	提供他人能够信赖的准确数据和做出有依据的各种决策等

实际上，项目经理绩效考核指标的制定标准和制定方法同样适用于项目团队中的其他成员，无论团队成员在项目团队中担任哪一种角色，都要有明确而具体的项目目标，所有项目团队成员的最终目标都是保质保量、按时交付满足计划要求的产品。

对于项目经理的绩效，应该从公司文化（是否满足公司文化方面的要求），价值（对公司和客户价值、利益的考虑），领导力（能否领导并激励团队交付超出期望的结果），执行能力（是否有积极主动的态度），以及创新（是否采用了与以往不同的、更有效的实现目标的新方式，是否有新的想法或建议能让团队或个人成长并提高组织效率）等角度进行评判。

需要注意的一点是，考核项目经理的绩效不用等到最后一刻再开始，可以分阶段地进行评估和考核，如规定半年绩效占全年绩效的 30%，其余的 70%作为全年剩余时间的绩效考核标准，这样既可以实现阶段性的进展追踪，也可以督促项目经理对团队成员的阶段性结果进行评审和确认。

总之，能否带领团队解决项目执行过程中的各种问题并保质保量、按时交付产品是衡量项目经理能力的主要标准。产品化项目管理的根本是解决项目过程中的问题，这样才能交付产品、完成项目。

本章小结

① 对绩效的评判可以从多个角度展开，在关注最终交付结果的同时也要注重计划和过程。

② 绩效的评判标准应兼顾项目执行和个人成长。

③ 对绩效的评判可以在整个项目执行的过程中分阶段进行。

④ 能否带领团队解决项目执行过程中的各种问题并保质保量、按时交付产品是衡量项目经理能力的主要标准。

⑤ 绩效考核的方法有很多种，如打分卡、SMART 原则和个人绩效考核矩阵等方法。

⑥ 合理的绩效考核指标是一份优秀的工作指导，它承载着团队成员每天的工作目标，以及通过努力、智慧超额达成绩效的可能性，与直线领导一起制定并定期回顾合理的绩效考核指标，对项目执行和个人成长非常有帮助。

第 17 章

共同庆祝

在整个项目过程中，没有什么比看到团队设计的产品成功交付、服务客户并为客户创造各种价值更有成就感的事情了。在产品上市后，项目经理就可以组织团队为成功交付项目举行庆祝活动了。复杂项目的成功交付是全体团队成员共同努力的结果，是团队力量的体现，更是价值的体现。

1. 好消息全体共享

在宣布产品成功上市后，项目经理应在第一时间撰写一封感谢信，发送给所有参与过项目的内外部团队成员及其领导，并且抄送给与项目有关的高级管理层。这样做，一方面是为了感谢团队成员对项目的支持和付出，另一方面也可以让各位领导和高级管理层了解项目团队的努力成果，在报喜的同时起到为整个团队合理“邀功”的作用。

只要是在规章制度允许的范围内，项目经理就可以站在团队和项目的角度，从公司内部争取项目所需的各种资源和条件，从而更顺利地设计并生产满足市场需求的产品，这是项目经理作为项目的负责人需要为自己的团队争取的福利和荣誉。

2. 团队庆功聚餐或项目纪念品

项目经理可以在项目计划阶段预留一部分资金作为团队活动的预算，或者在成功交付项目后向高级管理层申请一定的费用，与整个项目团队一起组织庆祝产品成功上市的聚餐或其他团队活动，感谢大家在项目执行过程中的不懈努力并奖励团队成员，这样既可以增强大家对产品和项目的荣誉感，又可以为今后的沟通和交流建立一定的感情基础。项目经理还可以申请一些公司定制或与项目有关的纪念品，让团队成员深深铭记这份集体荣誉感和成就感。

项目的成功是团队中每个成员的成功，它是每个成员在项目过程中努力和付出的结果。完成项目不是一蹴而就的，只有像项目计划要求的那样，一步一步、扎扎实实地执行才能最终实现项目目标。在项目执行的过程中，每实现一个重大的阶段性目标，项目经理都应该撰写一封感谢信，感谢团队成员的努力和付出，同时鼓励团队成员再接再厉，争取在下一个阶段或下一个项目中取得更大的成功。

能够成功交付项目需要感谢很多人，不只是公司和团队给予了各种支持，还包括亲朋好友和外部供应商等的大力支持，项目经理也要向他们分享好消息并感谢他们。

本章小结

① 在产品成功上市后，项目经理应撰写一封发送给所有内外部团队成员的感谢信。

② 一次团队聚餐或一份纪念品，可以让团队成员对过往的团结合作和努力付出留下美好的回忆。

③ 项目的成功和荣誉属于整个团队，项目经理应感谢所有直接或间接支持过项目的内外部团队成员。

④ 项目经理应积极地为团队争取各种规章制度允许的福利和荣誉。

⑤ 以终为始，未来可期。

第 18 章

降本增效持续优化

产品上市后，项目团队可以在整个产品生命周期内持续进行降本增效的优化活动，从产品设计或生产流程等角度不断改进，在不损害产品功能、性能和质量的前提下，从产品设计、生产制造和运营维护等环节降低产品成本，从另一个角度实现让产品为公司持续创造价值的目标。

在产品上市后，项目经理可以组织定期会议，邀请各个专业领域的专家对现有的产品设计进行降本增效的评估并设定相应的绩效指标，从各个专业领域入手，实现降本增效、提升产品价值的目标。

降本增效既可以从与硬件设计相关的角度进行，也可以从软件的角度入手，还可以从生产制造等流程的角度执行，如通过升级产品的软件或固件，在不增加硬件成本的前提下优化系统性能，从而让产品更具市场竞争力，这也是从侧面提高产品性价比优势的一种方法。

分享：降本增效的参考方法如下。

① 从优化物料或系统配置的角度出发，采用品质相同而更有价格竞争力的替代物料，降低成本。

② 基于产品的销售量级与供应商议价，降低采购成本。如果产品的市场反馈良好，在预估的产品生命周期内受到了超出预期的欢迎，采购人员就可以利用产品的销售量级优势降低采购成本，从而达到降本的目的。

③ 从电路设计的角度出发，如电源的原始设计包括五组供电模块，在实际使用时只需要四组供电模块就可以满足产品配置的出货要求，或者通过电路板层数更少的布局布线设计满足产品的设计要求。

④ 从生产制造的角度出发，工厂可以采用新的生产组装方式或制造流程，降低生产成本。

⑤ 从包装设计的角度出发，与多家供应商合作，或者从材料的角度出发，在满足设计要求的前提下使用新的填充材料以节约成本。

⑥ 从系统设计的角度出发，如随着网络和移动设备的普及，原始系统中配备的很多光碟或纸质的产品说明书可以改为二维码的形式并打印在机箱或机壳上，有需要的客户可以通过移动设备查看相关信息，从而达到节约成本和节能减排的目的。

⑦ 从软件或固件优化的角度出发，如在后期通过采用软件或固件的新逻辑、新算法，让产品的性能、散热或供电设计得到更大的优化，从而提升系统的运行效率，从提高产品竞争力、降低客户成本的角度达到双赢的目的。

⑧ 从系统配置升级的角度出发，通过持续扩大系统周边零部件的支持范围，让产品适应未来更多的应用场景，进而延长产品的生命周期，提高市场竞争力。

⑨ 从系统模块标准化设计的角度出发，也就是在一次性投入成本不变的前提下对产品的各个模块进行标准化、模块化设计，这样做的好处是如果产品设计一直沿用标准的物理尺寸或功能划分，那么新一代的产品也许可以复用上一代产品的模块设计，如外壳设计或部件功能模块设计等，从而达到节约成本和增强系统可靠性等设计目的。

产品的降本增效是一个持续的过程，在整个产品生命周期内都可以从各个角度提高产品品质、降低成本，从而创造更大的产品价值。在持续优化产品的相关实践中，我曾见过一款产品的外壳设计支持了超过三代产品，仅从模具开发费用的角度来看就已经节约了很多一次性开发成本，可见良好的产品设计可以在产品生命周期内持续地为公司创造价值。在满足当下设计要求的同时关注更长远的未来，我认为这才是最好的设计。

本章小结

① 实现降本增效可以从点滴处入手。

② 降本增效的优化改进是一个长期的过程,可以在整个产品生命周期内持续进行。

③ 降本增效可以从产品价值链中的任何一个环节着手。

④ 优化最好与绩效挂钩，这样可以提高团队成员的积极性。

⑤ 良好的产品设计应该兼顾当下和未来所需，创造长期价值。

⑥ 降本增效是在不损害产品质量、功能、性能和服务的前提下进行的。

附录 A

参考文献

[1] 彼得·德鲁克. 卓有成效的管理者[M]. 北京：机械工业出版社，2005.

[2] Project Management Institute. 项目管理知识体系指南[M]. 6 版. 北京：电子工业出版社，2005.

[3] 史蒂芬·柯维. 高效能人士的七个习惯[M]. 北京：中国青年出版社，2008.

附录 B

缩略词

缩　写	英文全称	中文全称
CTO	Config to Order	按照订单配置
DFM	Design for Manufactory	可制造性设计
DFT	Design for Test	可测性设计
DOA	Dead on Arrive	到货不良
DPPM	Defective Parts Per Million	每百万的不良数
FPY	First Pass Yield	直通率
FTM	First to Market	首先上市
KPI	Key Performance Indicator	关键绩效指标
LRR	Line Reject Rate	线上不良率
NRE	Non-recurring Engineering	一次性工程费用
OBA	Out of Box Audit	开箱检查
ODM	Original Design Manufacturer	原始设计制造商
OEM	Original Equipment Manufacturer	原始设备制造商
PFMEA	Process Failure Mode and Effects Analysis	过程失效模式和后果分析
PMO	Project Management Office	项目管理办公室
PMP	Project Management Professional	项目管理专业人士
RCA	Root Cause Analysis	根本原因分析
RMA	Return Merchandise Authorization	退货授权
SMT	Surface Mounted Technology	表面组装技术
TCO	Total Cost of Ownership	总拥有成本
TTM	Time to Market	上市时间